Margrit Frölich
Ulrike Jureit
Christian Schneider (Hrsg.)

Das Unbehagen an der Erinnerung –
Wandlungsprozesse im Gedenken an den Holocaust

Die deutsche Erinnerungskultur befindet sich mehr als fünfundsechzig Jahre nach Ende des Zweiten Weltkrieges und angesichts einer sich zunehmend globalisierenden Welt in einem fundamentalen Umbruch. Neue Herausforderungen an das historische Erinnern und Gedenken sind daraus entstanden, überlieferte Muster, Rituale und Praktiken des öffentlichen Erinnerns gilt es zu überdenken.

Die Beiträge reflektieren im ersten Teil zentrale Grundfiguren des Erinnerns an den Holocaust, die sich in einem Spannungsfeld von Opferidentifizierung, Heldenverehrung und Erinnerungsgebot begrifflich vermessen lassen. Danach wird von mehreren Autoren der Begriff *Trauer* als umstrittene Metapher der deutschen Erinnerungskultur diskutiert. Und schließlich geht der Band den aktuellen Herausforderungen transnationaler wie auch globaler Erinnerungsprozesse nach, wobei hierfür nicht nur die Europäisierung des Holocaust-Gedenkens in den Blick genommen wird, sondern auch zu überlegen bleibt, wie sich kollektives Erinnern in einer zunehmend von Migration und Mobilität geprägten Gesellschaft notwendigerweise verändert.

Die Herausgeber:

Margrit Frölich, Dr. phil., Literatur- und Medienwissenschaftlerin, Studienleiterin an der Evangelischen Akademie Arnoldshain (Evangelische Akademie in Hessen und Nassau), Herausgeberin mehrerer Bücher bei Brandes & Apsel.

Ulrike Jureit, Dr. phil., Historikerin am Hamburger Institut für Sozialforschung, veröffentlichte mit Christian Schneider: *Gefühlte Opfer. Illusionen der Vergangenheitsbewältigung* (2010).

Christian Schneider, PD Dr. phil., Soziologe und Forschungsanalytiker, veröffentlichte mit Ulrike Jureit: *Gefühlte Opfer. Illusionen der Vergangenheitsbewältigung* (2010).

Margrit Frölich / Ulrike Jureit /
Christian Schneider (Hrsg.)

Das Unbehagen an der Erinnerung – Wandlungsprozesse im Gedenken an den Holocaust

Beiträge von G. Brockhaus, H. Düringer,
M. Frölich, U. Jureit, W. Konitzer, J. Kreuzer,
J. Kroh, C. Leggewie, A. Messerschmidt,
J. Rüsen, M. Sabrow, H. Schmid, C. Schneider

Brandes & Apsel

Sie finden unser Gesamtverzeichnis mit aktuellen Informationen
im Internet unter: www.brandes-apsel-verlag.de
Wenn Sie unser Gesamtverzeichnis in gedruckter Form wünschen,
senden Sie uns eine E-Mail an: info@brandes-apsel.de
oder eine Postkarte an:
Brandes & Apsel Verlag, Scheidswaldstr. 22, 60385 Frankfurt a. M., Germany

1. Auflage 2012
© Brandes & Apsel Verlag GmbH, Frankfurt a. M.
Umschlag: Franziska Gumprecht, Brandes & Apsel Verlag, Frankfurt a. M.
DTP: Caroline Ebinger, Brandes & Apsel Verlag, Frankfurt a. M.
Druck: STEGA TISAK, d.o.o., Printed in Croatia
Gedruckt auf einem nach den Richtlinien des Forest Stewardship Council (FSC)
zertifizierten, säurefreien, alterungsbeständigen und chlorfrei gebleichten Papier.

Bibliografische Information Der Deutschen Nationalbibliothek:
Die Deutsche Nationalbibliothek verzeichnet diese Publikation in der
Deutschen Nationalbibliografie; detaillierte bibliografische
Daten sind im Internet über http://dnb.ddb.de abrufbar.

ISBN 978-3-86099-926-4

Inhalt

III. Umbrüche: »Erinnerungskultur«
im Zeitalter von Transnationalisierung und Globalisierung

Einleitung

In der Welt der Buribunken sind alle Menschen angehalten, unermüdlich und ohne Unterlass Tagebuch zu führen. Die auferlegte Pflicht zur Aufzeichnung der Geschichte dient nicht nur dazu, das Innere nach außen zu kehren, sich permanent zu erklären und die Geschichte zu reproduzieren, sondern »erst in der Sekunde, in welcher der einzelne Buchstabe aus der sinn- und bedeutungslosen Gleichgültigkeit der Tastatur auf die belebte Zusammenhangsfülle des weißen Blattes schlägt, ist eine historische Realität gegeben, erst diese Sekunde ist die Geburtsstunde des Lebens«.[1] Carl Schmitt hat 1918 mit dieser satirischen Kritik am zeitgenössischen Geschichtsdiskurs gegen bestimmte Formen, Mechanismen und Praktiken historischen Erinnerns polemisiert. In seinem Text karikiert er die unerschöpfliche Arbeit an einer Art Kollektivtagebuch, die sich nicht nur zu einem Zwang der freiwilligen Selbstoffenbarung auswächst, sondern bei der es darüber hinaus um Deutungshoheiten und Monumentalisierungen, um die Verfügbarkeit von Geschichte geht: »Ich schreibe, dass ich mich selbst schreibe. Was ist der große Motor, der mich aus diesem selbstgenügsamen Kreis der Ichheit heraushebt? Die Geschichte! – Ich bin also ein Buchstabe auf der Schreibmaschine der Geschichte.« Die historische Sinnstiftung erweist sich in Schmitts Polemik nicht nur als vollständig sinnloses Ritual mit einem diffusen Erlösungsversprechen, der Vollzug der angeordneten Chronisten-Tätigkeit wird zudem von selbsternannten Führern überwacht und damit als ein Herrschaftssystem entlarvt, in dem nur der tagebuchschreibende Mensch als geschichtsfähiges und damit anerkanntes Wesen gilt. Während also Schmitts Protagonisten mit ihrer unablässigen Kontrollausübung an der Veredelung des Menschen zu arbeiten vorgeben, etablieren sie ein System autoritärer Herrschaft.

---

[1] Vgl. Carl Schmitt: Die Buribunken. Ein geschichtsphilosophischer Versuch. In: Summa 1 (1918), Heft 4, S. 89-106.

Der für Schmitt so zentrale Zusammenhang von historischer Erinnerung, gesellschaftlicher Deutungshoheit und politischer Herrschaft bleibt hingegen in unserer gegenwärtigen Erinnerungskultur erstaunlich unreflektiert. Das hängt möglicherweise mit einem kollektiven Erinnerungsbegriff zusammen, der mit seinen sinn- und identitätsstiftenden Überfrachtungen ein (zu) harmonisches Bild historischer Deutungsprozesse suggeriert. In den letzten zwanzig Jahren hat sich nämlich ein Verständnis historischen Erinnerns durchgesetzt, mit dem die Vergegenwärtigung historischen Geschehens vornehmlich als identitätsstiftender Selbstvergewisserungsprozess einer Gruppe oder einer Gesellschaft aufgefasst wird. Damit gewinnt eine auf Identifizierungswünschen beruhende Aneignung von Geschichte immer stärker an Gewicht. Um historische Geschehnisse in identitätsrelevante Vergangenheiten transformieren zu können, wird dabei die Kluft der Erfahrung durch ein inszeniertes »als-ob« überbrückt, ohne dass diese Umarbeitung reflektiert und bewusst gestaltet wird. Wir tun schlicht so, als wenn es um Ereignisse geht, die wir selbst erfahren oder erlitten haben, und simulieren einen Selbstbezug, in den wir uns dann emotional hineinsteigern. Vergegenwärtigungen im Sinne solcher Selbstfindungssehnsüchte produzieren allerdings nicht nur so komplizierte Gefühlslagen wie die der nachholenden oder ererbten Trauer, sie tendieren auch dazu, die interessengeleitete Inanspruchnahme von Vergangenheiten zu verschleiern. Geschichte ist eine öffentliche Ressource, derer sich Menschen, Gruppen und Gesellschaften bedienen, um sehr unterschiedliche Interessen und Absichten zu verfolgen. Dabei entsteht oftmals der Eindruck, als wenn der Gebrauch von Geschichte aus Selbstthematisierungs- oder Identitätsgründen eine höhere Legitimität beanspruchen dürfe als beispielsweise ihre Verwertung aus kommerziellen Interessen. Wer die Geschichte aufrichtig danach befragt, wer er ist und woher er kommt, steht ungleich besser da als derjenige, der mit Geschichtsaufarbeitung vor allem Geld verdienen will. Über die Qualität, wie aus Vergangenem Geschichte(n) wird oder werden, sagt diese Unterscheidung indes zunächst einmal wenig aus, geht es doch in jedem Fall um differierende Lesarten, Auslegungen und Deutungsangebote, die es gesellschaftlich zu diskutieren und auszuhandeln gilt.

Wie aber ist kollektives Erinnern zu denken, wenn die Vorstellung von Kollektivsubjekten als nicht mehr konsensfähig gilt? Während die Herausforderung generell darin besteht, an einer postsouveränen, nicht mehr auf die Illusion homogener Gemeinschaften rekurrierenden Theorie kollektiver Zugehörigkeiten zu arbeiten, bleibt die Vorstellung gemeinschaftlicher Vergangenheitsvergegenwärtigungen nach wie vor gängigen Mustern von *Einheit trotz Vielfalt* verhaftet und folglich an einen kollektiven Erinnerungsbegriff gebunden, der den veränderten, gesellschaftlichen Lagerungen immer weniger gerecht zu werden scheint. In dieser Dynamik schlägt dann der Umstand, dass sich der kollektive Erinnerungsbegriff in seinen Grundzügen ja weitgehend aus den Theorien und Konzepten individuellen Erinnerns ableitet und dessen Strukturmerkmale mehr oder weniger reflektiert auf Formen des gemeinschaftlichen Vergangenheitsbezugs überträgt, weitaus negativer zu Buche als noch zu Zeiten, als das Einheitsversprechen eine durchschlagende Überzeugungskraft besaß und mithin gesellschaftliche Bindungsintensitäten zu erzeugen vermochte, auf die Kollektivangebote wie *Nation*, *Volk* oder *Rasse* zwar nicht immer störungsfrei, aber doch zuverlässig Bezug nehmen konnten. Beruht die theoretisch stets angenommene Wechselwirkung von *Erinnerung* und *Identität* auf Annahmen, die in postsouveränen Gesellschaften zunehmend fraglich erscheinen oder lässt sich unter diesen Umständen nur einfach nicht mehr ignorieren, dass die Identitätsrelevanz gemeinschaftlichen Erinnerns eine zwar eingängige, aber möglicherweise zu absolut gesetzte Glaubensformel kultureller Gedächtnistheorien darstellt? Trifft der Identitätsbegriff noch den Kern öffentlicher Vergegenwärtigungen von Geschichte oder sind es nicht vielmehr bestimmte Gebrauchskonjunkturen, Konsumgewohnheiten sowie Unterhaltungs- und Marktmechanismen, die unseren gesellschaftlichen Vergangenheitsbezug dominieren?

Dass sich unsere Erinnerungskultur spätestens seit 1989 im Umbruch befindet, ist eine ebenso zutreffende wie triviale Beobachtung. Unabhängig davon, ob man dafür das Ende des Kalten Krieges, das Sterben der Zeitzeugen oder die Verrentung der sogenannten »68er« und ihrer Sympathisanten für ausschlaggebend hält, als Übergang vom *kommunikativen* zum *kulturellen* Gedächtnis ist diese Transformation sicherlich nur unzureichend beschrieben. Und das nicht nur deswegen, weil sich in diesem Bild bereits die eingeübte Naherinnerung an die Geschichte des Nationalsozialismus und ihrer nationalen wie globalen Aufarbeitung widerspiegelt, es suggeriert zudem, Erinnerungskulturen würden unmittelbar nach dem historischen Bezugsereignis vor allem durch die gesellschaftlich kommunizierten Deutungsvarianten der Zeitzeugen geprägt und geformt. Während sich für die erste deutsche Nachkriegsgesellschaft des 20. Jahrhunderts eine solche Hypothese vielleicht noch am ehesten diskutieren ließe, trifft dies für die Zeit nach 1945 sicherlich nicht zu. Während die Verklammerung der Kriegs- und Nachkriegsgeborenen mit dem »Dritten Reich« und vor allem mit dem Holocaust noch durch eine Eltern-Kind-Konstellation mit spezifischen Schuld- und Schamanteilen konturiert war, scheinen sich diese identifikatorischen Vergangenheitsbezüge nach und nach zu verflüchtigen. Natürlich hängt das damit zusammen, dass die vierzig oder fünfzig Jahre nach Kriegsende geborenen Jahrgänge nicht mehr die gleiche emotionale Bindung an diese Geschichte haben wie diejenigen, die den Nationalsozialismus als emotionales Erbe ihrer Eltern begreifen und verarbeiten mussten. Moralisch fragwürdige oder gar strafrechtlich relevante Handlungen von Groß- und Urgroßeltern, denen man nie begegnet ist, sind zweifellos von anderer Vehemenz als wenn es sich um die der eigenen Eltern handelt. Studien haben gezeigt, dass der transgenerationelle Familiendialog mit zeitlichem Abstand zwar keinesfalls weniger selektiv ausfällt[2], doch scheint sich der Gebrauch von Geschichte als Identitätsressource gegenwärtig tiefgreifender zu wandeln als es die transgenerationelle Weitergabe von Vergangenheiten ohnehin vermuten lässt.

Dass sich unsere Gesellschaft in den letzten dreißig Jahren nicht nur

---

[2] Hierzu einschlägig: Robert Montau, Christine Plaß, Harald Welzer: »Was wir für böse Menschen sind!« Der Nationalsozialismus im Gespräch zwischen den Generationen. Tübingen 1997; Sabine Moller, Karoline Tschugnall, Harald Welzer: »Opa war kein Nazi«. Nationalsozialismus und Holocaust im Familiengedächtnis. Frankfurt am Main 2002; als jüngste Veröffentlichung zu nennen: Gerd Sebald, René Lehmann, Monika Malinowska, Florian Öchsner, Christian Brunnert, Johanna Frohnhöfer: Soziale Gedächtnisse. Selektivitäten in Erinnerungen an die Zeit des Nationalsozialismus. Bielefeld 2011.

nach biologischen Gesetzmäßigkeiten, sondern auch durch Globali-
sierungs- und Migrationsdynamiken nachhaltig verändert hat, beginnt
allmählich in die Theorie- und Konzeptanstrengungen der einzelnen
Fachdisziplinen Einzug zu halten. Nicht nur die zeitliche Distanz zum
historischen Geschehen, sondern auch die Tatsache, dass sich Zeitgeschichte nicht mehr mit Rekurs auf einen mehr oder weniger einheit-
lichen Herkunftsglauben erzählen lässt, verweist darauf, dass sich die
zuvor vor allem nationalen und ethnischen Rahmungen in zunehmend
flüchtige, zuweilen sogar beliebig anmutende Formen der Geschichtsaneignung transferieren.[3] Seit sich der Staat vor allem dem Gedenken
an Nationalsozialismus und Holocaust affirmativ angenommen hat, erzeugen die eingeübten Formeln ein gewisses Unbehagen. Imperative
wie »Nie wieder Krieg!« oder »Gegen das Vergessen« rufen allenfalls
noch ratloses Schulterzucken hervor und wirken wie Worthülsen aus
einer Zeit, in denen geschichtspolitische Herausforderungen noch un-
geniert in klare Handlungsanweisungen übersetzt wurden. Von solchen,
zunehmend als unbehaglich empfundenen Beobachtungen geht das
vorliegende Buch aus: Seine in den verschiedenen Beiträgen durchaus
unterschiedlich justierte Perspektive besteht darin, die Verständlichkeit
von Wünschen *an* die Geschichte mit der Wirklichkeit jener Prozesse
zu vermessen, die es möglich machen, sie nüchtern zu verstehen und
historisch, juristisch und moralisch zu beurteilen. Das hierbei konstatierte »Unbehagen« an der Erinnerung bezieht sich nicht zuletzt auf jene
Vermischung von Wunsch und Wirklichkeit, die subkutan die Aufklä-
rungsbemühungen der Deutschen nach 1945 geprägt hat. Ein kritischer
Blick auf die Geschichte dieser Anstrengungen tut gut daran, die strikte
Trennung beider Bereiche herauszustellen. Das bedeutet keinesfalls, die

---

[3] Zur Erinnerungsdynamik in der Einwanderungsgesellschaft hier nur der
    Hinweis auf den Beitrag von Astrid Messerschmidt in diesem Band. Zum
    gesamten Kontext vgl. die dezidierte Kritik von Volkhard Knigge am »Erin-
    nerungsparadigma«: Ders.: Erinnerungskultur zwischen Vergangenheitsge-
    rede, Geschichtspolitik und historischer Selbstreflexion. In: Manfred Grieger
    (Hrsg.): Die Zukunft der Erinnerung. Eine Wolfsburger Tagung. Wolfsburg
    2008, S. 61-69; Ders.: Zur Zukunft der Erinnerung. In: Aus Politik und Zeit-
    geschichte 25-26 (2010), S. 10-16.

Fortschritte zu leugnen, die im Umgang mit der NS-Vergangenheit in den letzten vierzig Jahren zu verzeichnen sind. Aber es ist auch an der Zeit, bestehende Defizite, überkommene Routinen und problematische Selbstvergewisserungen in den Blick zu nehmen, die unsere kollektive Erinnerungspraxis begleitet haben und zum Teil noch bis heute prägen. Ein guter Teil rührt daher, dass die in der Tat apokalyptische Dimension der NS-Geschichte mit quasi-theologischen Tönen unterlegt wird. Im Zentrum steht dabei der Holocaust, der schon aufgrund seiner Beispiellosigkeit stets in der Gefahr der Sakralisierung, der Überhöhung zum Heiligtum steht. Die einzelnen Beiträge des Bandes lenken den Blick daher vor allem auf einen an sich trivialen Sachverhalt, der im gängigen Erinnerungsdiskurs dennoch in der Gefahr steht, vergessen zu werden. Er betrifft die Frage nach dem sozialen Sinn von Erinnerungskulturen und fasst sich letztlich darin zusammen, welches Bild eine Gruppe, eine Gesellschaft oder eine Kultur von sich selber schafft. Erinnerungskulturen produzieren stets auch Entwürfe kollektiver Selbstbilder, die in einer global vernetzten und zudem immer weniger durch Einheitsrhetoriken verdichteten Gesellschaft mit neuen Herausforderungen konfrontiert sind. Es geht dabei um die Klärung, welche Sichtweisen und Eigenschaften möglicherweise zwar als vielstimmig, aber immer noch als dazugehörig, welche hingegen als fremd, anstößig oder feindlich empfunden werden. In dieser Hinsicht funktionieren Erinnerungskulturen ähnlich wie individuelle Erinnerungsvorgänge: Sie werden vor allem durch die Bedürfnisse und Interessen der Gegenwart bestimmt. Erinnerungskulturen verhandeln ein Spektrum an Bildern, wie Vergangenheiten aktuell beurteilt werden und wie sich die Gesellschaft zu diesen verhalten will. Damit ist häufig der Anspruch verbunden zu definieren, was richtig und was falsch ist, wer dazugehört und wer nicht. Erinnerungskulturen wirken durch ihr normatives Gefüge als mächtige Inklusions- und Exklusionsapparate von einschneidender sozialer Wirkung. Das Wort Gerhard Schröders – man erinnere sich: er bekleidete damals das Amt des Bundeskanzlers – vom »Aufstand der Anständigen«[4], das

---

4 Vgl. http://www.spiegel.de/politik/deutschland/0,1518,96537,00.html (letzter Zugriff: 18. April 2012).

heißt jener, die sich in Erinnerung an die Nazigräuel vom rechten Rand abheben und ihn bekämpfen, zeigt schlaglichtartig ihre polarisierende Qualität.

Erinnerungskulturen beziehen sich auf starke historische Ereignisse beziehungsweise erklären sie zu solchen. Sie greifen Handlungszusammenhänge auf, die kollektive Prägekraft haben – positiv oder negativ. Es sind in aller Regel historische Einschnitte, die in sich die Kraft der Mythenbildung tragen, das heißt die sich wenigstens post festum mythisieren lassen. In der Bundesrepublik wird das Wort »Erinnerungskultur« mittlerweile mit dem kollektiven Gedächtnis an den Holocaust nahezu gleichgesetzt. Die Tatsache allerdings, dass sich solche, als politische und moralische Grundskripte einer Gesellschaft wirkenden Geschichtsbilder im Laufe der Zeit verändern, trägt in sich bereits die Dimension eines Deutungskampfes: eines Konflikts, der nicht immer, aber häufig zwischen den Generationen ausgetragen wird. Wer als Akteur – in welcher Rolle auch immer – an historischen Ereignissen beteiligt war, wird sich in seiner Wahrnehmung und seinem Urteil von jenen unterscheiden, die dasselbe Phänomen aus der Perspektive der Nachgeborenen betrachten. Konflikte dieser Art werden zu verschiedenen Zeiten mit unterschiedlicher Lautstärke, mal still, mal lärmend, ausgetragen. Bezogen auf Nationalsozialismus und Holocaust gibt es in Deutschland dazu ein lautstarkes Datum: die Studentenrevolte »68«. Von heute aus gesehen, verdeutlicht gerade dieser Ereigniszusammenhang, wie sehr es beim Erinnern und Gedenken um normative Deutungsmacht geht. Der in den 1960er Jahren wesentlich von den Kindern der Erlebnisgeneration offensiv eingeforderte kritische Umgang mit der jüngsten deutschen Vergangenheit bildete anschließend lange Zeit den erinnerungspolitischen Mainstream – und es ist bei aller Vielfalt der daraus entstandenen Gedenkformen unverkennbar, dass die dafür grundlegenden Erinnerungsmuster gegenwärtig neu verhandelt werden. Wer konstituiert sich mehr als fünfundsechzig Jahre nach Kriegsende an den Gedenktafeln, Stolpersteinen und Massengräbern nunmehr als Erinnerungsgemeinschaft? Wie ist kollektive Erinnerung an den Holocaust zu denken, wenn sich nicht nur der biographische und der familiäre Rahmen, sondern auch das kulturelle und gesellschaftliche Bedingungsgefüge insgesamt grundlegend wandelt? Was geschieht im Erinnerungsfalle, wenn eine Nachfolgegesellschaft einen Verbrechenskomplex einbeziehen muss, der menschheitsgeschichtlich als beispiellos gilt, ein Vergessen jedoch aus moralischen Gründen verwehrt bleibt? Wie kann sich ein Gemeinwesen als kontinuierlich empfinden, ohne sich mit der damaligen Tätergesellschaft als identisch begreifen zu müssen?

Eine weitere Perspektive des vorliegenden Bandes betrifft die Frage nach dem Zusammenhang von Erinnerung und Historisierung. Ein gewisser Teil des deutschen Erinnerungsdiskurses arbeitet mit der Illusion der Kohärenz: So als sei Erinnerung eine Technik, um den einmal erkannten »wahren« historischen Zusammenhang zu konservieren und das gewonnene Bild für die Ewigkeit festschreiben zu können. Erinnerung ist in diesem Diskurs der Garant für die Kontinuität von Vergangenheit, Gegenwart und Zukunft; und zwar in der Perspektive, nur das erinnernde Vergegenwärtigen sichere die Möglichkeit, Vergangenes so zu denken, dass es zukunftsrelevant werde. Dass kollektive Erinnerung die Funktion haben kann, ein verbindliches – und verbindendes – Geschichtsbild zu sichern, ist wohl unbestreitbar. Die unbemerkte Subreption besteht darin, eine Synthese von Erinnern und Historisieren zu suggerieren, indem Erinnern auf den exklusiven Nachvollzug vorgegebener Bindungen als Bedingung der Möglichkeit für Neues festgelegt wird. Alle rein auf Binnenbeziehungen abhebenden kommunikativen Prozesse entbehren jedoch eines entscheidenden Aspekts: den der Transzendierung, des Überschreitens eines vorgegebenen Rahmens. Denken ist, wie Wilfred Bion es formulierte, das Denken der Gedanken; es bleibt auf das Vorgegebene angewiesen, um es als Aufforderung zur Veränderung ernst zu nehmen.[5] So wenig in unserem säkularen Zusammenhang das Geheimnis der Erlösung Erinnerung heißt, so fehl geht es, Erinnerung als Bindungsmodus zu postulieren, aus der eine gemeinschaftliche moralische Substanz abzuleiten wäre. Erinnerung, verstanden als einen Verbindlichkeiten schaffenden Vergemeinschaftungsmechanismus, ist nicht gleichzusetzen mit dem Prozess der Historisierung. Geschichte

---

[5] Vgl. Wilfred R. Bion: Eine Theorie des Denkens. In: Elizabeth Bott Spillius (Hrsg.): Melanie Klein heute. Entwicklungen in Theorie und Praxis, Bd. 1. München/Wien 1990, S. 225ff.

schreiben heißt immer auch, den Absolutheitsanspruch von Erinnerung in Frage zu stellen. Jeder Versuch allerdings, bestimmte Aspekte unseres Umgangs mit der deutschen Vergangenheit neu zu thematisieren, bewegt sich auch fast siebzig Jahre nach Kriegsende nach wie vor auf unsicherem Terrain. Vereinzelte »unvorsichtige«, das heißt nach einem bestimmten Kanon inkriminierbare Formulierungen können leicht wichtige, möglicherweise weiterführende Überlegungen diskreditieren; Tabus und Empfindlichkeiten sind immer noch an der Tagesordnung. Wir verstehen deshalb dieses Buch als ein Angebot, über ein strittiges, von vielfältigen Ge- und Verboten umstelltes Thema neu nachzudenken, mit der gebotenen Vielfalt von unterschiedlichen und teilweise widerstreitenden Perspektiven, ohne jede Prätention von Geschlossenheit oder einer auch nur behaupteten Einigkeit der Autoren und Autorinnen. Hervorgegangen ist der Band aus einer Tagung der Evangelischen Akademie Arnoldshain und des Frankfurter Fritz Bauer Instituts im Jahre 2011, die das von Ulrike Jureit und Christian Schneider verfasste Buch *Gefühlte Opfer. Illusionen der Vergangenheitsbewältigung*[6] als Ausgangspunkt für ein neues Nachdenken über sechzig Jahre deutscher Vergangenheitsaufarbeitung gewählt hatte. Daraus erklären sich die in manchen Beiträgen vermehrt auftretenden Bezugnahmen auf diese Publikation. Wir danken allen Autoren und Autorinnen für ihre Bereitschaft, die seinerzeit teilweise nur extemporierten Vorträge oder Diskussionsbeiträge für diesen Band ausgearbeitet zu haben.

Die Herausgeber

---

[6]   Ulrike Jureit, Christian Schneider: Gefühlte Opfer. Illusionen der Vergangenheitsbewältigung. Stuttgart 2010.

I.

Täter, Opfer, Helden:
Figuren und Formen des Erinnerns
an den Holocaust

Ulrike Jureit

Normative Verunsicherungen

Die Besichtigung einer erinnerungspolitischen Zäsur

I. Erinnerung und Historisierung

Geht es um die gesellschaftliche Verarbeitung von Kriegen, Massengewalt und Völkermord, ist das Erinnerungsgebot eine ausgesprochen moderne Vorstellung. Bis in die Neuzeit hinein herrschte vielmehr die Auffassung vor, ein wirksamer Friedensvertrag funktioniere nicht ohne Amnestie und Amnesie. Ein solches *Vergeben und Vergessen* als Form der kollektiven Vergangenheitsbearbeitung ist spätestens seit Auschwitz unvorstellbar geworden. Eindrücklich hat Christian Meier diesen Zwiespalt als irritierenden Zwischenruf in seinem Buch *Das Gebot zu vergessen und die Unabweisbarkeit des Erinnerns: vom öffentlichen Umgang mit schlimmer Vergangenheit* aufgegriffen. Während es uns heute vor allem aus moralischen Gründen selbstverständlich scheint, kollektives Erinnern als notwendig und unverzichtbar anzusehen, verweist Meiers historischer Befund auf das genaue Gegenteil: *abolitio*, also die Tilgung der grauenhaften Geschehnisse aus dem kollektiven Gedächtnis galt jahrhundertelang als der wirksamste Umgang mit verbrecherischen Vergangenheiten, und das vor allem deswegen, weil nur auf diese Weise einer Wiederholung von Gewalttaten entgegen zu wirken sei. Das Motiv der Rache und ihre Einhegung spielten dabei eine zentrale Rolle. Im Ergebnis lässt Meier die Widersprüchlichkeit seines historischen Befundes unaufgelöst und bezeichnet es als eine schwierige Frage der Güterabwägung, wie man nach Kriegen, Bürgerkriegen, Revolutionen und Umstürzen mit der Vergangenheit umgehen sollte. Es sei keineswegs ausgemacht, »dass sich seit der unabweisbaren deutschen Erinnerung an Auschwitz alles anders verhält als früher«.[1] Auschwitz als

---

[1] Christian Meier: Das Gebot zu vergessen und die Unabweisbarkeit des Er-

erinnerungspolitischer Sonderfall? Was sich wohl zweifellos sagen lässt ist, dass selbst eine intensive und gesellschaftlich verankerte Erinnerung an Katastrophen und Massengewalt nicht verhindert, dass es gerade mit Rekurs auf diese erfahrene und erinnerte Gewalt zu neuen Konflikten und Übergriffen kommt, und insofern ist Meiers Schlussfolgerung, dass »tätige Erinnerung Wiederholung« keineswegs ausschließt, sicherlich zutreffend und bedenkenswert.

Geht man indes den von Meier dargelegten Beobachtungen zum Funktionswandel historischen Erinnerns weiter nach, und zwar vor allem hinsichtlich der tradierten und verfügbaren Gedenkformen, er-schließt sich ein weiteres Dilemma. Obgleich die Geschichte ja keinen Mangel an blutigen Konflikten, Vernichtungskriegen, Genoziden und Massenmorden aufweist, verfügen moderne Gesellschaften nur über ein überschaubares Ensemble an Formen des negativen Gedächtnisses, die nicht vornehmlich die Opfer von Gewalteskalationen erinnern, sondern ebenso die Taten und ihre Täter einbeziehen. Schandmale und Sühne-kreuze sind in unserem Traditionsbestand eher randständig, als ausge-prägter erweist sich das Bestreben, militärische oder politische Kata-strophen beispielsweise durch Denkmalssetzungen in nationale Siege umzudeuten. Das Arsenal der vorrätigen Erinnerungssymbole weist da-her gegenwärtig ein signifikantes Spektrum auf, gerade weil lange Zeit nicht das nachdrückliche Gedenken, sondern *Vergeben und Vergessen* als der wirksamste Weg zu befriedeten Verhältnissen angesehen wurde. Wenn jedoch ein solcher Umgang mit verbrecherischer Vergangenheit verwehrt ist, an welche Traditionen kann historisches Erinnern dann anknüpfen? Wie lässt sich an ein Verbrechen erinnern, das staatlicher-seits geplant, gewollt und durchgeführt, und von einem erheblichen Teil der Bevölkerung aktiv unterstützt, getragen oder doch zumindest geduldet wurde? Wie kann eine Nachfolgegesellschaft mit dieser, von Teilen der Gesellschaft ausgeübten Massengewalt umgehen, wie lässt sich eine solche Vergangenheit verarbeiten und als negativer Bezugs-punkt der eigenen Geschichte deuten, ohne das spezifische Moment der

---

innerns: vom öffentlichen Umgang mit schlimmer Vergangenheit. München 2010, S. 97.

kollektiven Täterschaft hinter dem – wenn auch aufrichtig gemeinten – Opfergedenken verschwinden zu lassen? Reinhard Koselleck hat dazu die »Differenz zwischen der Primärerfahrung der wirklich Betroffenen und der hinterher aufzuarbeitenden Sekundärerfahrung der Heutigen« hervorgehoben, aus der er drei Fragen ableitete: Wer ist zu erinnern? Was ist zu erinnern? Wie ist zu erinnern?[2] Während Koselleck in seinen Überlegungen vor allem die Primärerfahrungen der im Nationalsozialismus Verfolgten im Blick hatte, stellt sich mit Bezug zum Nationalsozialismus mittlerweile ja ohnehin die erinnerungspolitische Herausforderung, dass wir es inzwischen nahezu ausschließlich mit historischen Geschehnissen zu tun haben, die die Mehrheit unserer Gesellschaft nicht selbst erlebt oder erlitten hat. Während individuelles Erinnern an die Vorstellung oder zumindest an das Gefühl gebunden ist, dass sich eine als *Ich* verstandene Instanz an persönlich erlebte Geschehnisse erinnert, so stellt dieser Selbstbezug für kollektive Erinnerungsprozesse einen immanenten Widerspruch dar. Mit dem Westfälischen Frieden, der Französischen Revolution oder der Entdeckung Amerikas verhält es sich derweil nicht wesentlich anders als mit der Reichspogromnacht, der Befreiung des KZ Auschwitz oder dem Atombombenabwurf über Hiroshima – die überwältigende Mehrheit unserer Gesellschaft kann sich an diese Ereignisse schlicht nicht erinnern, und zwar nicht nur, weil sie zu jung ist, sondern auch, weil sie sich vielleicht zu dieser Zeit an einem ganz anderen Ort aufhielt. Im Falle kollektiven Erinnerns ist also nach einem gewissen zeitlichen Abstand gerade das die Ausnahme, was für das individuelle Erinnern als konstitutiv gilt. Diese Differenz, die sich ja nicht gerade als unerheblich abtun lässt, stellt für kulturelle Gedächtnistheorien, die sich nicht nur, aber vor allem auf tradierte und damit auf nicht-selbsterlebte Inhalte beziehen, eine konzeptionelle Herausforderung dar. Während Maurice Halbwachs noch vorrangig vom *Gedächtnis und seinen sozialen Bedingungen* sprach und damit generell die Tradierung des Geschehenen herausstellte, hat sich in den letzten zwanzig Jahren ein kollektiver Erinnerungsbegriff durchgesetzt, der seither

---

2   Reinhard Koselleck: Formen und Traditionen des negativen Gedächtnisses. In: Volker Knigge, Norbert Frei (Hrsg.): Verbrechen erinnern. Die Auseinandersetzung mit Holocaust und Völkermord. München 2002, S. 26.

trotz seiner missverständlichen Analogien im Mittelpunkt wissenschaftlicher und erinnerungspolitischer Aufmerksamkeiten steht. Dabei spielt die Tatsache, dass es sich hierbei um ein Aneignungsgeschehen handelt, das ja nicht im gleichen Sinne identitätsrelevant sein kann wie die Vergegenwärtigung selbsterlebter Ereignisse, eine eher untergeordnete Rolle, so dass die Vergegenwärtigung historischen Geschehens relativ ungebrochen als identitätsstiftender Selbstvergewisserungsprozess einer Gruppe oder einer Gesellschaft aufgefasst wird. Wie aber werden Vergangenheiten kulturell angeeignet, die von den Beteiligten nicht selbst erlebt, verübt oder erduldet wurden?

Geschichtstheoretisch würde man von *Historisierung* reden und damit eine Umarbeitung meinen, durch die zurückliegende Geschehnisse in Geschichtsnarrative transformiert werden.[3] Gustav Droysens Formulierung von der Wandlung der *Geschäfte* in *Geschichte* zählt in diesem Zusammenhang sicherlich immer noch zu den markantesten Begriffsbestimmungen.[4] Das Problem der Tradierung der als beispiellos kategorisierten Verbrechen im Nationalsozialismus umfasst also mehrere Ebenen: Zum einen die generelle Kluft der Erfahrung, die im gewissen Sinne ja bereits unmittelbar nach den Bezugsereignissen zwischen Primärzeugen und allen anderen Zeitzeugen existierte und emotional wie intellektuell nie auflösbar ist, zum anderen aber auch die generationelle Tradierung, durch die mit zunehmendem zeitlichem Abstand das historische Ereignis als mehr oder weniger vielstimmige Überlieferung zugänglich ist. Dieser Wandel, der erinnerungstheoretisch häufig und etwas missverständlich als Übergang vom kommunikativen zum kulturellen Gedächtnis bezeichnet wird[5], bezieht sich im Grunde genommen

---

[3] Zur Historisierung hier nur der Verweis auf: Wolfgang J. Mommsen: Leopold Ranke und die moderne Geschichtswissenschaft. Stuttgart 1988; Norbert Frei (Hrsg.): Martin Broszat, der »Staat Hitlers« und die Historisierung des Nationalsozialismus. Göttingen 2007; ein Überblick von: Pavel Kolář: Historisierung, Version 1.0. In: Docupedia-Zeitgeschichte. Online: http://docupedia.de/zg/Historisierung (letzter Zugriff: 2. März 2012).

[4] Vgl. Gustav Droysen: Historik, Bd. 1: Rekonstruktion der ersten vollständigen Fassung der Vorlesungen (1857). Stuttgart 1977.

[5] Zu diesem Begriff vgl. Jan Assmann: Das kulturelle Gedächtnis. Schrift, Er-

nicht allein und vielleicht nicht einmal primär auf die Frage veränderter kommunikativer Bezüge, sondern vor allem auf den Umstand einer – man möchte fast sagen – gesteigerten generationellen, emotionalen und kulturellen Tradierungsdynamik. Wie eignen sich Gesellschaften Vergangenheiten an, die sich nicht positiv in ihr Selbstbild integrieren lassen, die jedoch aus moralischen Gründen in Erinnerung bleiben sollen? Wie sind Dynamiken kollektiven Erinnerns zu konzeptionalisieren, wenn sich nicht nur der biographische und der familiäre Rahmen, sondern das kulturelle und gesellschaftliche Bedingungsgefüge insgesamt grundlegend wandelt?

II. Gefühlte Vergangenheiten

Hilfreich ist es vielleicht, sich im ersten Schritt zu vergegenwärtigen, was wir generell über Tradierungs- und Überlieferungsprozesse beziehungsweise über kulturell codierte Aneignungsvorgänge wissen, mit deren Hilfe überlieferte Fremderfahrungen in gesellschaftlich verfügbare Wissensbestände transformiert werden. Hier ist vor allem die rituelle Aneignung von Traditionsbeständen als ein Kernelement kultureller Tradierungen zu nennen. Rituale markieren und gestalten demnach solche Räume des Übergangs, des Wandels, der Transformation.[6] Sie dienen dazu, vergangene und heterogene Erfahrungen zum Ausdruck zu bringen, sie in Szene zu setzen und gemeinschaftlich zu synchronisieren. Aufgrund ihrer Körper- und Affektzentrierung weisen sie weit

innerung und politische Identität in frühen Hochkulturen. 2. durchgesehene Auflage, München 1997.

[6] Zur Ritualforschung immer noch grundlegend: Victor Turner: Das Ritual. Struktur und Anti-Struktur (1969). Frankfurt am Main 1989; Ders.: Vom Ritual zum Theater. Der Ernst des menschlichen Spiels (1982). Frankfurt am Main 1989; zu einer Theorie des Rituals vgl. den herausragenden Aufsatz von Petra Bahr, Ritual und Ritualisation. Elemente zu einer Theorie des Rituals im Anschluß an Victor Turner. In: Praktische Theologie 33 (1998), Heft 2, S. 143-158; allgemein zu Ritualen vgl. auch Arnold van Gennep: Übergangsriten (1981). Frankfurt am Main 1999; Thomas Macho: Rituale. Zürich 2006.

über kognitive Vergegenwärtigungen hinaus und konstituieren einen variablen Symbolbestand. Die Gleichzeitigkeit von Freiheit und Norm, von Unbestimmtheit und Form charakterisiert eine Vergegenwärtigung und Synchronisierung unterschiedlicher Erfahrungen bei gleichzeitiger Verhaltenssicherheit, einer hohen aktuellen Erlebnisintensität sowie einer gewissen Interpretationsfreiheit. Die deutungsoffene Seite ritueller Handlungen bewirkt, dass das Aneignungsgeschehen seine innovative Kraft behält. Erfahrungen werden auf diesem Weg stilisiert, verdichtet, neu konfiguriert und gemeinschaftlich angeeignet. Rituale bilden weder Vergangenheiten noch Wirklichkeiten ab, sie ermöglichen vielmehr eine gemeinschaftliche Aneignung der rituell verfremdeten Geschehnisse, indem die Akteure während des rituellen Vollzugs quasi eine »Erfahrung mit der Erfahrung«[7] machen. Sie übernehmen die im Ritualskript vorgesehenen Rollen und können so ihren eigenen diffusen Gefühlslagen Ausdruck verleihen. Selbst Fremderfahrungen erhalten auf diese Weise eine sinnlich erfahrbare Kontur und werden über den Umweg der rituellen Inszenierung zur eigenen Erfahrungsverarbeitung mit Gemeinschaftsbezug transformiert. Der rituelle Raum ist ein Ort der sinnlich-körperlichen Verarbeitung, der individuellen wie auch der gemeinschaftlichen Erfahrungsaneignung sowie der kollektiven Synchronisierung disparater Empfindungen.

Erinnerungstheoretisch lassen sich Ritualisierungen als Indikatoren für die gemeinschaftliche Aneignung vergangenheitsbezogener Ereignisse lesen. Sie verweisen auf Prozesse der Erfahrungsverarbeitung und kennzeichnen einen spezifischen Zustand kollektiver Selbstthematisierung. Allerdings gilt es festzustellen, dass rituelles Nacherleben in unseren westlichen Kulturen generell einem beschleunigten Funktionsverlust unterliegt und somit die sinnlich-körperliche Repräsentation von Geschichte, ihre rituelle Wiederholung als gegenwärtige Gemeinschaftserfahrung vielen Europäern fremd geworden ist. Unser soziales Leben vollzieht sich immer weniger rituell, sondern eher als diskursiver, als intellektueller Zugriff oder als mediales Großereignis. Im gegenwär-

---

[7] Bahr: Ritual und Ritualisation (wie Anm. 6), S. 155.

tigen Erinnerungskontext zielen Gedenkveranstaltungen zu bestimmten Jahrestagen eher auf die kognitive Verarbeitung der erinnerten Ereignisse. Sie wollen Erklärungen liefern, Mitleid erzeugen oder Wissen vermitteln. Zwar lassen sich auch dabei gewisse Routinen, Praktiken und Gewohnheiten ausmachen, aber eine im klassischen Sinne zeremonielle Ritualisierung ist nur schwach ausgebildet. Der Mangel an symbolischem Handlungsreservoir steigert indes das Gefühl unüberwindbarer Distanz, das letztlich Entfremdung fortschreibt, statt historische Erfahrungen zu integrieren hilft. Der Rückgriff auf religiöse Rituale, wie er in der Konsequenz in nahezu allen modernen Erinnerungskulturen zu beobachten ist, stellt daher einen ebenso naheliegenden wie irritierenden Kompensationsversuch dar.[8] Gleichzeitig gewinnt offenbar eine auf Identifizierungswünschen beruhende Aneignung von Geschichte immer stärker an Gewicht. Um Fremderfahrungen in identitätsrelevante Vergangenheiten transformieren zu können, wird die Kluft der Erfahrung durch ein inszeniertes »als-ob« überbrückt, ohne dass diese Umarbeitung wie beim rituellen Vollzug reflektiert und bewusst gestaltet wird.[9] Wir tun schlicht so, als wenn es um Geschehnisse geht, die wir selbst erfahren oder erlitten haben, und simulieren einen Selbstbezug, in den wir uns dann emotional hineinsteigern. Vergegenwärtigungen im Sinne solcher Selbstfindungssehnsüchte produzieren allerdings nicht nur so komplizierte Gefühlslagen wie die der nachholenden oder ererbten Trauer, sie tendieren auch dazu, die interessengeleitete Inanspruchnahme von Vergangenheiten zu verschleiern.

Neben dem generellen Funktionsverlust von Ritualen ist für die gegenwärtige Erinnerungskonfiguration möglicherweise auch der Umstand verantwortlich, dass ein lebendiger Ritualvollzug notwendigerweise eine gewisse deutungsoffene Vergegenwärtigung der historischen Ereignisse voraussetzt. Das Wechselspiel von rituellen Vorgaben und situativen Dynamiken ermöglicht erst das kollektive Aneignungsge-

---

8   Eine sicherlich noch nicht hinreichend diskutierte Frage ist tatsächlich das Verhältnis von religiösen und säkularen Erinnerungsformen, vgl. dazu auch den Beitrag von Hermann Düringer in diesem Band.

9   Diese Unterscheidung scheint mir wichtig, denn sie markiert die Differenz zwischen Simulation und Aneignung.

schehen und entfaltet so seine zugleich vergegenwärtigende wie auch historisierende Kraft. Ist dieses deutungsoffene Moment aus welchen Gründen auch immer verstellt oder tabuisiert, erstarren Rituale zu sinnentleerten Übungen. Wenn sich rituelle Vollzüge durch zu strenge Reglementierungen verhärten, gerät das Spannungsverhältnis von Freiheit und Norm in eine Schieflage und erzeugt eine Art emotionalen Leerlauf. Rituelle Vergegenwärtigungen erweisen sich dann als prekäre Medien, die anfällig sind für stumpfe Routinen, für hohle Imperative und moralisierende Gedenkfloskeln. Betroffenheitsrhetoriken helfen indes nicht, konflikthafte Bezugsereignisse in ein historisches Gesamtbild zu integrieren, sondern sie belassen das zu erinnernde Geschehen außerhalb des kollektiven Erfahrungshorizonts, oftmals noch verstärkt durch die Tendenz, die monströsen Verbrechen zu sakralisieren. Was aber geschieht in einer Gesellschaft, die sich ihre verbrecherische Vergangenheit kaum rituell, sondern allenfalls intellektuell oder emotional aneignet? Wie wird Geschichte, vor allem eine so destruktive wie die des Nationalsozialismus, dann kollektiv erinnert? Während für die ersten Nachkriegsjahre noch von einer durchaus komplexen und differenzierten Erinnerungskonfiguration ausgegangen werden kann, etablierte sich mit der Gründung der Bundesrepublik eine Erinnerungskultur, die sich zunächst vor allem dem Schicksal der eigenen Gemeinschaftsangehörigen zuwandte und gerade durch diese Selbstreferentialität die spezifisch deutsche Schuld an den nationalsozialistischen Massenverbrechen ausblendete.[10] Die Anerkennung von deutschen Flüchtlingen, Vertriebenen, Kriegsheimkehrern und Ausgebombten als entschädigungswürdige Kriegsopfer stand dabei im Zentrum eines Vergangenheitsdiskurses, der den erinnerungspolitischen Paradigmenwechsel *vom Held zum Opfer* bereits vollzogen hatte.[11] *Im Gedenken an die Opfer von Krieg und Gewaltherrschaft* – mit dieser oder einer ähnlichen Erinnerungsformel wäre die deutsche Nachkriegsgesellschaft gern in

---

[10] Zu diesen Phasen der Vergangenheitsaufarbeitung sei an dieser Stelle nur verwiesen auf: Norbert Frei: Vergangenheitspolitik. Die Anfänge der Bundesrepublik und die NS-Vergangenheit. München 1996.

[11] Zur »Ausmusterung des Helden« aus unserem Erinnerungs- und Symbolisierungsrepertoire vgl. den Beitrag von Martin Sabrow in diesem Band.

der allmählichen Behaglichkeit des Wirtschaftswunders zur Ruhe gekommen.[12] Das darin eingelassene Verleugnungspotential rief jedoch Ende der 1960er Jahre den vehementen Widerspruch der unmittelbar Nachgeborenen hervor. Norbert Elias beschrieb die damalige politische Situation in West-Deutschland als eine Spirale der Selbstzerstörung.[13] Die gesellschaftliche Spaltung führte er auf eine ausgebliebene Aufarbeitung der nationalsozialistischen Vergangenheit zurück, durch die die Bundesrepublik in eine tiefe und zudem generationell strukturierte Identitätskrise geraten sei. Während ein erheblicher Teil derjenigen, die den Nationalsozialismus noch selbst erlebt hatten, so täte, als wenn nichts geschehen sei, hätten sich vor allem nachwachsende Jahrgänge vom politischen System der Bundesrepublik abgewandt und im Marxismus das Gegenmodell zum vermeintlich autoritären Staat gesucht. Elias markierte damit den gesellschaftlichen Wandel in den 1960er und 1970er Jahren als einen Umbruchs- und Transformationsprozess, den er eng an die generationelle Auseinandersetzung und Weitergabe der nationalsozialistischen Vergangenheit gebunden sah. Dieser gesellschaftliche Konflikt brachte nachhaltige und für die damalige generationelle Konfliktlage signifikante Muster der Vergangenheitsdeutung und Aufarbeitung hervor, die insbesondere von dem Wunsch geleitet war, die verübten Verbrechen aufzuklären und sich mit den Opfern der nationalsozialistischen Vernichtungspolitik zu identifizieren. Diese nachholende Hinwendung zu den Opfern, die Anerkennung und das Nachempfinden ihrer Leiden waren ein unabdingbarer Schritt in der vielzitierten Vergangenheitsaufarbeitung. Eine solche Emotionalisierung war und ist notwendig, um überhaupt das Geschehene als Verbrechen, um die Beteiligten als für diese Taten verantwortlich auszumachen. Allerdings hat sich dieses Mitfühlen und Mitleiden in den nachfolgenden Jahrzehnten zu einem Identifizierungswunsch mit den Opfern entwi-

---

[12]   So die fragwürdigen Gedenkformeln der *Neuen Wache* in Berlin, vgl. Jörg Feßmann (Hrsg.): Streit um die Neue Wache. Zur Gestaltung einer zentralen Gedenkstätte. Berlin 1993.

[13]   Vgl. Norbert Elias: Studien über die Deutschen. Machtkämpfe und Habitusentwicklung im 19. und 20. Jahrhundert. Frankfurt am Main, 3. Auflage, 1990.

ckelt, und nicht nur individuell, auch gesellschaftlich ist daraus eine Art
geliehene Identität erwachsen – ein Identitätswunsch, der sich generell
Opfern von Krieg, Ausbeutung und Unrecht nahe fühlt, während die
Täter und ihre Taten anonymisiert und pauschal verurteilt werden. Es
lässt sich daher bis in die 1990er Jahre hinein und darüber hinaus eine
generationell aufgeladene Erinnerungsgemeinschaft beobachten, die
auf das Selbstbild des *Gefühlten Opfers* rekurriert. Das Reden als *Generation* erwies sich dabei als überaus starke Differenzkategorie, weil
dadurch nicht nur der moralische Bruch zur Elterngeneration vollzogen
werden konnte, sondern damit mittlerweile auch die Hoffnung verbunden ist, diese generationenspezifische Deutung des Holocaust an die
eigenen Nachkommen tradieren zu können.

Die Erinnerungsfigur des *Gefühlten Opfers* erweckt manchmal den
(falschen) Eindruck, sie konstatiere eine Ausblendung oder zumindest
eine marginale Beschäftigung mit den Tätern der Vernichtungspolitik.
Dieses Missverständnis gilt es zu korrigieren: Opferidentifiziertes Erinnern ist keineswegs in diesem Sinne eindimensional, sondern produ-
ziert vielmehr eine spezifische Sicht auf Täterschaften – eine Sicht, die
zur Generalisierung tendiert, die dazu neigt, mentale Täterkollektive
zu konstruieren und die NS-Täter häufig als sadistische, triebgesteu-
erte oder sonst wie pathologisch auffällige Überzeugungstäter dämo-
nisiert.[14] Ihre Exklusion zementiert das eigene Selbstverständnis als

---

[14] Diese Tendenz ließe sich exemplarisch an der Ende der 1990er Jahre geführten Debatte über die Ausstellung *Vernichtungskrieg. Verbrechen der Wehrmacht 1941 bis 1944* wie auch an der jüngsten Kontroverse über das Aus-
wärtige Amt nachzeichnen. Im Zuge der öffentlichen Auseinandersetzungen
wurde auch wissenschaftlich begründete Kritik als politisch motivierte
Kampagne gewertet, der es angeblich um die Entlastung von NS-Eliten, um
Geschichtsrevisionismus und um die Relativierung der verübten Verbrechen
gehe. Diese binär codierten Etikettierungen innerhalb eines wissenschaftlichen Konfliktes sind auch insofern bemerkenswert, da sie immer dann besonders stark hervortreten, wenn eine differenzierte Sicht auf Täterschaften
eingefordert wird. Beide Institutionen (Wehrmacht, AA) waren ohne Zweifel
systematisch, flächendeckend und institutionell am Holocaust beteiligt, das
ist nicht mehr strittig. Es geht also nicht um das *Ob*, sondern um das *Wie*.

nachgeborene Deutsche, die sich durch Identifizierung mit den Opfern radikal von der ererbten Geschichte lossagen – und dadurch einen wesentlichen Kern ihres Vergangenheitsbezugs verleugnen. Dabei ist das wirklich Beunruhigende an dieser Geschichte ja nicht der emotionale Abgrund dieser zu Bestien stilisierten Täter, sondern das fest in unserer Kultur, in unserer modernen Gesellschaft verankerte Potential zu solchen Taten. Martin Walser hat in einem immer noch lesenswerten Text von 1965 mit Blick auf den Auschwitz-Prozess geschrieben: »Natürlich verabscheuen wir die Täter. Das gehört ja mit zu unserer intimen Auseinandersetzung. Wir empfinden dadurch den Unterschied. Und wir nehmen Anteil am Opfer. (…) Erst durch den hilflosen Versuch, uns auf die Seite des Opfers zu stellen oder uns, so gut es gehen will, wenigstens vorzustellen, wie schrecklich da gelitten wurde, erst durch diese Anteilnahme wird uns der Täter so verabscheuungswürdig und brutal, wie wir ihn für unsere realitätsarme, aber momentan heftige Empfindung brauchen.«[15] An der Heftigkeit der Empfindungen hat sich seither offenbar wenig geändert, an den hilflosen Versuchen der Anteilnahme – so ließe sich zynisch kommentieren – haben die Deutschen massiv gearbeitet. Mehr als vierzig Jahre später hat sich daraus ein gesellschaftlich dominantes Muster der Vergangenheitsaufarbeitung professionalisiert. Doch statt diesen Mechanismus als »Dauerrepräsentanz unserer Schande«[16] nach außen zu projizieren, wie Walser es dann 1998 getan hat, zielt die Erinnerungsfigur des *Gefühlten Opfers* darauf, die vermutlich notwendige, aber letztlich entlastende Funktion des opferidentifizierten Erinnerns zu historisieren und ihre Verleugnungsanteile sichtbar zu machen.

Eine solche Differenzierung erweist sich allerdings für die öffentliche Debatte oftmals als zu bedrohlich.

[15] Martin Walser: Unser Auschwitz (1965). Online: http://www.workpage.de/mwa1.php (letzter Zugriff: 27. April 2012).

[16] Dankesrede von Martin Walser zur Verleihung des Friedenspreises des Deutschen Buchhandels in der Frankfurter Paulskirche am 11. Oktober 1998. Online: http://www.hdg.de/lemo/html/dokumente/WegeInDieGegenwart_rede WalserZumFriedenspreis/ (letzter Zugriff: 27. April 2012).

III. Erinnerungskulturen im Umbruch

Der hier allenfalls kursorische Rückblick auf sechzig Jahre Holocaustgedenken verweist auf eine spezifische Konfiguration, die seit den 1960er Jahren vor allem durch ein generationell verankertes und anschließend in breite Gesellschaftsschichten diffundierendes Erinnerungsmuster geprägt war, das mit der Figur des *Gefühlten Opfers* sicherlich nur unzureichend und verkürzt auf den Begriff gebracht ist. Während die Verklammerung der unmittelbar Kriegs- und Nachkriegsgeborenen mit dem Nationalsozialismus und vor allem mit dem Holocaust noch durch eine Eltern-Kind-Konstellation mit spezifischen Schuld- und Schamanteilen konturiert war, scheinen sich diese identifikatorischen Vergangenheitsbezüge in den letzten Jahren nach und nach zu verflüchtigen. Die Erinnerung an den Holocaust entwächst gleichsam einer lange Zeit symptomatischen Generationenlagerung und damit auch den dafür spezifischen Formen identitärer Geschichtsaneignung. Hierbei bleibt allerdings zu bedenken, dass es sich bei *Generationen* um keine substantialistischen Entitäten handelt, sondern um kommunikativ ausgehandelte (massenmedial hergestellte) und emotional geglaubte Erfahrungs-, Aneignungs- und Erinnerungsgemeinschaften, deren Entstehung nicht als Gruppenbildungsprozess im soziologischen Sinne, sondern als ein an codierten Objekten ausgerichteter Identifikationsprozess zu verstehen ist. Der Zusammenhang von *Generation* und *Erinnerung* ist dann folglich ein zweifacher: zum einen die retrospektive und damit die stets bereits auf Erfahrungsverarbeitung beruhende Verständigung von etwa Gleichaltrigen über geglaubte Gemeinsamkeiten mit Vergangenheitsbezug, zum anderen massenmedial kommunizierte und generationell markierte Deutungsangebote zu historischen Ereignissen, die individuell zwar als identitätsrelevant angesehen werden, die aber in der Regel allenfalls eine diffuse Verbundenheit hervorrufen und nur selten stabile Gruppenidentitäten erzeugen. Möglicherweise erscheint uns das identitätsstiftende Moment von kollektiven Erinnerungsprozessen aufgrund der starken Präsenz des Holocaust-Gedenkens in unserer Kultur selbstverständlicher als es eigentlich ist, generationentheoretisch könnte es sich hierbei auch um eine Ausnahme handeln. Denn ein solches präzedenzloses Verbrechen wie der Holocaust ruft nahezu zwangsläufig rigide Abgrenzungen der Kriegs- und Nachkriegsgeborenen hervor, die den Zusammenhang von *Generation* und *Erinnerung* möglicherweise enger erscheinen lassen als er sich in anderen historischen Konstellationen beobachten ließe. Die Ungeheuerlichkeit der verübten Verbrechen erzeugte einen generationellen Bruch gegenüber den Elternkohorten, und diese radikale, generationell gelagerte Unterbrechung besitzt zweifellos eine außergewöhnliche und nachhaltige Identitätsrelevanz. Inwiefern allerdings eine solche emotional, generationell und historisch sehr spezifische Konstellation Rückschlüsse zulässt auf den generellen Zusammenhang von *Erinnerung und Generation*, ist sicherlich noch nicht hinreichend diskutiert. Was sich allerdings sagen lässt ist, dass die generationellen Veränderungsdynamiken, die sich gegenwärtig abzeichnen und beobachten lassen, nicht in die im Erinnerungsdiskurs immer noch übliche Rubrik des allseits drohenden *Vergessens* gehören. Historisierung ist kein besonders heimtückischer Fall kollektiver Vergesslichkeit, sondern ein notwendiger und unausweichlicher Prozess der Vergangenheitsaneignung. Ohnehin lassen sich solche komplexen Verarbeitungs- und Umdeutungsvorgänge wissenschaftlich kaum noch gewinnbringend mit einem alltagssprachlichen Verständnis von *Erinnern* und *Vergessen* analysieren.[17] Eine solche binäre Codierung hat im wissenschaftlichen Diskurs eher zu Missverständnissen als zu Erkenntnissen geführt. Als weitaus gewinnbringender erweist sich der vor allem von Maurice Halbwachs reflektierte Wandel des Vergangenheitsbezugs durch variierende Sozialbeziehungen. Individuelle wie kollektive Gedächtnisse sind demnach sozial konstituiert, weil sie verwoben sind in verschiedene Gruppen und Milieus, denen jeder angehört. Nach Halbwachs gibt es kein Gedächtnis »außerhalb derjenigen Bezugsrahmen, deren sich die in der Gesellschaft lebenden Menschen bedienen, um ihre Erinnerungen zu

---

[17] Vgl. zu einem philosophisch fundierten und zudem reflektierten Verständnis von *Vergessen* den Beitrag von Johann Kreuzer in diesem Band, außerdem soziologisch versiert: Oliver Dimbath, Peter Wehling (Hrsg.): Soziologie des Vergessens. Theoretische Zugänge und empirische Forschungsfelder. Konstanz 2011.

fixieren und wiederzufinden«.[18] Wechselt dieser Rahmen oder verlassen wir eine bestimmte soziale Gruppe, gehen die relevanten Bezüge verloren und die Vergangenheitsbilder verblassen. Dinge und Ereignisse, die schon mal wichtig waren, treten in den Hintergrund. Verändert sich eine Gruppe, verändern sich ihre Lebensbedingungen, dann entledigt sie sich bestimmter Geschichten oder fügt neue hinzu, die der neuen sozialen Rahmung besser entsprechen. Solche Umarbeitungen verweisen auf den starken Gegenwartsbezug gemeinschaftlicher Vergegenwärtigungen, und sie verdeutlichen, dass wir Vergangenheit weniger rekonstruieren, sondern uns eher ein Bild von ihr machen. Erinnerung in diesem Sinne ist »in sehr weitem Maße eine Rekonstruktion der Vergangenheit mit Hilfe von der Gegenwart entliehenen Gegebenheiten und wird im übrigen durch andere, zu früheren Zeiten unternommene Rekonstruktionen vorbereitet, aus denen das Bild von ehemals schon recht verändert hervorgegangen ist«.[19]

Halbwachs' Theorieangebot lässt sich besonders eindrucksvoll anhand seiner 1941 verfassten Studie zu den Stätten der Verkündigung im Heiligen Land nachvollziehen. Anhand von Quellen wie Pilger- und Reiseberichten sowie biblischen Überlieferungen sucht Halbwachs in Jerusalem, Bethlehem und Nazareth nach »geformten Erinnerungen«, die er weder nach ihrer historischen Ursprünglichkeit noch nach ihrer Wirklichkeitsübereinstimmung befragt, sondern als jeweils zeitgenössische Formen kollektiven Erinnerns betrachtet. Bei diesem Prozess der fortgesetzten Überschreibungen wird »das Wissen darum, was ursprünglich war, mindestens zweitrangig, wenn nicht ganz und gar überflüssig: die Wirklichkeit der Vergangenheit, eine unveränderliche Vorlage, der man zu entsprechen hätte, gibt es nicht mehr«.[20] Versteht man mit Halbwachs die gängigen Muster, Formen und Praktiken des kollektiven Erinnerns als vorläufige Ergebnisse eines diachronen Aneignungs- und Deutungsprozesses, dann leitet sich daraus ein Aufschichtungsmodell

---

[18] Maurice Halbwachs: Das Gedächtnis und seine sozialen Beziehungen (1925). Frankfurt am Main 1985, S. 121.

[19] Ebd., S. 55f.

[20] Vgl. ders.: Stätten der Verkündigung im Heiligen Land. Eine Studie zum kollektiven Gedächtnis (1941). Konstanz 2003, S. 21.

ab, in dem die vielstimmigen Überarbeitungen, Aktualisierungen und Umformungen des historischen Geschehens eben nicht mehr im Einzelnen transparent, sondern in ihrer gegenwärtigen Gestalt zu einer komplexen Erinnerungssynthese verschmolzen sind. Mit einer solchen Lesart von Erinnerungsfiguren ließe sich veranschaulichen, dass es sich bei kollektiven Erinnerungsprozessen um kommunikativ ausgehandelte Kompositionen handelt, die stets auf anderen, ihnen vorausgehenden Entwürfen beruhen oder auf sie verweisen. Eine solche Kontextualisierung kann nicht nur davor schützen, das jeweils eigene oder gerade aktuelle Deutungsangebot als das einzig gültige und legitime auszugeben, sie vermag auch zu zeigen, wie sich anbahnende Wandlungs- und Transformationsphasen vor dem Hintergrund eines historischen Spannungsbogens interpretieren lassen. Und da wir uns gegenwärtig ja zweifellos in einem solchen Umbruch befinden, wäre mit Halbwachs nach den zentralen Bedingungsfaktoren zu fragen, die sich zurzeit verändern. Der hierfür mit Halbwachs zu gewinnende Fokus ist dann so schlicht wie eindrücklich: Vor allem die Tatsache, dass sich die relevanten Bezugsgruppen mit ihren Zugehörigkeitskonstruktionen, mit ihrem Beziehungsgefüge und ihren Vernetzungen umformen, sah Halbwachs als ausschlaggebend für erinnerungspolitische Wandlungsdynamiken an. Und gegenwärtig sind diese Einschnitte in der Tat gravierend: Nicht nur die vom Nationalsozialismus, Holocaust und Krieg erzählenden Primär- und Zeitzeugen sind bereits mehrheitlich verstorben, auch die *zweite Generation* der Kriegs- und Nachkriegsgeborenen scheidet allmählich aus den politischen, wirtschaftlichen, kulturellen und gesellschaftlichen Funktionen aus beziehungsweise arbeitet derzeit an der Tradierung ihrer Geschichts- und Erinnerungsbilder. Sie sieht sich dabei nachwachsenden Jahrgängen gegenüber, die sich ganz offensichtlich nicht in gleicher Weise mit Nationalsozialismus und Holocaust verbunden sehen und daher als moralisch indifferent wahrgenommen werden – für manche Beteiligte eine hochgradig irritierende und offenbar auch beunruhigende Erfahrung. Dieser generationelle Umbruch fällt darüber hinaus noch mit einem kulturellen Wandlungsprozess zusammen, der mit den Schlagworten Globalisierung, Kulturtransfer und Migration erst allmählich Einzug hält in die gedächtnistheoretischen Konzeptanstrengungen eines interdisziplinären Forschungsfeldes, und der in der bildungs- und erinnerungspolitischen Praxis weiterhin eher konflikthaft als bereichernd erlebt wird. Postsouveräne Gesellschaften konstituieren sich nicht mehr als homogene Erinnerungsgemeinschaften mit gemeinsamer Sprache und gemeinsamer Geschichte. Sie stehen vor der Herausforderung, angesichts enormer Komplexitäts- und Pluralitätssteigerungen nach neuen Integrations- und Gemeinschaftsformen zu suchen, die bei maximaler Freiheitsgarantie noch so viel Bindung, wie sie für ein funktionierendes Gemeinwesen nötig ist, erzeugen. Deutschland ist wie die meisten westeuropäischen Staaten ein Einwanderungsland, das eine nicht mehr nach Nationen und Ethnien zu differenzierende Bevölkerung umfasst. Dementsprechend vollzieht sich historisches Erinnern immer weniger im Rekurs auf national oder ethnisch verfasste Geschichtsentwürfe, da ein stetig wachsender Teil der Bevölkerungen über andere familiäre Hintergründe verfügt und somit mit Vergangenheiten konfrontiert wird, »die außerhalb ihres ethnischen Herkunftsglaubens liegen«.[21] Derzeit lässt sich sicherlich noch nicht abschätzen, welche Erinnerungsfiguren, welche neuen Begriffe, Formen und Muster des Holocaust-Gedenkens aus dieser Umbruchsphase erwachsen werden.[22] Absehbar ist hingegen schon jetzt, dass sich trotz hartnäckigen Bemühens ein solcher Historisierungsschub weder normativ aufhalten noch regulieren lassen wird.

---

[21] Claus Leggewie: Ein Schlachtfeld wird besichtigt. Sieben Kreise transnationaler Erinnerung Europas. In: Manfred Grieger, Ulrike Gutzmann, Dirk Schlinkert (Hrsg.): Die Zukunft der Erinnerung. Eine Wolfsburger Tagung. Wolfsburg 2008, S. 33.

[22] Vgl. hierzu Angela Kühner: Die Anderen der Erinnerung. Methodische Überlegungen zur Forschung über ›Holocaust Education‹ in der deutschen Einwanderungsgesellschaft. In: Elisabeth Boesen, Fabienne Lenz (Hrsg.): Migration und Erinnerung. Konzepte und Methoden der Forschung. Münster 2010, S. 257-282; dies.: Das Plädoyer für Vergessen als Kritik an »obsessiver« Erinnerungspolitik. Sozialpsychologische Überlegungen zum Umgang mit beunruhigenden Vergangenheiten. In: Oliver Dimbath, Peter Wehling (Hrsg.): Soziologie des Vergessens. Theoretische Zugänge und empirische Forschungsfelder. Konstanz 2011, S. 211-227; ebenso den Beitrag von Astrid Messerschmidt in diesem Band.

Martin Sabrow

Held und Opfer

Zum Subjektwandel deutscher Vergangenheitsverständigung im 20. Jahrhundert

Die Leitbegriffe und Orientierungsnormen unseres Umgangs mit der Vergangenheit sind beständig im Fluss.[1] Prägnant zeigt sich dies etwa im Kontext des sogenannten »Historikerstreits« von 1986/87, der – ungeachtet seiner oft behaupteten wissenschaftlichen Unergiebigkeit und jenseits aller inhaltlichen Kontroversen – die zentrale Bedeutung des nationalsozialistischen Zivilisationsbruchs für das Geschichtsbewusstsein der Gegenwart mit begründete. Ebenso veränderte sich im Gefolge des europäischen Umbruchs von 1989/91 nicht nur der Blick auf die historische Rolle des kommunistischen Herrschaftssystems nachhaltig, sondern auch das Gedenken an die nationalsozialistische Verfolgungspraxis erhielt neue Impulse. Wie stark sich die Leitvorstellungen der Vergangenheitsvergegenwärtigung im 20. Jahrhundert wandelten, will ich im Folgenden am Beispiel des Gegensatzpaares »Held« und »Opfer« in der deutschen Geschichtskultur erörtern.

Der ausgemusterte Held

Die Ausgangsbeobachtung ist einfach: Unsere Zeit ist dem Helden als Erinnerungsfigur nicht günstig, auch wenn der 2009 abgeschlossene Geschichtswettbewerb des Bundespräsidenten dem Thema »Helden:

---

[1] Der folgende Beitrag nimmt Gedanken auf, die ich zuerst entwickelt habe in meinem Aufsatz »Heroismus und Viktimismus. Überlegungen zum deutschen Opferdiskurs in historischer Perspektive«, erschienen in: Potsdamer Bulletin für Zeithistorische Studien 43/44 (2008), S. 7-20.

verehrt – verkannt – vergessen« galt. Zwar kennt auch unsere Gegenwart den Menschen, der sich besonders erfolgreich und selbstlos für
andere einsetzt, um eine gängige Definition des Helden zu nehmen:
Die herausragende Leistung, die Uneigennützigkeit des Handelns und
die persönliche Opferbereitschaft, die den Helden im allgemeinen Verständnis ausmachen, finden sich heute wie früher, aber sie machen uns
– jedenfalls in der deutschen politischen Kultur – nicht mehr so selbstverständlich wie noch vor 150 Jahren Thomas Carlyle für »das Heldentümliche im menschlichen Handeln« empfänglich.[2] Einst gängige
Buchtitel wie *Große Deutsche. Von der Sendung großer Männer*[3] haben
in unserer deutschsprachigen Denkkultur keinen Platz mehr, gleichviel,
ob es um nationale oder humane oder sportliche Belange geht. Weder
der Ballonfahrer Steve Fossett oder Luc Montagnier, der Entdecker des
AIDS-Virus, werden landläufig als Helden angesprochen oder gar gefeiert. Selbst dramatische Ereignisse der jüngsten Geschichte wie die fried-
liche Revolution von 1989 haben keine Helden hervorgebracht, obwohl
es doch genügend Stoff zur Schaffung von Heldenmythen und Helden-
gestalten gegeben hätte: Zu denken wäre etwa an Kurt Masur, den mu-
tigen Kapellmeister aus Leipzig, dessen Appell zur Entschärfung der
explosiven Lage am 9. Oktober beigetragen hat, oder auch die Offiziere
Edwin Görlitz und Harald Jäger von der Stasi-Passkontrolleinheit, die
am 9. November 1989 in der Bornholmer Straße gegen 23 Uhr 30 den
Befehl gaben: »Wir fluten jetzt!«, um eine weitere Eskalation zu vermeiden. Auch der unbeirrte Pfarrer der Nikolaikirche Christian Führer,
dessen seit 1987 veranstaltete Friedensgebete zum Kristallisationspunkt
der regimesprengenden Montagsdemonstrationen wurden, findet zwar
Anerkennung, aber keine Heldenverehrung. So schlug ihn unlängst die
Wartburgstadt Eisenach für den mit 10.000 Euro dotierten Preis »Das
unerschrockene Wort« mit einer Begründung vor, die alle Attribute des
Heroischen aufwies und doch den Begriff des Helden konsequent ver-
mied: »Die Wartburgstadt Eisenach, als eine der Wirkungsstätten des

---

[2] Thomas Carlyle: Über Helden, Heldenverehrung und das Heldentümliche in
     der Geschichte. Sechs Vorlesungen. Berlin 1912, S. 1.
[3] Karl Stabenow: Große Deutsche. Bildnisse aus alter und neuer Zeit. Hellerau
     bei Dresden 1931, S. 105.

großen Reformators Martin Luther, schlägt Herrn Christian Führer auch deshalb vor, weil er beispielhaft für die vielen steht, die ›unerschrocken‹ für eine friedlichere Welt und bessere Lebensbedingungen kämpften; weil er, sich der ständigen Gefahr bewusst, Widerstand leistete gegen politische und soziale Verhältnisse, die Menschen ausschließen, verachten oder benachteiligen. Seine Biographie ist gekennzeichnet von dem Mut, stets unbeugsam für seine Ideale zu kämpfen.«[4]

Wie verständnislos wir erst recht historischen Helden gegenüberstehen, mag folgende kleine Zeitungsnotiz illustrieren: Am 2. Oktober 2008 war in der Presse zu lesen, dass die CDU-Fraktion im Stadtrat von Saarbrücken »eine Bestandsaufnahme der historischen Denkmäler in Saarbrücken« in Auftrag gegeben hatte, um das 1904 auf der Alten Brücke über der Saar enthüllte Heldendenkmal Wilhelms I., das irgendwann im Zuge urbaner Verkehrsplanungen in »irgendeinem Bauhof« gelandet war, wieder ins Gespräch zu bringen. Von der Lokalpresse verspottet, ruderte die CDU sofort zurück und versicherte, dass sie keineswegs den »alten Kaiser Wilhelm wiederhaben«, sondern lediglich prüfen lassen wolle, »welche anderen historischen Fundstücke im Zuge der Neugestaltung des Flussufers an der Saar einen schönen Platz finden könnten«.[5]

Der Aufstieg der Erinnerung zur Pathosformel unserer Zeit

Fehl ginge, wer die Ursache für die Ausmusterung der Helden in einer Abwendung von der Vergangenheit überhaupt suchen wollte. Ganz im Gegenteil: Die Intensität des öffentlichen Erinnerns in der Gegenwart verbindet unsere Zeit mit dem Historismus des späten 19. Jahrhunderts. Wie um 1880, als Friedrich Nietzsche davor warnte, dass die »Übersättigung einer Zeit in Historie dem Leben feindlich und gefährlich«

---

4   http://www.newsropa.de/index.php?id=115&tx_ttnews[tt_news]=7970&tx_ttnews[backPid]=7&cHash= 51f9d83859 (letzter Zugriff: 20. März 2012).

5   Thomas Holl: Auf dem Bauhof der Geschichte. In: Frankfurter Allgemeine Zeitung, 11. Oktober 2008, S. 2.

sei,[6] hat das Vergessen in unserem Vergangenheitsdiskurs keine Legitimation. Es gilt geradezu als ein Anathema, und das, obwohl niemand bestreiten würde, dass Erinnern und Vergessen eine notwendige Einheit bilden. Jede Erinnerung verurteilt aufgrund ihres zwingend selektiven Charakters zugleich zum Vergessen. Darüber hinaus löscht oder überschreibt sie Erinnerung – in der psychischen Kognition[7] wie in der physischen Dingwelt und besonders in der Architektur[8]: Das Berliner Schloss löscht den Palast der Republik aus, die Potsdamer Garnisonkirche den sozialistischen Mosaikschmuck des gegenwärtig in situ stehenden Plattenbaus, und der Wiederaufbau der Dresdner Frauenkirche überschreibt nicht nur das Mahnmal des schwarzen Steinhaufens, der jahrzehntelang im Weichbild der Stadt vom Grauen des Bombenangriffs zeugte, sondern setzt geradezu auf die Vergesslichkeit der Patina, die in wenigen Jahren den Unterschied zwischen den hellen Sandsteinen der Nachempfindung und den dunklen des Originals zum Verschwinden bringen wird.

Wir sind uns kaum mehr bewusst, dass die Antike neben der *ars memoriae* auch die *ars oblivionis*, die Kunst des Vergessens, kannte, dass

---

[6]   Friedrich Nietzsche: Unzeitgemäße Betrachtungen, Zweites Stück: Vom Nutzen und Nachteil der Historie für das Leben. In: Ders.: Werke, hrsg. von Alfred Baeumler, 1. Band. Leipzig 1930, S. 134 f.

[7]   Rudolf Burger zitiert in einem lesenswerten Essay Jorge Luis Borges' Erzählung über den Indianerjungen Ireneo Funes, der infolge eines Reitunfalls mit einem »absoluten Gedächtnis« geschlagen war und über der Einsicht stirbt, dass seine Fähigkeit, alles zu erinnern, in die Sinnlosigkeit führen müsse. Rudolf Burger: Die Schatten der Vergangenheit und die Lehren der Geschichte. Meditation über den Gemeinspruch: »Niemals vergessen!«. In: Leviathan 2/2002, S. 314-324, mit Bezug auf: Jorge Luis Borges: Das unerbittliche Gedächtnis. In: Sämtliche Erzählungen. München 1970, S. 213 ff.

[8]   »Gebäude, ob gut erhalten oder vernachlässigt, ob nur dokumentarisch belegt, bildlich überliefert oder nachgebaut, gehören zu den dichtesten Kulturprodukten überhaupt. (...) Gerade weil sie nicht aus einem verbalen, sondern aus einem materiellen Niederschlag bestehen, eröffnen sie eine beinahe unerschöpfliche Quelle geschichtlicher Kenntnisse.« Karl W. Forster: Archive und Verliese des Wissens. In: Ulrich Raulff, Gary Smith (Hrsg.): Wissensbilder. Strategien der Überlieferung. Berlin 1999, S. 241.

die Amnesie als Gedächtnisschwäche und die Amnestie als staatliche Vergebung etymologisch bedeutungsgleich sind und gemeinsam auf das griechische Verb »a-mnemoneo« = »aus dem Gedächtnis verlieren« zurückgehen. Tatsächlich hat das Vergessen eine lange Tradition. Von der Antike bis zur Frühen Neuzeit wurde der innere Friedensschluss nach Kriegen oder Bürgerkriegen ganz überwiegend nicht vom Willen zur erinnernden Verarbeitung bestimmt, sondern von der Bereitschaft zum tätigen Vergessen. In diesem Sinne verlangte Cicero nach der Ermordung Caesars im Römischen Senat die »Zerstörung jeglicher Erinnerung an die Zwietrachten durch ewiges Vergessen« (*Oblivione sempiterna delendam*). Diesem Geiste folgend, enthielten Friedensabkommen bis zum Westfälischen Frieden 1648 regelmäßig das Bekenntnis zum wechselseitigen Vergessen.[9]

Anders aber als zu Nietzsches Zeit hat in unserer Gegenwart eine monumentalische Geschichtsbetrachtung keinen Platz mehr. Mit Recht wurde jüngst gefragt: »Sind demokratische Werte monumental repräsentierbar?«[10] Offenbar nicht mehr, wie die Auseinandersetzung um das vor kurzem errichtete Bundeswehr-Ehrenmal in Berlin zeigte. Architektonische Denkmäler wie der Deutsche Reichstag schaffen demokratische Traditionsbezüge mit gläsernen Baumaterialien, die wie die neue Fosterkuppel Transparenz statt einschüchternder Monumentalität zeigen. Die 1953 von einem früheren NS-Bildhauer, Richard Scheibe, geschaffene Bronzestatue zum Gedenken an die für das Hitler-Attentat vom 20. Juli 1944 Verantwortlichen zeigt zwar durchaus noch heroische

---

[9] »Beide Seiten gewähren einander immerwährendes Vergessen und Amnestie (pertua oblivio et amnestia) alles dessen, was seit Beginn der Kriegshandlungen, an irgendeinem Ort auf irgendeine Weise von dem einen oder anderen Teil, hüben wie drüben, in feindlicher Absicht begangen worden ist.« Osnabrücker Friedensvertrag (Instrumentum Pacis Osnabrugensis) vom 24. Oktober 1648, Artikel 2, zitiert nach Arno Buschmann: Kaiser und Reich. Verfassungsgeschichte des Heiligen Römischen Reiches Deutscher Nation vom Beginn des 12. Jahrhunderts bis zum Jahre 1806 in Dokumenten. Baden-Baden, 2. Auflage 1994, S. 17.

[10] Hans-Ernst Mittig: Sind demokratische Werte monumental repräsentierbar? In: Manfred Hettling, Jörg Echternkamp (Hrsg.): Bedingt erinnerungsbereit. Soldatengedenken in der Bundesrepublik. Göttingen, 2008, S. 132-148.

Züge (die durch Edwin Redslobs Sockeltext »Ihr trugt die Schande nicht, Ihr wehrtet Euch« bereits etwas gemildert wurden), wurde aber 1980 buchstäblich vom Sockel geholt und so beziehungslos im Innenhof des Bendlerblocks platziert, dass es heute im Kontext der sachlich statt heroisierend gehaltenen Ausstellung »vor allem als Zeitdokument gesehen und kritisch analysiert« wird.[11]

Ein sprechendes Beispiel bildet das Bemühen um ein Denkmal der Wiedervereinigung, dem infolge seines positiven Würdigungscharakters ein heroisierender Duktus geradezu zwangsläufig eingeschrieben sein muss und dessen Realisierung aus diesem Grunde im ersten Anlauf völlig scheiterte und im zweiten nur dank bundespolitischer Nachhilfe überhaupt zu einem Entscheid kam. Das Presseecho auf den ausgewählten Entwurf der Stuttgarter Agentur Milla und Partner zusammen mit der Choreographin Sasha Waltz, der eine bewegliche Riesenschale beinhaltete, war allerdings verheerend: »In Berlin wird kein Einheitsdenkmal, sondern eine National-Hüpfburg gebaut. Wie konnte das geschehen – und wer entscheidet so etwas«, fragte etwa entgeistert Gerhard Matzig in der *Süddeutschen Zeitung*.[12]

Der Opferdiskurs

Nicht der Held steht mehr im Mittelpunkt unserer heutigen Geschichtskultur, sondern das Opfer; nicht die Heldentaten von Arminius im Teutoburger Wald über Luther in Worms bis zu Bismarck in Versailles bewegen uns, sondern die historischen Verletzungen, die Menschen erlitten und andere Menschen verursacht haben. Unsere Gedenkstätten sind nicht mehr der Kyffhäuser, das Deutsche Eck oder das Denkmal von Tannenberg, sondern Buchenwald und Dachau, die innerdeutschen Grenzanlagen und die Neue Wache in Berlin. Der Paradigmenwechsel von der historischen Heroisierung zur historischen Viktimisierung ist kein

---

[11] Stefanie Endlich: Das Bundeswehr-Ehrenmal im Kontext der Berliner Denkmalslandschaft. Nationale und dezentrale Formen der Erinnerung. In: Hettling, Echternkamp (Hrsg.): Bedingt erinnerungsbereit (wie Anm. 10), S. 124.

[12] Die Jury. In: Süddeutsche Zeitung, 30. April/1. Mai 2011.

deutscher, sondern ein europäischer, präziser: ein okzidentaler Trend. Er tritt zutage, wenn ein amerikanischer Präsident für die Versklavung der afrikanischen Bevölkerung im 19. Jahrhundert um Entschuldigung bittet oder eine deutsche Bundesministerin der deutschen Massaker an den Hereros gedenkt; er zeigt sich bei dem Aufstieg von Gedenktagen wie dem 27. Januar zur Erinnerung an die Befreiung von Auschwitz oder dem 9. November zur Erinnerung an den Reichsjudenpogrom von 1938; er wird fassbar, wenn der Holocaust sich in den letzten beiden Jahrzehnten als zentrales Bezugsereignis eben nicht nur der deutschen, sondern der europäischen Geschichte durchgesetzt hat. Welche Prägekraft in diesem Wandel der Geschichtskultur liegt, veranschaulicht vielleicht am nachdrücklichsten das Treffen von 22 Regierungschefs vor einigen Jahren in Stockholm, das in eine Deklaration über »Erziehung nach Auschwitz« mündete und von dem Geist getragen wurde, »für immer gegen Genozid, Gewalt und Diskriminierung zu kämpfen«.[13]

Der Blick auf die Berliner Gedenklandschaft belegt die Dominanz des Opferdiskurses augenfällig. Die 32 überlebensgroßen Standbilder der brandenburgischen Kurfürsten und preußischen Könige, die Wilhelm II. in der Siegesallee im Berliner Tiergarten aufstellen ließ, ruhten lange Jahre vergessen in einem ehemaligen Abwasserpumpenhaus am Landwehrkanal und harren heute in der Zitadelle Spandau ihrer Restaurierung; das »Bismarck-Nationaldenkmal« vor dem Berliner Reichstag verschwand bereits 1939 im Zuge der Speerschen Achsenplanung in einer Ausbuchtung am Großen Stern. Das öffentliche Gedenken nach 1945 und nach 1989 wird beherrscht von den Mahnmalen und Gedenkzeichen, die an die Opfer der nationalsozialistischen Verfolgung erinnern, an die Verfolgten des SED-Regimes und an das mit der deutschen Teilung und der Berliner Mauer verbundene Leiden.

In der historischen Fachwissenschaft führte derselbe Richtungswechsel dazu, die Suche nach der Erklärung für die Machtergreifung 1933 (als gemäß früherer Lesart Millionen Deutsche zu Opfern Hitlers wurden) mehr und mehr durch die Suche nach einer Erklärung für die

---

[13] Michael Jeismann: Auf Wiedersehen Gestern. Die deutsche Vergangenheit und die Politik von morgen. Stuttgart/München 2001, S. 143.

NS-Vernichtungspolitik von 1938 bis 1945 (als Millionen zu Opfern der Deutschen wurden) abzulösen. Die Opferperspektive schuf neue Zuordnungen. Sie ersetzte in gewisser Weise Staat- und Regimenähe durch Tat und Täterschaft als Blickpunkt, und sie organisierte ihr Narrativ in den Kategorien von Tätern und Opfern statt in den Spruchkammerkategorien von Belasteten, Mitläufern und Entlasteten. Welche dramatischen Verschiebungen mit diesem Perspektivenwechsel verbunden waren, erhellt etwa der Fall Albert Speer, mit dem sich früher insbesondere der Widerstand gegen Hitlers Nero-Befehl verband und heute seine Beteiligung an der Massenvernichtung durch Zwangsarbeit. Ähnliches lässt sich für den Konturenwandel sagen, den das Bild des Raketenspezialisten Wernher von Braun in den letzten vierzig Jahren erfahren hat. Auch die Ende der 1990er Jahre entbrannte Debatte über die NS-Verstrickung der deutschen Historikerschaft ist ohne diesen Perspektivenwechsel nicht zu verstehen, und wie sehr sich der Widerstreit von Heroisierung und Viktimisierung in einzelnen Personen spiegeln kann, lehrt die Umwertung des Bildes vom militärischen Widerstand gegen Hitler, das seinen einstigen Monstranzcharakter mittlerweile weitgehend gegen die abwägende Auseinandersetzung mit der oft nicht auflösbaren Verflochtenheit von Widerständigkeit und Verstrickung verloren hat.

Interessanterweise hat der Siegeszug der Opferperspektive in den letzten Jahren auch die Täterwelt erfasst. Hierfür spricht die mit viel Resonanz aufgenommene Beschreibung des Untergangs der Wilhelm Gustloff durch Günter Grass ebenso wie Jörg Friedrichs überraschend erfolgreiches Buch *Der Brand*, welches das Schicksal des deutschen Tätervolks als Opfer im Bombenkrieg vor Augen führte. In dieselbe Richtung wies die erfolgreiche Neuverlegung des *Anonyma*-Buches, das die Leiden der besiegten Deutschen unter ihren Siegern plastisch macht. Gleiches gilt auch für die Renaissance des lange tabuisierten Vertreibungsthemas, die *Der Spiegel* 2002 unter dem programmatischen Titel »Die Deutschen als Opfer« als Rückkehr zur historischen Normalität interpretierte.[14] Dass die Viktimisierung mittlerweile sogar das Zentrum

---

[14] »Die Deutschen als Opfer. Mehr als ein halbes Jahrhundert nach Ende des Zweiten Weltkriegs bricht in der von Normalität beseelten Berliner Republik ein Thema auf, das längst vergessen schien: Die unbelastete nachgeborene

des nationalsozialistischen Verbrechens erreicht hat, machte Bernd Eichingers Film *Der Untergang* deutlich, der Hitler selbst als Opfer darstellt: als Opfer seiner Illusionen, seines Wahns, aber auch des gewandelten Kriegsglücks und des politischen Verrats.

Die Studie von Ulrike Jureit und Christian Schneider definiert mit vollem Recht die heutige Gesamtkonfiguration als »opferidentifizierte Erinnerungskultur«.[15] Diese Identifizierung mit den Opfern ist heute erinnerungspolitische Norm und hat mit dem Generationswechsel von der Tätergesellschaft zur Nachgeborenengesellschaft die Figur des »gefühlten Opfers« erzeugt, dessen unheimlichster Ausdruck vielleicht mit dem Namen Binjamin Wilkomirski verbunden ist.[16] Die »zweite Generation« empfand sich selbst als Opfer des faschistischen Systems und vergegenständlichte ihre Gedenkkultur in einem Berliner Holocaust-Mahnmal, das sein Schöpfer Eisenman selbst als Einladung zur Opferidentifizierung auslegte: »Wenn in 50 Jahren ein japanischer Tourist kommt, der nichts vom Holocaust weiß, fühlt der etwas, sobald er das Monument betritt: Vielleicht spürt er, wie es ist, in die Gaskammer zu gehen.«[17]

Wie ist diese Opferidentifizierung zu erklären? Jureit und Schneider argumentieren mit ihrer Entlastungsfunktion, die ich als Kern der Aufarbeitungskultur fassen würde: Sie entlastet von ambivalenten Erinnerungen, sie verspricht Erlösung, erlaubt Täterausgrenzung und »identifikatorische Abwehrhaltung«, und sie enthält ein »Zugehörigkeitsangebot« an die Nachkriegsgeborenen, zu den »Guten der Geschichte« zu zählen.[18] Das ist eine utilitaristische Argumentation. Sie ist gewiss nicht falsch, aber ich glaube, dass man darüber hinaus den Wandel vom Helden zum Opfer, von der Heroisierung zur Viktimisierung

Generation interessiert sich für Flucht und Vertreibung.« In: Der Spiegel, Nr. 13, 25. März 2002, S. 36-60.

[15] Ulrike Jureit, Christian Schneider: Gefühlte Opfer. Illusionen der Vergangenheitsbewältigung. Stuttgart 2010, S. 10.

[16] Ebd., S. 25. Binjamin Wilkomirski: Bruchstücke. Eine Kindheit 1939-1948. Frankfurt am Main 1995.

[17] die tageszeitung, 20. Januar 1998, zitiert in: Jureit, Schneider: Gefühlte Opfer (wie Anm. 15), S. 29.

[18] Ebd., S. 30.

als Ausdruck eines kulturellen Wertewandels und eines damit einhergehenden Wandels der Vergangenheitsvergegenwärtigung im 20. Jahrhundert interpretieren kann.

Der Paradigmenwechsel vom Held zum Opfer

Dieser Paradigmenwechsel von der Heroisierung zur Viktimisierung wird ereignisgeschichtlich in der alles erschütternden Tiefe des nationalsozialistischen Zivilisationsbruchs selbst gesucht. In der Tat ließ der vollständige materielle und mentale Ruin nach 1945 zwar einen Weg zur allmählichen Normalisierung der Zukunft, aber keinen zur Heroisierung der Vergangenheit mehr offen: Das Heldengedenken hatte nach dieser Lesart in einem Deutschland nach Auschwitz keine politisch-kulturelle Basis mehr. Doch so plausibel es scheint, so brüchig ist dieses Argument. Dagegen spricht bereits, dass die Opferperspektive der Nachkriegszeit bis in die 1960er und 1970er Jahre das Schicksal der verfolgten Juden, der verfolgten Sinti, Roma, der verfolgten Homosexuellen in Westdeutschland zugunsten des eigenen Opferschicksals als Kriegsgefangene, als Heimatvertriebene, als politisch Verführte und materiell Beraubte weitgehend übersehen ließ. In der SBZ wurden Juden zeitweilig sogar als »Nur-Opfer«, nicht als »Opfer des Faschismus« (OdF) anerkannt. Zudem verhinderte die Last des Völkermords keineswegs, dass in der SBZ/DDR sehr rasch ein neuer Kult entstand – diesmal um den sozialistischen Helden als Propagandafigur in Gestalt eines Parteihelden wie Karl Liebknecht, eines antifaschistischen Helden wie Ernst Thälmann, eines Helden der Arbeit wie Adolf Hennecke oder eines Sporthelden wie Täve Schur.

Erst in Verbindung mit dem politisch-kulturellen Wertewandel der 1970er und 1980er Jahre formte sich die heute dominante opferzentrierte Erinnerungskultur, die die Beschwörung des Ruhmes durch die Auseinandersetzung mit der Schuld ersetzt hat. Der damit verbundene Übergang von einer mimetischen Stolzkultur zu einer kathartischen Bewältigungskultur ist an den Abschied von der Nation und dem Volk als historischem Kollektivsubjekt gebunden, und ironischerweise war es die 68er-Bewegung, die im 20. Jahrhundert zum letzten Mal die historische Heldenbühne mit ihren eigenen Gestalten von Che Guevara bis Ho Chi Minh gefüllt hat. Im Niedergang der Studentenbewegung und in der bis heute anhaltenden Irritation vieler ihrer Protagonisten über die einstige Verehrung mythisch überhöhter Helden lässt sich der Umschlag von einem heroischen Fortschrittsdenken zu einem opferzentrierten Geschichtsdiskurs für viele Menschen dieser Generation auch biographisch erfassen.

Der Zerfall des Kollektivsubjekts ging einher mit einer kulturellen Pluralisierung und Individualisierung, die auch den Umgang mit der Vergangenheit betraf. Er hat das subjektive Recht auf die eigene Erzählung bestärkt, das der Historiker Frank Ankersmit als Privatisierung der Vergangenheit bezeichnet hat.[19] Dieses Recht verbindet sich mit der auch geschichtstheoretischen Ablösung der historiographischen Objektivitätsidee durch die Pluralität subjektiver Perspektiven, die den Quellen zwar noch eine kritische Vetokraft, nicht aber mehr eine affirmative Beschlusskraft zubilligt. In der kurz nach 1990 von dem amerikanischen Historiker Charles Maier formulierten Einsicht, dass die westlichen Gesellschaften mit dem Ende des 20. Jahrhunderts auch das Ende eines großen kollektiven Projekts erleben würden[20], steckt auch die Befreiung vom Joch der »Großen Gesänge«, die über mehr als ein Jahrhundert die

---

[19] Ankersmit interpretiert den Siegeszug des Erinnerungsparadigmas als Folge eines kulturellen Wandels, der die Vorstellung der Geschichte von einer »Kathedrale unseres Wissens über die Vergangenheit« zerstört und durch ein Bild der Vergangenheit als »einer riesigen formlosen Masse« ersetzt hat, »durch die sich jeder Historiker hindurchgraben kann, ohne jemals auf seine Kollegen (…) zu stoßen«. Der Verlust an Klarheit habe zu einer Demokratisierung oder Privatisierung der Vergangenheit geführt, für die die Rede von der Erinnerung steht: »Dem Wort ›Erinnerung‹ das abzuverlangen, was früher von dem Wort ›Geschichte‹ geleistet wurde, ist daher ein sicheres Zeichen für eine ›Personalisierung‹ oder ›Privatisierung‹ unseres Verhältnisses zur Vergangenheit.« Frank R. Ankersmit: Die postmoderne »Privatisierung« der Vergangenheit. In: Herta Nagl-Docekal (Hrsg.): Der Sinn des Historischen. Geschichtsphilosophische Debatten. Frankfurt am Main 1996, S. 203ff.

[20] Charles Maier: A Surfeit of Memory? Reflections on History, Melancholy and Denial. In: History & Memory. Studies in Representation of the Past, Bd. 5, Nr. 2 (1993), S. 150.

Beschäftigung mit der Vergangenheit an den übergeordneten Normen der Nation, der Freiheit, der Gerechtigkeit, der Emanzipation, der Idee ausgerichtet haben.

In diesem Kontext hat sich das kathartische Prinzip der Auseinandersetzung mit der Vergangenheit gegenüber ihrer mimetischen Bekräftigung seit den 1980er Jahren immer weiter durchgesetzt. Ein eindrucksvoller Indikator dieses Vorgangs steckt in der Abwertung des Wortes »Vergangenheitsbewältigung«, das in den fünfziger Jahren noch ein mutiges Bekenntnis darstellte und von dem Göttinger Historiker Hermann Heimpel, zeitweilig als Nachfolger des ersten deutschen Bundespräsidenten im Gespräch, in durchaus selbstkritischer Absicht propagiert wurde: Die Vergangenheit dürfe nicht vergessen, sie müsse vielmehr bewältigt werden.[21] Heute hingegen begreifen wir den Zivilisationsbruch von Auschwitz eben nicht mehr als eine Vergangenheit, die sich im eigentlichen Sinne »bewältigen«, womöglich überwältigen ließe, und wir distanzieren uns von einer Wiederaufbaumentalität, die meinte, mit dem Schrecken des »Dritten Reiches« auf dem Wege der juristischen, politischen und mentalen Bewältigung abschließend fertig werden zu können.[22]

---

[21] Peter Dudek: Vergangenheitsbewältigung. Zur Problematik eines umstrittenen Begriffs. In: Aus Politik und Zeitgeschichte, Beilage 1-2, 1992, S. 44ff.

[22] Das Gegenwartsverständnis des Begriffs Vergangenheitsbewältigung veranschaulicht etwa ein »Call for Papers: Erinnerung – Vergangenheitsbewältigung – Amnesie« des politikwissenschaftlichen Fachorgans »Peripherie. Zeitschrift für Politik und Ökonomie in der Dritten Welt« vom 18. März 2007: »Freilich ist Sprache verräterisch: Nicht von Auseinandersetzung ist im Zusammenhang mit dem Holocaust, dem Genozid in Ruanda 1994, schweren Menschenrechtsverletzungen unter den Diktaturen von Pinochet in Chile oder bei der Niederschlagung des Sendero Luminoso in Peru, dem Apartheidsregime oder endlich auch dem Vietnamkrieg und in wenigen Jahren vielleicht dem US-Desaster im Irak die Rede, sondern – bei allen Unterschieden zwischen diesen Beispielen – von Vergangenheitsbewältigung. Die Gewaltsamkeit, die im Spiel ist, wenn Vergangenheit zum Mythos zugerichtet, das Unsagbare für öffentlichen Gebrauch handhabbar gemacht wird, ist diesem Wort eingeschrieben.« http://hsozkult.geschichte.hu-berlin.de/termine/id=6919 (letzter Zugriff: 20. März 2012).

Längst hat daher die Rede von der Vergangenheitsbewältigung durch das Bekenntnis zur Aufarbeitung semantische Konkurrenz bekommen, deren Konjunktur Theodor W. Adorno 1957 noch eher kritisch registrierte und jedenfalls mit der Absicht verbunden wissen wollte, »dass man das Vergangene im Ernst verarbeite, seinen Bann breche durch helles Bewusstsein«.[23] Die Anlehnung an Sigmund Freuds tiefenpsychologisches Konzept des erinnernden Durcharbeitens formulierte einen durchschlagskräftigen Appell zur Auseinandersetzung mit der NS-Zeit, der die zukunftsgerichtete Neuorientierung als Verdrängung und die Abschüttelung der Vergangenheit als politisch gefährliche »Unfähigkeit zu trauern« zu lesen erlaubte. Vergangenheitsvergegenwärtigung als Mittel zur Gesundung – aus dieser erfolgreichen Einbettung des Umgangs mit der jüngsten Geschichte in einen sozialen wie politischen Krankheitsdiskurs[24] erklärt sich der Erfolg des Begriffs Aufarbeitung, der andere Formen der Vergangenheitsüberwindung als Abwehr und Weigerung in den diagnostischen Rahmen von Störung und Verdrängung stellte.

Diese kritische Reflexion verlieh im Zeichen des Generationswechsels seit dem Ende der 1960er Jahre dem Willen zur schonungslosen Aufarbeitung genügend Durchschlagskraft, um die seit Mitte der 1950er Jahre gebräuchliche Rede von der Vergangenheitsbewältigung – ganz gegen die Intention ihrer Wortschöpfer – als fatalen Glauben an den

---

23 Theodor W. Adorno: Was bedeutet: Aufarbeitung der Vergangenheit? In: Ders.: Gesammelte Schriften, Band 10/2, Kulturkritik und Gesellschaft II. Hrsg. von Rolf Tiedemann unter Mitwirkung von Gretel Adorno, Susan Buck-Morss und Klaus Schultz. Frankfurt am Main 1977, S. 555.

24 Auf diese Amalgamierung sozialer Defizite und politischer Interessen wies Adorno selbst in seinem Vortrag von 1958 eindrücklich hin, um den Appell zur Aufarbeitung der drückenden Vergangenheit nicht in einem psychologisierenden Entlastungsdiskurs verpuffen zu lassen: »Aus der allgemeinen gesellschaftlichen Situation weit eher als aus der Psychopathologie ist denn wohl das Vergessen des Nationalsozialismus zu begreifen. Noch die psychologischen Mechanismen in der Abwehr peinlicher und unangenehmer Erinnerungen dienen höchst realitätsgerechten Zwecken. Die Abwehrenden selbst plaudern sie aus, wenn sie etwa praktischen Sinnes darauf hinweisen, dass die allzu konkrete und hartnäckige Erinnerung ans Geschehene dem deutschen Ansehen im Ausland schaden könne.« Ebd., S. 558.

vergangenheitspolitischen Schlussstrich außer Kurs zu setzen. Zugleich stellte die Aufarbeitung ungeachtet ihrer therapeutischen Grundierung, die das erinnernde Durcharbeiten als Schritt zur endgültigen Heilung im Vergessen begreift, auf die Widerstand erregende Schmerzhaftigkeit jeder ernsthaften Auseinandersetzung mit der Last der Vergangenheit ab. So konnte sie bis heute jede öffentliche Anprangerung einer Vergangenheitsbelastung als reinigenden Schritt zur Gesundung deuten und jenen empörungsbereiten Gestus der Aufdeckung und Entlarvung beibehalten, der die deutsche Auseinandersetzung mit der Diktaturvergangenheit so deutlich etwa von dem Selbstverständnis der Wahrheits- und Versöhnungskommissionen in Südafrika und Ruanda unterscheidet.

Der besondere deutsche Opferdiskurs

An diese besondere Dominanz der Opferperspektive in Deutschland knüpft sich die Frage nach einem möglichen erinnerungskulturellen Sonderweg. Meine These ist, dass die deutsche Tradition der Opferorientierung weit in die Vergangenheit des 20. Jahrhunderts zurückreicht und sich daher unser heutiger Opferdiskurs von der nationalistischen Vergangenheitsbeschwörung vor 1945 und von der verdrängenden Vergangenheitsbewältigung nach 1945 am Ende doch weniger radikal unterscheidet, als wir es selbst gerne glauben wollen.

Gegen diese Vermutung spricht freilich der Augenschein: Von Bismarck über Ludendorff und Hindenburg bis zu Hitler scheint die politische Heldenbühne zwischen 1866 und 1945 raumgreifend ausgefüllt, wie etwa die Beisetzung des wenig kriegerischen Königs von Preußen und ersten Deutschen Kaisers veranschaulicht. Die heroische Verbindung von Trauer und Triumphgedanken schlug im März 1888, als Wilhelm I. verstarb, bis in die Wahl des Trauerwegs durch: »Auf dem gesamten Trauerweg gibt es keine Todesallegorie.« Die Strecke mündet am Brandenburger Tor als Siegestor. »Der letzte Gang des Kaisers durch das deutsche Volk, schrieb die ›Freisinger Zeitung‹, wurde zum ›Siegeszug in die Unsterblichkeit‹. Hinter dem Brandenburger Tor begleiten vier trauernde Genien und vier Siegesgöttinnen zu beiden Seiten der Siegesallee den Kondukt; die Siegessäule weist auf das Heldentum Wilhelms I. hin.«[25] Auch das staatliche Gedenken in der Weimarer Zeit ehrte den Heros und nicht das Opfer. »Den Gefallenen zum ehrenden Gedächtnis, den Lebenden zur ernsten Mahnung und den kommenden Geschlechtern zur Nacheiferung!«, lautete Hindenburgs Hammerspruch bei der Grundsteinlegung des Tannenberg-Denkmals 1924[26], während der Ausspruch, dass das geeignete »Kriegerdenkmal der deutschen Soldaten nicht eine leicht bekleidete Jungfrau mit der Siegespalme in der Hand, sondern eine große Kohlrübe« sei, den Statistiker Emil Julius Gumbel 1932 in Heidelberg die *venia legendi* kostete.[27]

Bei näherem Hinsehen aber zeigt sich, dass mit dem Helden spätestens seit 1918 immer auch das Opfer gemeint war. Vor die rettende und erlösende Heldengestalt, die sich vor anderen auszeichnete, schob sich das Bild des Helden, dessen Größe sich aus seiner Opferbereitschaft ergibt.

Fünfzig Jahre nach der Stilisierung Wilhelms zum überragenden Helden beschwor der nationalsozialistische Außenminister von Ribbentrop einen Begriff des Heldentums, der nicht auf die besondere Auszeichnung, sondern auf die kollektive Opferbereitschaft abstellte: »Niemals kann ein Volk untergehen, solange es Männer sein eigen nennt, die jederzeit bereit sind zu sterben, damit ihr Volk lebe.«[28] Die Amalgamierung von Held und Opfer leistete der Typus des tragischen, des untergehenden Märtyrer-Helden, wie ihn etwa der Langemarck-Mythos von 1914, die Dolchstoßlegende 1919 oder die propagandistische Inszenierung des Endes der 6. Armee vor Stalingrad 1943 vorführen und der sich auch in der demokratischen Kultur der Weimarer Zeit findet.

---

[25] Volker Ackermann: Nationale Totenfeiern in Deutschland. Von Wilhelm I. bis Franz Josef Strauß. Eine Studie zur politischen Semiotik. Stuttgart 1990, S. 244.

[26] Helmut Scharf: Kleine Kunstgeschichte des deutschen Denkmals. Darmstadt 1984, S. 277f.

[27] Christian Jansen: Emil Julius Gumbel. Portrait eines Zivilisten. Heidelberg 1991, S. 265.

[28] Joachim von Ribbentrop auf der Totenfeier zu Ernst vom Rath. Düsseldorfer Nachrichten, 17. November 1938, zitiert nach Ackermann, Nationale Totenfeiern (wie Anm. 25), S. 190.

Nun deckt das deutsche Wort Opfer zwei sehr unterschiedliche Verhaltensweisen, die in anderen Sprachen semantisch unterschieden werden, nämlich das freiwillige Selbstopfer des *sacrificium* und das ohnmächtige Erdulden der *victima*. Das Opferbild des Nationalsozialismus war selbstverständlich ausschließlich das aktive Märtyreropfer im Sinne des *sacrificium*; ein viktimistischer Opferbegriff war der NS-Ideologie fremd.[29] Den Übergang vom *sacrifice* zum *victime* brachte in Deutschland 1945 erst die »Stunde Null« mit der oft als Selbstviktimisierung beschriebenen Haltung der Nachkriegsdeutschen, die sich als Opfer inszenierten und die eigene Verstrickung hinter der Selbstwahrnehmung als Opfer brauner Verführung, angloamerikanischer Bombardierung und sowjetischer Siegerwillkür verschwinden ließen.

Eben diese semantische Verschiebung vom heroischen zum leidenden Opfer lässt sich wie in einem Brennspiegel an einem einzigen Vorgang ablesen: der Rezeption der Schlacht von Stalingrad und des Untergangs der 6. Armee im Winter 1942/43, und dies mag einen wichtigen Grund dafür gebildet haben, dass der Mythos Stalingrad über Jahrzehnte neben dem Komplex von Flucht, Vertreibung und Besetzung eine alle anderen Kriegsereignisse überragende Aufmerksamkeit für sich in Anspruch nehmen konnte. Bereits vor der fachhistoriographischen Erschließung[30] wurde Stalingrad zu einem Thema der populären Literatur, das in Illustriertenreportagen ebenso wie in der Rechtfertigungs- und Memoirenliteratur breite Leserresonanz erzeugte und nicht nur dokumentarischen, sondern ebenso auch dramatischen und später filmischen Niederschlag fand.

---

[29] »›Opfer‹ im NS-Sinn ist (…) niemals ›victime‹, sondern immer ›sacrifice‹. Umgewandelt von einem sinnlosen in ein sinnvolles Ereignis, ist das Opfer als Beitrag zum Kampf des deutschen Volkes um seine Freiheit und Einheit ein unverlierbarer Bestandteil der Nationalgeschichte.« Ackermann, Nationale Totenfeiern (wie Anm. 25), S. 176.

[30] Eine Übersicht bei Gerd R. Ueberschär: Die Schlacht von Stalingrad in der deutschen Historiographie. In: Wolfram Wette, Gerd R. Ueberschär (Hrsg.): Stalingrad. Mythos und Wirklichkeit einer Schlacht. Frankfurt am Main 1992, S. 192-204; Manfred Kehrig: Stalingrad im Spiegel der Memoiren deutscher Generäle. In: Ebd., S. 205-213; Ulrich Baron: Stalingrad als Thema der deutschsprachigen Literatur. In: Ebd., S. 226-232.

Die Erklärung, so meine Vermutung, ist darin zu suchen, dass Stalingrad in Wahrheit den erinnerungskulturellen Paradigmenwechsel markiert und den narrativen Wechsel vom heroischen zum viktimistischen Opferbild vollzieht: In der Erinnerung an Stalingrad lösten sich die Deutschen von der mimetischen Vergegenwärtigung der Vergangenheit als heroischer Selbstbehauptung und reorganisierten ihr Geschichtsbild als Opfererzählung, in deren Zentrum immer gebieterischer das erduldete Leiden stand. Während die NS-Führung mit Görings Leonidas-Rede die Deutschen am Radio auf das Untergangsnarrativ des tragischen Helden einzuschwören suchte, sah schon der zur Kapitulation gezwungene Verantwortliche, General Paulus, sich selbst als passives Heldenopfer. Für die deutsche Bevölkerung wurde Stalingrad hingegen rasch zum Schreckenssymbol des Verführungs- und Führungsopfers, das bruchlos in die Selbstviktimisierung der Nachkriegszeit hinüberreichte und so den Grund für den Stalingrad-Mythos und seine Nachkriegskonjunktur legte. Ebenso ist die zum sechzigsten Jahrestag der Schlacht 2003 wieder sichtbar gewordene Faszination[31] nicht etwa auf eine Begeisterung für militärische Großoperationen zurückzuführen, wie in der Literatur mit Recht hervorgehoben wurde[32], sondern auf die apokalyptische Dimension des Kriegsgrauens, die Ausweglosigkeit des Leidens des »kleinen Mannes« und die verbrecherische Haltung der politischen und militärischen Führung, die das zweiundsiebzigtägige Sterben der eingekesselten Armee ungerührt in Kauf nahm.

»Stalingrad« steht somit für ein Transitionsphänomen, das den Heldendiskurs der ersten Hälfte des 20. Jahrhunderts in den Opferdiskurs der zweiten Hälfte überführte. Mit dem als Katastrophe erfahrenen Untergang des »Dritten Reiches« löste sich das Leidensopfer vom Heldenopfer, und so konnte sich die Bonner Republik als eine »Gemeinschaft von Opfern« konstituieren.[33] Von dort war es noch ein weiter Weg, bis

---

[31] Kurt Pätzold: Stalingrad und kein zurück. Wahn und Wirklichkeit. Leipzig 2002.

[32] Wolfram Wette, Gerd R. Ueberschär (Hrsg.): Stalingrad (wie Anm. 30), S. 11.

[33] K. Erik Franzen: In der neuen Mitte der Erinnerung. Anmerkungen zur Funktion eines Opferdiskurses. In: Zeitschrift für Geschichtswissenschaft 51 (2003), S. 49.

die deutsche Selbstviktimisierung sich zu der heutigen Empathie für die Opfer der Deutschen und darüber hinaus der beiden großen Diktatursysteme des 20. Jahrhunderts verwandeln konnte. Aber er zeigt zugleich, dass Heroisierung und Viktimisierung im Geschichtsbild des 20. Jahrhunderts enger miteinander verwoben sind, als es zunächst den Anschein haben mag.

Hermann Düringer

Die Vergangenheit ist nicht abgeschlossen
Religiöse Aspekte des Erinnerns

In ihrem Buch *Gefühlte Opfer. Illusionen der Vergangenheitsbewälti-gung* kritisieren die Historikerin Ulrike Jureit und der Psychoanalytiker Christian Schneider die deutsche Erinnerungskultur in Bezug auf die nationalsozialistische Diktatur und den Holocaust. Das Gedenken werde quantitativ immer umfangreicher, qualitativ aber sei vieles davon frag-würdig: »Hier noch eine Gedenktafel mehr, dort noch eine zusätzliche Broschüre und immer noch mehr pädagogische Programme gegen das Vergessen und immer noch mehr Lernorte im Rahmen einer zu professi-onalisierenden Gedenkstättenarbeit.«[1]

Was die Qualität dieser Aktivitäten betrifft, bemängeln die Autoren zweierlei: eine unbewusste, nicht durchschaute und vor allem unange-messene Identifizierung mit den Opfern sowie Unsicherheiten und Fehl-griffe bei der Suche nach säkularen Formen des Erinnerns: »Es stellt sich die Frage, warum sich (…) so wenige Erinnerungsrituale herausge-bildet haben, die ohne religiöse Bezüge auskommen.«[2]

Wahrscheinlich muss die Antwort lauten: Weil es eine Erinnerung – die mehr sein will als Historiographie oder (pädagogisch/politisches) Mittel zum Zweck – ohne religiöse Bezüge nicht gibt. Das gilt erst recht für Erinnerungsrituale.[3]

---

[1] Ulrike Jureit, Christian Schneider: Gefühlte Opfer. Illusionen der Vergan-genheitsbewältigung. Stuttgart 2010, S. 52.

[2] Ebd., S. 42.

[3] Dabei gehe ich – trotz meiner eigenen konfessorischen Bezugnahme auf christliche und jüdische Traditionen – von einem weit gefassten Religions-begriff aus. Religiös nenne ich Erinnerung dann, wenn dem Erinnerten eine die Zeit relativierende ontologische Qualität zukommt.

Ich will dieser These nachgehen, indem ich einen sehr interessanten Disput und sein theoriegeschichtliches Weiterwirken in Erinnerung rufe; einen Disput, der in den späten 30er Jahren des 20. Jahrhunderts zwischen den beiden Philosophen und Literaten Max Horkheimer und Walter Benjamin geführt wurde – also noch vor dem Zweiten Weltkrieg und der Shoah.[4]

Walter Benjamin hatte 1937 in einem Aufsatz für die *Zeitschrift für Sozialforschung*[5] davon gesprochen, »die Vergangenheit sei nicht abgeschlossen«. Horkheimer beschäftigte dieser eher en passant geäußerte Gedanke sehr. Und er hat ihm ganz entschieden widersprochen. Er schrieb an Benjamin: »Die Feststellung der Unabgeschlossenheit ist idealistisch. Das vergangene Unrecht ist geschehen und abgeschlossen. Die Erschlagenen sind wirklich erschlagen.«[6] Ganz ähnlich hatte er sich schon ein paar Jahre zuvor geäußert: »Was den Menschen, die untergegangen sind, geschehen ist, heilt keine Zukunft mehr. (...) Natur und Gesellschaft haben ihr Werk an ihnen getan und die Vorstellung des Jüngsten Gerichts, in welche die unendliche Sehnsucht von Bedrückten und Sehnsucht eingegangen ist, bildet nur einen Überrest des primitiven Denkens, das die nichtige Rolle des Menschen in der Naturgeschichte verkennt und das Universum vermenschlicht.«[7] Horkheimer zeigt zwar ein gewisses Verständnis für diese »Überreste primitiven Denkens«, ja konstatiert sogar eine Nähe zum materialistischen Denken: »Alle diese Wünsche nach Ewigkeit und vor allem nach dem Eintritt der universalen Gerechtigkeit und Güte sind dem materialistischen Denker mit dem

---

4   Ich beziehe mich auf eine grundlegende, fundamentaltheologische Betrachtung dieser Auseinandersetzung in Helmut Peukert: Wissenschaftstheorie, Handlungstheorie, Fundamentale Theologie. Frankfurt am Main 1976.

5   Walter Benjamin: Eduard Fuchs, der Sammler und der Historiker. In: Zeitschrift für Sozialforschung. Jg. 6, 1937, S. 346-381.

6   Max Horkheimer, Brief vom 16. März 1937 an Walter Benjamin. Unveröffentlichtes Manuskript. Mitgeteilt in: Rolf Tiedemann: Historischer Materialismus oder politischer Messianismus. In: Ders.: Dialektik im Stillstand. Versuche zum Spätwerk Walter Benjamins. Frankfurt am Main 1983, S. 87.

7   Max Horkheimer: Kritische Theorie, Band I. Frankfurt am Main 1968, S. 198.

religiösen, im Gegensatz zur Stumpfheit der positivistischen Haltung, gemeinsam. Wenn dieser aber bei dem Gedanken, der Wunsch sei ohnehin erfüllt, sich beruhigt, so ist jener von dem Gefühl grenzenloser Verlassenheit der Menschen durchdrungen, das die einzig wahre Antwort auf die unmögliche Hoffnung ist.«[8] Deshalb endet Horkheimers Kritik an Benjamin in der pejorativen Feststellung: »Letzen Endes ist Ihre Aussage theologisch.«[9]

Schon im Entwurf zum Passagenwerk hatte Walter Benjamin sich zu dieser Thematik geäußert: »Das Korrektiv dieser Gedankengänge liegt in der Überlegung, daß die Geschichte nicht allein eine Wissenschaft, sondern nicht minder eine Form des Eingedenkens ist. Was die Wissenschaft ›festgestellt‹ hat, kann das Eingedenken modifizieren. Das Eingedenken kann das Unabgeschlossene (das Glück) zu einem Abgeschlossenen und das Abgeschlossene (das Leid) zu einem Unabgeschlossenen machen.« Dann fährt er fast demonstrativ fort: »Das ist Theologie. Aber im Eingedenken machen wir eine Erfahrung, die uns verbietet, die Geschichte grundsätzlich atheologisch zu begreifen, so wenig wie wir sie in unmittelbar theologischen Begriffen zu schreiben versuchen dürfen.«[10]

Benjamin hat den Begriff des Eingedenkens geprägt, um das Erinnern offen zu halten für ein »Mehr als«, für ein »Anderes als«, das in jeder Erinnerung mitschwingt.

Eingedenken ist mehr als eine subjektive Erinnerung, mehr als an etwas zu denken, das gewesen ist. Es geht auch nicht auf in einer bloß historisch-wissenschaftlichen Feststellung von Gewesenem. An der Schnittstelle von materialistischem und theologischem Denken weigert er sich, den Wahrheitsgehalt des einen zugunsten des anderen preiszugeben.

Worauf Benjamin hinweist, hat zunächst den Charakter einer Intuition, die die meisten Menschen vermutlich teilen: Die Präsenz der Opfer im Gedächtnis, ja jede Erinnerung hat eine die Faktizität von Raum

---

8   Ebd., S. 372.
9   Horkheimer: Brief vom 16. März 1937 (wie Anm. 6), S 87.
10 Walter Benjamin: Passagen, Konvolut N, Bl. 8. Unveröffentlichtes Manuskript. Mitgeteilt in: Ebd., S. 88; dazu insgesamt Rolf Tiedemann: Studien zur Philosophie Walter Benjamins. Frankfurt am Main 1973, S. 128ff.

und Zeit transzendierende Dimension. Und die besteht, wie Benjamin es ausdrückt, in der Unabgeschlossenheit der Geschichte und der Zeit. Darüber lässt sich in der Sprache der Wissenschaften nicht reden, aber eben in poetischen Bildern und in religiösen Metaphern – und in der Sprache einer andächtigen Stille, die mehr ist als phonetische Leere.

Lässt sich mit der Benjaminschen Rede vom Eingedenken aber die These stützen, dass Erinnerung immer eine religiöse Konnotation hat? Eingedenken ist bei Benjamin selbst kein positiv theologischer Begriff. Benjamin ist allerdings der Überzeugung, dass ein angemessenes Verständnis von Geschichte und Erinnerung atheologisch, also ohne Theologie, nicht zu haben ist. Seine Position lässt sich als Spielart einer negativen Theologie beschreiben, wie sie im biblischen Bilderverbot, in der jüdischen Mystik oder in der christlichen Kenosis-Lehre anklingt.

Es ist interessant zu verfolgen, wie diese Thematik in der Weiterentwicklung der Kritischen Theorie bei Jürgen Habermas aufgenommen wird. Habermas' Theorie des kommunikativen Handelns ist eine säkulare Theoriekonstruktion, die den emanzipativen Gesellschaftsvisionen, wie sie aus der Aufklärung hervorgegangen sind, verpflichtet bleibt, gleich, ob sie mit »Befreiung aus selbst verschuldeter Abhängigkeit«, dem »Reich der Freiheit«, oder »universale Gerechtigkeit« beschrieben werden. Er weiß aber auch, wie immer die Projektionen einer zukünftigen freien und gerechten Gesellschaft lauten, sie bleiben belastet mit den Opfern der Vergangenheit. Kann aber eine Welt je als versöhnt gelten, solange die Opfer der Geschichte unversöhnt am Wegrand zurückbleiben?

Immer wieder kommt Habermas auf diese »Grenzfrage« einer Theorie des kommunikativen Handelns zu sprechen. Es geht ihm darum, wenigstens ein Stück von diesem Brocken diskursethisch zu verdauen, der sozusagen im inneren Kreis der Kritischen Theorie von Walter Benjamin mit seinem Begriff des Eingedenkens aufgetischt worden ist.

Habermas spricht statt von Eingedenken lieber von der »schwachen Kraft anamnetischter Solidarität«. Sie bleibt ausgerichtet auf die Idee »universaler Versöhnung«. Universale Versöhnung, konsequent gedacht, fordert eine Einbeziehung der Geschichte und ihrer Opfer. Denn eine möglicherweise einmal in einer zukünftigen historischen Epoche erreichte Gerechtigkeit wäre keine universale, da sie die Opfer, die auf dem Weg zu ihr gelitten und ihr Leben verloren haben, als Mittel zum Zweck degradieren müsste. Es ist die säkular gewendete Theodizee-Frage, die keine befriedigende Antwort findet.

An Benjamin anknüpfend schreibt Habermas: »Nun dehnt sich unsere Verantwortung auch noch auf die Vergangenheit aus. Diese wird nicht einfach als etwas Faktisches und Fertiges hingenommen. Walter Benjamin hat wohl am präzisesten den Anspruch bestimmt, den die Toten auf die anamnetische Kraft der lebenden Generation erheben. Wir können vergangenes Leid und geschehenes Unrecht gewiss nicht wieder gutmachen; aber wir haben die schwache Kraft einer sühnenden Erinnerung. (…) Wir können uns unsere Traditionen nicht aussuchen, aber wir können wissen, dass es an uns liegt, wie wir sie fortsetzen. Jede Traditionsfortsetzung ist nämlich selektiv, und genau diese Selektivität muss heute durch den Filter der Kritik, einer willentlichen Aneignung der Geschichte, wenn Sie wollen: des Sündenbewusstseins hindurch.«[11]

Meint »die schwache Kraft einer sühnenden Erinnerung« etwas anderes als den Vorsatz, für die Zukunft aus der Vergangenheit zu lernen? Die Absicht, solches zu tun, ist nicht nichts und verdient Anerkennung, der semantische Gehalt von Begriffen wie »sühnend« und »Sündenbewusstsein« wird damit aber nicht annähernd erfasst. Dessen ist sich auch Habermas bewusst, wenn er diese Begriffe verwendet.

Diskursive Vernunft kann keine Bedingungen für die Rettung von Vergangenem benennen. Sie kann äußerstenfalls eine »schwache« Version anamnetischer Solidarität formulieren, die im Nichtvergessen besteht und solches Nichtvergessen für gegenwärtiges und auf Zukunft gerichtetes Handeln relevant werden lässt. Andererseits bleibt damit für eine Moraltheorie mit universalistischem Anspruch eine Leerstelle markiert: »Der Widerspruch, der der Idee der vollkommenen Gerechtigkeit ihres prinzipiell uneinlösbaren Universalismus wegen innewohnt, kann nicht aufgelöst werden.«[12]

---

[11] Jürgen Habermas: Die nachholende Revolution. Frankfurt am Main 1990, S. 155f.

[12] Ders.: Vorstudien und Ergänzungen zur Theorie des kommunikativen Handelns. Frankfurt am Main 1989, S. 516.

Als Theologe hat sich Johann Baptist Metz, Professor für Fundamentaltheologie in Münster, am stärksten und wirkungsvollsten in diese Debatte eingebracht. Über viele Jahre führte er ein intensives Gespräch mit Habermas, in dem die Problematik einer anamnetischen Vernunft an zentraler Stelle stand. Metz vertritt die These, dass kommunikative Vernunft im Konzept einer anamnetischen Vernunft zu fundieren wäre.[13] Eine humane Rationalität ist nicht ohne die Erinnerung an Leid und Unrecht zu haben, andernfalls wird sie zur rein technischen Rationalität, an deren Ende wir zu Klonen werden, die sich brav ihrer Menschlichkeit versichern. Metz spricht von einem »unauflöslichen Zusammenhang von Ratio und Memoria« und sieht diesen Zusammenhang in biblischem Denken repräsentiert.

Denn während das Denken Athens, die platonische Anamnesis, »zeitenthoben« um Urgestalten vor aller Geschichte kreise, gedenke die jüdische Erinnerung der Opfer in der Geschichte. »Jerusalem« fragt nach dem Schicksal Unschuldiger; »Athen« fragt nach zeit- und geschichtslosen Mustern. Entschieden wendet Metz sich daher gegen den Bann kultureller Amnesie und fordert zur memoria passionis auf, um dem Schrei ein Gedächtnis und der Zeit ein Ziel zu geben.

Ausführlich antwortet Habermas Metz in dem Beitrag »Israel und Athen: Wem gehört die anamnetische Vernunft?«[14] Einig sind sich beide in dem Bemühen, der anamnetischen, der erinnernden Vernunft und damit der Geschichte menschlicher Leiden zu ihrem Recht zu verhelfen. Wobei allerdings Habermas nüchtern konstatiert: »Dieser religiöse Begriff der ›Rettung‹ übersteigt gewiss den Horizont dessen, was die Philosophie unter Bedingungen nachmetaphysischen Denkens plausibel machen kann.«[15]

Die Rettung von geschichtlich Vergangenem bleibt als religiöse Kategorie sinnvoll. Metz sieht diese Perspektive als Kern einer anamne-

---

[13] Johann Baptist Metz: Die Rede von Gott angesichts der Leidensgeschichte der Welt. In: Matthias Lutz-Bachmann, Andreas Hölscher (Hrsg.): Gottesnamen. Gott im Bekenntnis der Christen. Berlin 1992, S. 24.

[14] Jürgen Habermas: Vom sinnlichen Eindruck zum symbolischen Ausdruck. Philosophische Essays. Frankfurt am Main 1997, S. 98-111.

[15] Ebd., S. 102.

tischen Vernunft und spricht im Anschluss an Benjamin vom Eingedenken als »mystischer Kraft einer retroaktiven Versöhnung«.

Das eingangs erwähnte Buch von Jureit und Schneider ist verdienstvoll auch in der Hinsicht, dass es in erinnerungstheoretischen und -politischen Debatten Klarheit verlangt, den religiösen oder säkularen Charakter in der Argumentation erkennen zu lassen. An einem Beispiel zeigen die beiden Autoren auf, zu welch problematischer Deformation es kommen kann, wenn diese Klarheit nicht besteht.

Ulrike Jureit befragt in ihrem Beitrag die Verwendung des rabbinischen Satzes: »Das Geheimnis der Erlösung ist Erinnerung.« Dieser Satz hat Konjunktur. Ja, er hat eine regelrechte Inflationierung erfahren, zum Beispiel wenn er im Internet unter anderem auf einer Rhetorik-Seite empfohlen wird und zu einer banalisierten Floskel zu verkommen droht, die man beliebig in irgendwelche Reden einbauen kann. In dem Internet-Reden-Ratgeber »Die besten Reden von A-Z« kann man lesen: »Von dem jüdischen Gelehrten Ben Elieser stammen die Worte: ›Vergessen führt ins Exil; das Geheimnis der Erlösung heißt Erinnerung‹. Die Erinnerung an den Zweiten Weltkrieg tut weh. Jedem Volk. Doch bei uns Deutschen mischt sich dieser Schmerz mit einem Gefühl, das fast noch schwerer zu ertragen ist: Er mischt sich mit einer tiefen Scham. Wie jedes Volk sind zwar auch die Deutschen Kriegsopfer geworden, hatten viele Tote zu beklagen, haben Not, Leid und Schmerz ertragen müssen. Aber ohne Beispiel ist es, welch übermenschlich große Schuld Deutschland damals auf sich geladen hat. Und daran müssen wir uns erinnern, immer wieder, damit sich unsere Geschichte niemals wiederholt! Sorgen wir dafür, dass uns die Erinnerung an das Dritte Reich erlöst – erlöst von der Gefahr neuer Untaten!« Ähnliches kann man in vielen Ansprachen hören, die an Gedenkstätten gehalten werden, sei es am 9. November, am 27. Januar oder an einem anderen Jahrestag der nationalsozialistischen Schreckensherrschaft.

Ulrike Jureit nimmt in ihrer Kritik Bezug auf die berühmte Rede, die der damalige Bundespräsident Richard von Weizsäcker am 8. Mai 1985 zum vierzigsten Jahrestag des Kriegsendes vor dem deutschen Bundestag gehalten hat. Diese Rede hat zu Recht viel Anerkennung gefunden, nicht zuletzt, weil in ihr meines Wissens zum ersten Mal der 8. Mai

1945, der Tag des Kriegsendes, von staatlicher Seite als Tag der Befreiung bezeichnet wurde. Von Weizsäcker zitierte das Wort von der Erinnerung, die das Geheimnis der Erlösung sei.

Die Redlichkeit der politischen wie persönlichen Intention, die Richard von Weizsäcker bewog, den rabbinischen Satz zu zitieren, soll nicht in Abrede gestellt werden. Jureit weist jedoch auf die grundsätzliche Problematik hin, die aus dieser an Erinnerung gekoppelten Erlösungshoffnung resultiert. Sie lässt sich kurz so zusammenfassen, wie Christian Semler es in seiner Rezension des Buches von Jureit und Schneider formuliert hat: »Der von Weizsäcker zitierte Satz ›das Geheimnis der Erlösung ist Erinnerung‹ werde seiner religiösen Einbindung entkleidet. Ein religiöses Heilsversprechen werde in ein ›säkulares System der Vergangenheitsbewältigung‹ transformiert. Ganz so, als ob bei richtiger Erinnerung Erlösung von Schuldgefühlen winke.«[16] Jureit und Schneider haben Recht, wenn sie vor diesem Missverständnis warnen und darauf hinweisen, dass man diesen Satz nicht angemessen zitieren kann, wenn man ihn aus seinem religiösen Kontext löst. Der Satz lautet nämlich nicht: »Das Geheimnis der Erinnerung ist Erlösung«, im Sinne von »auf Erinnerung folgt Erlösung.« Es geht um das »Geheimnis der Erlösung«. Das ist eine religiöse Frage. Und sie ist der religiöse Kern der rabbinischen Überlegung.

Wem Erlösung ein Geheimnis ist, dem muss sie mehr bedeuten als »Verständigung über den Gräbern« und Hoffnung auf Besserung. Es geht ja nicht nur und nicht in erster Linie um Befreiung der Überlebenden – der einen von ihren Traumata, sofern sie zu den Verfolgten gehörten, der anderen von ihren schlechten Gewissen, sofern sie zu den Verfolgern beziehungsweise deren Nachfahren gehören. Erlösung ist im jüdischen wie auch dem davon entlehnten christlichen Verständnis eine messianische Kategorie, die die Geschichte als Ganze betrifft. Was hat Erlösung als Hoffnung auf das messianische Reich, auf den »neuen Himmel und die neue Erde« mit Erinnerung, mit dem Blick zurück zu tun? Erlösung geschieht nicht ohne die Opfer der Geschichte. Erinne-

---

[16] Christian Semler: Die angemaßte Opferrolle. In: die tageszeitung, 17. August 2010.

rung bewahrt die Opfer für den Tag der Erlösung. Ihr Inhalt ist das »Wiederbringen der Verlorenen«. Die Hoffnung auf solche endzeitliche Erlösung impliziert – dem, der glaubt – das Aufbrechen eines Gewalt- und Schuldzusammenhangs schon jetzt. In diesem Sinne ist Versöhnung unter den Überlebenden, unter nachfolgenden Generationen, ja unter Tätern und Opfern hier und heute schon möglich. Gegenwärtiges Versöhnungshandeln ist gleichsam ein Angeld auf die große, die messianische Erlösung.

Für biblisches Denken und damit für alle, die sich auf dieses Denken und seine Geschichte in der Tradition von Synagoge und Kirche beziehen, ist die Kategorie der Erinnerung von ganz elementarer Bedeutung. Ja, man muss sogar sagen: Sowohl das Judentum als auch die christlichen Kirchen sind zuallererst Erinnerungs- oder Gedächtnisgemeinschaften. Für Juden ist das am deutlichsten in der Pessach-Feier präsent. Da bezieht sich die feiernde Hausgemeinschaft auf die wunderbare Befreiung aus Ägypten durch Gottes Hilfe, wie es im 2. Buch Mose in den Kapiteln 13 und 14 erzählt wird. Dort heißt es (Kap. 13, Vers 14): »Wenn dich dann künftig dein Sohn fragt, was das bedeute, dann sollst du ihm sagen, Gott hat uns mit mächtiger Hand aus Ägypten, aus der Knechtschaft geführt.« Indem man diese Geschichte vergegenwärtigt, wird die feiernde Generation heute mit dieser ersten Generation vereint.

Das zentrale Sakrament des Christentums ist ebenfalls ein Gedächtnismahl. »Das tut zu meinem Gedächtnis«, sagt Jesus, nachdem er mit seinen Jüngern das Sedermahl gefeiert hat. In jedem Abendmahl, in jeder Eucharistiefeier feiert die Christenheit nicht allein die Erinnerung an Jesus Christus, sondern indem sie sich erinnert, feiert sie seine Gegenwart.

Solche Erinnerung als Vergegenwärtigung ist im Judentum wie im Christentum wie schon gesagt messianisch aufgeladen, sie ist Verheißung und Hoffnung auf noch Ausstehendes, auf das alle Geschichte umgreifende Reich Gottes, auf die Ewigkeit, die keine Verlängerung von Zeit ins Unendliche ist, sondern das Andere der Zeit.

Gedächtnis ist in diesem Verständnis eben mehr als ein »daran Denken«, was in der Vergangenheit einmal war. Es ist zugleich eine

Relativierung der Zeit. Vergangenheit, Gegenwart und Zukunft sind Kategorien unserer Anschauung, aber es sind keine ontologisch absoluten Größen. Im Psalm 90 kann man lesen: Vor Gott sind tausend Jahre wie ein Tag. Gedanklich können wir den merkwürdigen, Vergänglichkeit negierenden Satz sagen: Was gestern war, wird morgen und niemals mehr nicht geschehen sein. Endzeit und Gegenwart fallen zusammen, denn der – weiß der Himmel wann – (wieder-)kommende Messias wirkt heute. Der Glaube denkt immer auch kontrafaktisch, das heißt hier: gegen die herrschende Zeitstruktur und die Erstarrung der Geschichte. Walter Benjamin hat in seinen Geschichtsphilosophischen Thesen mit dem »Engel der Geschichte« eine Metapher dafür geschaffen.

Positivistisch denkende Zeitgenossen mögen sagen, der Glaube sei realitätsverweigernd. Ich halte es für angemessener zu sagen: der Glaube ist realitätserweiternd, hält Erfahrung und Denken offen für andere Dimensionen der Wirklichkeit – und feiert das in der liturgischen Praxis.

»Ihnen will ich in meinem Haus und in meinen Mauern Denkmal und Namen (Yad Vaschem) geben. (…) Einen ewigen Namen will ich ihnen geben, der nicht vergehen soll«, heißt es bei dem Propheten Jesaja (56,5). Das ist der Vers, der der israelischen Gedenkstätte für die Opfer der Shoah, Yad Vashem, den Namen gegeben hat.

Der »ewige Name« steht bei Jesaja für das jüdische Volk. Aber der Text ist so deutungsoffen, dass er gleichermaßen für jeden Einzelnen gelten kann. Die Geschichte jedes Menschen ist offen – *sub specie aeternitatis*. Sie ist zum einen offen in dem Sinn, dass sie über den Tod hinaus weiterwirkt und von anderen erinnert wird. Und sie bleibt zum anderen offen in einer uns verborgenen Weise, die wir »ewig« nennen.

Dass also in einem ganz allgemeinen Sinn der Toten namentlich gedacht wird, dass im Besonderen auf der Mauer des Jüdischen Friedhofs in Frankfurt am Main die Namen der Verschleppten und Ermordeten auf kleinen Tafeln angebracht werden, dass die Namen von Ermordeten auf sogenannten Stolpersteinen in das Straßenpflaster geschrieben werden, dass auch die Namen von im Krieg getöteten Soldaten auf Kriegsgräberfriedhöfen genannt werden und nicht nur summarisch Zahlen von Toten notiert werden, das ist Ausdruck der Hoffnung und Verheißung: »Einen ewigen Namen will ich ihnen geben.« Der »ewige Name« benennt zudem eine unbedingte und unverfügbare Würde der Person. Ein letztes Urteil über sie steht Menschen nicht zu.

Deshalb ist es richtig, nicht nur im Bereich des Privaten, sondern an öffentlich zugänglichen Orten, an Gedenkstätten, auf Friedhöfen, auch auf Kriegsgräberfriedhöfen an die Namen der Toten zu erinnern; in besonderer Weise an die Opfer von Demütigung, Verfolgung und Gewalt. Zu erinnern ist aber auch an die Namen derer, die ohne jeden Zweifel zu den Tätern gerechnet werden müssen und die sich schwerster Verbrechen schuldig gemacht haben. Die siebzehnte Kerze vor dem Dom in Erfurt brannte 2002 für den Amokschützen, der vorher sechzehn Menschen getötet hatte. Kein Mensch soll namenlos verscharrt werden, auch der Täter nicht. Das bedeutet nicht, dass im Tode alle gleich sind, wie es auf Volkstrauertagsansprachen oft zu hören war. Im Gegenteil. Es impliziert, dass ohne jede Einschränkung Unrecht und Schuld beim Namen zu nennen sind. Auf Vergebung und Versöhnung kann nur hoffen, wer auch von Schuld spricht. Das Jüngste Gericht, in dem alles noch einmal zur Sprache kommt, ist die Metapher dafür, dass einerseits jeder Mensch für seine Biografie einzustehen hat und andererseits dafür, dass Gerechtigkeit hergestellt wird. Wer bei diesem Gedanken nicht resignieren will, der muss auf eine (auf-)richtende Macht – die gerecht und gnädig zugleich ist – zumindest verweisen können. Die Metapher vom Jüngsten Gericht, wo alle Geschichte noch einmal aufgerufen wird, verpflichtet, die Begriffe Schuld, Gerechtigkeit und Gnade in einer radikalen Weise ernst zu nehmen. Es gibt bei Gott keine billige Gnade, wie es auch keine gnadenlose Gerechtigkeit gibt.

Gedenkstätten und Friedhöfe sind nach diesem Verständnis Orte des Eingedenkens und der Andacht. Eine Intuition davon ist wohl bei allen Menschen gegeben, egal wie stark oder schwach ihre »religiöse Musikalität« ausgeprägt ist.

Sind Orte des Erinnerns und Gedenkstätten auch Lernorte? Einem säkularisierten Verständnis von Erinnern liegt dieser Schluss besonders nahe. Das Erinnern gewinnt seine Bedeutung mit Blick auf die Zukunft, »damit so etwas nie wieder geschieht«. Christian Schneider zitiert in seinem Beitrag Adornos Rede von dem neuen kategorischen Imperativ, der darin bestehe, »Denken und Handeln so einzurichten, dass Auschwitz nicht sich wiederhole, nichts Ähnliches geschehe«.[17]

Keine Frage, das »Nie wieder!« war und ist ein sinnvolles pädagogisches Ziel bei Besuchen von Gedenkstätten und bei Erinnerungsarbeit im Allgemeinen. Die Pädagogisierung wirft allerdings auch kritische Fragen auf.

In einem Beitrag für die Zeitschrift *Aus Politik und Zeitgeschichte* der Bundeszentrale für politische Bildung schreibt Jan Philipp Reemtsma davon, dass »der historische Rückblick in der Nutzanwendung für die Gegenwart nicht aufgeht«. Für ihn ist es vor allem »das historisch Besondere, das sich so sehr der Anwendung sperrt«.[18]

Ich denke, dass es generell ein Problem ist, wenn das Gedächtnis an die Opfer und die Toten auf eine pädagogische oder auf eine politische Funktion reduziert wird. Ob und in welcher Weise das Lernen aus der Geschichte überhaupt möglich ist, sei dahingestellt. Nicht nur, dass Opfer keinen Sinn dadurch erhalten, dass Nachgeborene aus ihrer Geschichte lernen, sie würden nach ihrer seelischen Entwürdigung und physischen Vernichtung nun auch noch als Lernmaterial instrumentalisiert.

Die Erinnerung geschieht um der Opfer selbst willen und nicht für irgendeinen anderen Zweck. Erst solche Freiheit von allen pädagogischen oder politischen Zwecken hat – um es als Paradoxon zu formulieren – möglicherweise eine positive pädagogische Wirkung. Denn die Zweckfreiheit, Unbedingtheit und Unverfügbarkeit der Person ist ein ganz grundlegendes Element einer Kultur der Menschenwürde; einer uneingeschränkten Würde, die in der Metapher des »ewigen Namens« repräsentiert ist. Sie ist gegeben, nicht gemacht. Sie kann erkannt werden und ist zu achten.

Zu lernen wäre zuallererst dieses. Handlungsrelevantes kann eine Folge davon sein. Zum Beispiel das: Wenn Menschen – ganz gleich ob Jugendliche oder Erwachsene – Gedenkstätten besuchen, sind ihnen zuallererst Zeit und Gelegenheit zu Stille, Andacht, Meditation, Eingedenken zu wünschen.

---

[17] Ulrike Jureit, Christian Schneider: Gefühlte Opfer (wie Anm. 1), S. 112.
[18] Jan Philipp Reemtsma: Wozu Gedenkstätten? In: Aus Politik und Zeitgeschichte, Nr. 25-26 (2010), S. 9.

Johann Kreuzer

Über das Vergessen und Erinnern

Dass das Vergessen der Gegensatz zum Erinnern sei – gleichsam die Löschtaste gegenüber einem Speichervorgang –, ist so etwas wie ein natürliches Gemeingut. Viele Geschichten umspielen diese wie selbstverständlich benutzte Alltagsvorstellung mit feinsinnigen Anekdoten – beispielsweise (schon) Cicero, der von dem Athener Themistokles, einem Mann von ganz »unglaublicher gedanklicher und geistiger Größe«, berichtet, dass zu diesem ein gelehrter und sehr gebildeter Mann gekommen sei und ihm angeboten habe, ihn in der »ars memoriae« einzuweihen, der damals frisch entwickelten Mnemotechnik, »alles zu erinnern«. Darauf habe ihm Themistokles erwidert, er würde ihm einen größeren Gefallen tun, »wenn er ihn lehre zu vergessen, was er wolle, statt es erinnert zu behalten«.[1] Das ist eine oft nacherzählte Anekdote, in der Erinnern als Speichervorgang und Vergessen als negativ-komplementäre Löschfunktion gefasst wird. Ein Zusammenhang »Vergessen – Erinnern« bleibt verneint. Dass es einen Zusammenhang zwischen Erinnern und Vergessen gibt – dass man Erinnern unzureichend versteht, wenn man ihm das Vergessen bloß gegenüberstellt –, werden die folgenden Überlegungen zur Diskussion stellen. Sie beginnen mit Platon und Augustinus, weil hier grundlegende Optionen diskutiert werden. Danach gibt es einen Sprung über viele Jahrhunderte hinweg zu John Locke und von ihm über Friedrich Nietzsche ins 20. Jahrhundert: zu Ludwig Wittgenstein auf der einen Seite und zu einem Arbeitsprogramm, das Theodor W. Adorno im Briefwechsel mit Walter Benjamin artikuliert hat, auf der anderen.

---

[1] »(…) gratius sibi illum esse facturum, si se oblivisci quae vellet quam si meminisse docuisset.« (Cicero: De oratore II.74.299, zit. nach: Cicero: De oratore / Über den Redner. Übers. u. hrsg. v. H. Merklin. Stuttgart, 2. Auflage 1986, S. 400; Übersetzung in Anlehnung an ebd., S. 401; vgl. auch De oratore I.34.157; De finibus bonorum et malorum II.34.104; Academici lib. II.1.2).

Für den Zusammenhang von Vergessen und Erinnern sind Wei-
chenstellungen basal, die sich bei Platon finden und unser Alltagsver-
ständnis, was Erinnern bedeute und Vergessen sei, bis heute prägen.
Grundlegend ist hier das Anamnēsis-Theorem – Platons Lehre von der
Wiedererinnerung, die er zugleich mit dem Mythos der Präexistenz der
Seele verknüpft. Im *Menon* wird die These exponiert, dass Erkennen in
der Aktualisierung von Wissen besteht, über das die Seele vor aller Empirie unter der Bedingung von Raum und Zeit verfügt.[2] Diese Lehre von
der Wiedererinnerung wird dann umfänglicher im *Phaidon* umschrie-
ben. Ausgehend von orphisch-pythagoräischen Vorgaben heißt es, dass
»alles Lernen (mathesis) Wiedererinnern« sei. Platon ruft dabei insbesondere die semantische Evidenz auf, dass jedes Erinnern ein Wiedererinnern bedeutet: denn erinnern könne man nur, was man schon kennt,
beziehungsweise von dem man weiß, dass man es erinnert.[3] Erinnern
zeichnet sich, anders gesagt, dadurch aus, dass es nicht nur objektorien-
tiert ist. Ihm eignet vielmehr eine strukturelle Selbstbeziehung. In neu-
zeitliche Terminologie übersetzt thematisiert der *Phaidon* die Struktur
apriorischer, erfahrungsunabhängiger Erkenntnis, in der die Gültigkeit
von Aussagen begründet ist, und lässt Erinnern zur Pforte werden, durch
die das Wissen aus diffusen Vorformen über die Schwelle bewussten
Erkennens tritt.

Nicht allein bezüglich der Differenzierung zwischen Gedächtnisleis-
tungen und Erinnerungsvermögen sowie im Hinblick auf die Formen, in
denen sich mitteilt, was Erinnern meint, ist der bei Platon vielleicht bedeutsamste Dialog der *Phaidros*. Über Vorgaben, dass Erinnern ein »Wiedererinnern dessen, was die Seele einst gesehen hat«, bedeute und dass es
der Gegensatz des Vergessens – der »lethe«[4] – sei, fragt Platon im *Phaidros* darüber hinaus nach den Bewusstseinsleistungen, die bei der Kunst
der Rede als Seelenleitung durch Worte im Spiel sind.[5] Diese Bewusstseinsleistungen lassen ihn zwischen den mentalen Speicherleistungen
des Aufbewahrens von Daten (der *hypomnesis*), der Kopierfunktion

---

[2] Platon: Menon, 81c-85d.

[3] Ders.: Phaidon, 72e-73c.

[4] Ders.: Phaidros 249c-251d.

[5] Ebd., 261a.

des Gedächtnisses (der *mnēmē*) und der damit nicht identischen Selbstreferentialität des Vermögens des Erinnerns (der *anamnēsis*) unterscheiden. Diese Differenzierung tritt der Gefahr reduktionistischer Verwechslungen entgegen. Freilich muss man genau hinsehen, was Platon hier als Gefahr beschreibt: Vergessen wird nicht durch einen bösen Zauber eingeflößt oder durch die willkürliche Zerstörung von Erinnerungsbeständen. Vergessen wird vielmehr durch das Vertrauen eingeflößt, es ließe sich der Akt des Erinnerns durch das Konservieren dessen, was erinnert werden soll, ersetzen. Genau diese Mechanisierung des Erinnerns, seine Reduktion auf vergessenslose Speicherleistungen, erzeugt das Gegenteil von Erinnern. Um zu demonstrieren, dass Erinnern sich nicht nur nicht in einem vergessensfreien Konservieren erschöpft, sondern durch das Vertrauen in ein solches Konservieren destruiert wird, behandelt Platon im Theuth-Mythos[6] stellvertretend die Schrift. Kein Akt der Aufzeichnung und Archivierung von Gedächtnisgehalten kann Platon zufolge Erinnern als Fähigkeit und als Vermögen sui generis ersetzen. Denn das würde voraussetzen, dass der Akt des Erinnerns mit seinen Gegenständen – dem, was erinnert ist – identisch wäre. Das aber heißt, dass Vergessen den Speicherleistungen des Gedächtnisses entgegengesetzt ist, nicht aber dem Vermögen der Erinnerung. In sachlicher Hinsicht ist damit die Entdeckung der semantischen Evidenz, dass jedes Erinnern ein Wiedererinnern in sich schließt, um die Erkenntnis ergänzt, dass das Vermögen des Erinnerns nicht in Akten des Konservierens besteht: Erinnern ist nicht die (intramental) bedeutungsidentische Kopie vor-anamnetisch gegebener Daten. Es ist vielmehr eine Bewusstseinsleistung sui generis, die sich weder durch Datenspeicherungsvorgänge noch durch physische Datenpräsenzen substituieren lässt.

Der nach Platon bedeutsamste Einschnitt vollzieht sich an der Schnittstelle von antikem und nachantikem, mittelalterlichem Denken bei Augustinus. Er ist der erste, bei dem das Verhältnis zwischen Gedächtnis und Erinnerung wie auch die Frage nach der Semantik und den Strukturen wissender Selbstbeziehung in voller Breite erläutert werden. Das schließt die (von Aristoteles angeregte) Frage nach der zeitlichen

---

[6] Ebd., 274c-275b.

Natur und dem zeitlichen Sinn dieses Vermögens ebenso ein wie das Wissen, dass sowohl repräsentationalistische Modelle wie mentalistische Engführungen dem Sinn der Erinnerung nicht gerecht werden. Augustinus hat die von Platon entdeckte Evidenz, dass jedes Erinnern ein Wiedererinnern in sich schließt, als innerzeitliches Erfahrungsdatum ausgewiesen und plausibel gemacht. Dies geschieht vor allem in den *Confessiones* und in *De trinitate*.

Da der Mythos einer Präexistenz der Seele im christlichen Kontext nicht akzeptabel ist, nötigt dies dazu, durch die Analyse des Erinnerungsvermögens den Gedanken der Wiedererinnerung zu fundieren, statt umgekehrt das Erinnern mit einem vorausgesetzten Wiedererinnern zu erklären. Die hier zu leistende Erinnerungsanalyse beginnt in Buch X der *Confessiones* mit der Einsicht, dass mit dem in allen Akten der Wahrnehmung tätigen »Ich« nicht erklärt werden kann, was Erinnern im Grunde bedeutet.[7] Um das zu verstehen, reicht weder der Rekurs auf ein in den verschiedenen Sinnesempfindungen sich gleichsam autark als »unus ego animus« durchhaltendes inneres Subjekt noch die verräumlichende Vorstellung aus, die Erinnern auf das Gedächtnis und dessen Funktion auf einen inneren Aufbewahrungsort reduziert. Als Gedächtnis wird die Erinnerung gleichsam in räumlicher Form betrachtet. Sie erscheint als mentaler Thesaurus, auf den sich retentionale Akte der Repräsentation von Erinnertem beziehen. Was im Gedächtnis aufbewahrt ist, erinnert sich aber nicht von selbst – sondern will erinnert werden und wird meist unwillkürlich erinnert. Etwas erinnert zu haben, bedeutet deshalb nicht dauernde oder ununterbrochene Präsenz. Wenn »Vergessen« der Gegenbegriff zum Gedächtnis ist, dann nur, wenn dieses als Konservierungsinstanz aufgefasst wird. Vergessen ist aber nicht der Gegensatz des Erinnerns. Was Erinnern heißt, setzt sich vielmehr aus beidem – der Speicherfunktion des Gedächtnisses und dem Vergessen – zusammen.[8] Zu erinnern setzt Vergessen voraus und schließt es in sich. Deshalb bedeutet Erinnern keine konservierte oder konservierende Präsenz, sondern einen Akt der Vergegenwärtigung. Vergessen ist in

---

[7] Vgl. Augustinus: Confessiones X.6.9-8.12.

[8] Zum Ganzen vgl. Johann Kreuzer: Pulchritudo – Vom Erkennen Gottes bei Augustin. München 1995, S. 49-72.

diesem Sinn – auch wenn es paradox klingen mag – die innere Form der Erinnerung.

In Buch X der *Confessiones* liefert Augustinus so etwas wie eine Phänomenologie jener Elemente, die den Zusammenhang des Vergessens mit dem Sinn der Erinnerung erklären und seine »produktiven« Leistungen erscheinen lassen. Was es hier gleichsam freizulegen gilt, lässt sich mittels einiger Fragen beziehungsweise Nachfragen alltagsphänomenologisch verdeutlichen: Was bedeutet es vom Bewusstseinsvorgang her, wenn einem auffällt, dass man etwas – zum Beispiel den Haustürschlüssel – vergessen hat? Heißt das nicht, ihn dann (natürlich als nicht-präsenten) präzise zu erinnern? Welche Gegenwärtigkeiten sind in den Augenblicken gegeben, in denen man das Gefühl hat, etwas – möglicherweise – vergessen zu haben, ohne dass man wüsste, was »vergessen« ist? Wird in solchen Augenblicken nicht gerade jenes Vermögen aktiviert oder sein »Arbeiten« bemerkt, das wir mit Erinnern meinen? Und zeigt sich hieran nicht zweierlei: erstens, dass dieses Vermögen des Erinnerns mit den Gegenständen, auf die es sich bezieht, weder zusammenfällt noch von ihnen her zu erklären ist – und dass es zweitens das Vergessen ist, an dem wir dieses Vermögen bemerken beziehungsweise erinnern, was Erinnern ist? Man könnte sich zudem Fälle denken, in denen etwas so gründlich vergessen ist, dass nicht einmal mehr erinnert wird, es vergessen zu haben. Aber selbst diese Fälle eines möglichen völligen Vergessenhabens – sei es das Vergessen von etwas oder sei es das Vergessen selbst – können wir erinnern. Auch hier löscht das Vergessen das Erinnern nicht aus. Was Erinnern ist oder bedeutet, wird vielmehr am Vergessen bewusst.[9]

Vergessen meint also erstens die *oblivio* als einen Vorgang, der konstitutiv ist dafür, dass etwas wiedererinnert wird, zweitens das jeweilige *oblitum* (vergessene Konkreta, die wiedererinnert werden), drittens den Fall eines völligen Vergessenhabens, das heißt den Fall, dass nicht einmal erinnert wird, dass etwas vergessen ist, viertens das Erinnern dieses

---

[9] Das gilt auch, wie wir sehen werden, für jenes radikale Vergessen, dessen Ziel jene »Diät« der Selbstvergessenheit ist, die Nietzsche als Therapie dem Alptraum anempfiehlt, der Erinnern mit der dauernden Präsenz eines Nicht-vergessen-könnens verwechselt.

gänzlichen Vergessenseins, in dem das Erlöschen der Erinnerung selbst erinnert wird. Nur die dritte Bedeutung der *oblivio* (die, wo selbst das Vergessen vergessen wird) scheint ein Grenzbegriff für die *memoria* zu sein. »Wenn ich die Erinnerung erinnere, ist die Erinnerung sich selbst durch sich selbst gegenwärtig; wenn ich aber das Vergessen erinnere, ist sowohl die Erinnerung gegenwärtig wie das Vergessen; die Erinnerung, weil ich mich durch sie erinnere, das Vergessen, weil ich es erinnere.«[10] Als Beraubung der Erinnerung (*privatio memoriae*) ist deshalb das Vergessen völlig unterbestimmt. Das wird an der Gegenposition deutlich: Etwas mit Absicht vergessen zu wollen, heißt es gerade zu erinnern. So hat Kant im Alter von 78 Jahren seinen alten Hausdiener Lampe nicht nur aus seinem Dienst entlassen, sondern er hat zudem sich vorgenommen, »Lampe nun endlich zu vergessen. (...) Unter den Merkzetteln, deren Gebrauch sich (Kant) angewöhnt hatte, fand sich nämlich auch ein Papier, auf dem von der Hand Kants geschrieben stand: ›Der Name Lampe muß nun völlig vergessen werden.‹«[11] Durch das Vergessen wie durch das Vergessene – und selbst durch den Grenzbegriff völligen Vergessenhabens – werden ex negativo die zur Erinnerung gehörende Selbstgegenwärtigkeit und die unendliche Fassungskraft der Erinnerung ins Bewusstsein gerufen. Auf Grund dieses Zusammenhangs kommt Augustinus dazu, die Erinnerung »die Kraft des Lebens im sterblich lebenden Menschen (vis vitae in homine vivente mortaliter)«[12] zu nennen. Das wird sie nicht dadurch, dass Erinnern jene Selbstbeziehung des Geistes konstituiert, die von keinem Vergessen gefährdet sei. Vielmehr bemerken wir gerade an dem, was sich dem Erinnern immer von neuem entzieht, was Erinnern als Kraft des Lebens endlicher Wesen bedeutet.

Die Epoche des Denkens, die mit Augustinus angefangen hatte und bis Cusanus reichte, ging vorüber. John Locke rekurriert in seiner Kritik an Descartes' mentalistischem Innatismus auf den bei Augustinus erreichten Stand. Er nennt das Vermögen der Erinnerung *retention* und das aufbewahrende Gedächtnis »memory, the store-house of our

---

[10]   Augustinus: Confessiones, X. 16.24.
[11]   Vgl. den Bericht dieses Geschehnisses in Harald Weinrich: Lethe. Kunst und Kritik des Vergessens. München 1997, S. 92-105.
[12]   Augustinus: Confessiones X. 17.26.

ideas«.[13] Neben dem ursprünglichen Wahrnehmen sei dieses aufbewahrende Gedächtnis am notwendigsten. Zwar bleibt er damit in der Vorstellung befangen, dass Erinnern eine sekundäre Art der Erfahrung sei (»a secondary perception«).[14] Gleichwohl betrachtet er das mit dem Aufbewahren zusammenhängende Erinnern als zentrales Element eines als dynamische Prozesseinheit zu verstehenden Bewusstseinsstromes (»consciousness«). Bei dem, was Locke hier als *consciousness* konzipiert oder begreift, werden zwei zentrale Entdeckungen Augustinus' in die Sprache neuzeitlichen Denkens übersetzt. Erstens unterscheidet sich Erinnern vom bloßen Aufbewahren (auch beispielsweise in Gestalt neuronaler Codierungen) »angeborener«, prä- wie extramemorialer »Ideen«. Was Erinnern heißt, kann hinreichend nicht von den Objekten des Erinnerns her erklärt werden – es lässt sich also auch nicht objekthaft habitualisieren. Erinnern ist keine bloße Software in Relation zur materiellen Hardware des Gedächtnisses. Zweitens kann Vergessen nicht bloß im Gegensatz zum Erinnern stehen. Wenn es zutrifft, dass die »in unserem Geist gezeichneten Bilder mit verblassenden Farben aufgetragen sind (are laid in fading colours), sie zergehen und verschwinden (vanish and disappear), werden sie nicht bisweilen aufgefrischt (sometimes refreshed)«, dann führt Erinnern einen zeitlichen Index mit sich, der Vergessen in sich schließt.[15] Was die Identität des Bewusstseins – und insbesondere auch die Identität personalen Daseins – ausmacht, so sei sie stets durch Zustände des Vergessens »unterbrochen«. Sie gründet in keiner »Ich«-»Substanz« und bedeutet kein andauerndes (überzeitliches) Präsenthaben. »Bewusstsein« (consciousness) ist vielmehr von Vergessen (»forgetfullness«) durchsetzt: es gebe keinen Augenblick (»moment«) unseres Lebens, in dem »wir den ganzen Zug all unserer vergangenen Handlungen in einem Blick vor unseren Augen« hätten.[16]

---

[13] John Locke: An Essay Concerning Human Understanding. Oxford 1990, II.10.1-3.

[14] Ebd., II.10.7.

[15] Ebd., II.10.5.

[16] »(...) consciousness being interrupted always by forgetfulness, there being no moment of our lives wherein we have the whole train of all our past actions before our eyes in one view (...).« (Ebd., II.27.10).

»Identität« ist nicht das Produkt eines sich durchhaltenden »identischen Ich« (einer Ich-Substanz), sondern Resultat des von »Vergessen« durchsetzten Erinnerns.

Hier müsste nun auf Leibniz' Anknüpfung an die Lehre von der Wiedererinnerung eingegangen werden, der zu ihr feststellt, dass diese »wohl überlegt« sei, wenn man sie von dem Mythologem einer Präexistenz der Seele »reinige«.[17] Das würde den Rahmen dieser Überlegungen aber ebenso sprengen wie der Hinweis darauf, dass sich die Diskussionen in der Epoche des Deutschen Idealismus im Anschluss an Kant anhand der jeweiligen Sicht, die die Trias Erinnern-Gedächtnis-Vergessen erfährt, erzählen ließe. Zentrale Bedeutung käme hier Hölderlin zu.[18] Zudem wurde im Lauf des 19. Jahrhunderts diese Diskussion verdrängt durch den Glauben an die positiven Wissenschaften, die am Faktum und der Präsenz zu gewinnender Daten und weniger an dem technisch schwer zu handhabenden Verhältnis von Vergessen und Erinnern interessiert waren und sind. Dieser sich steigernden und sich jenseits von Vergessen und Erinnern sicher wähnenden Wissenschaftsgläubigkeit setzt dann Friedrich Nietzsche entgegen, dass der Glaube an eine »wahre Welt« der Naturwissenschaften sich von anderem Glauben nicht nur nicht unterscheide, sondern im Gegenteil insofern noch naiver sei, weil er um sich als Glauben nicht wisse. In diesem Zusammenhang ist auch vom Verhältnis Erinnern-Vergessen die Rede. Das geschieht zum einen in einer Weise, die auf das klassische Vorurteil rekurriert, das Vergessen als Negation des Erinnerns denkt. Dieses Vorurteil kehrt Nietzsche gegen die Leistungen des Gedächtnisses und fordert deshalb Vergessen als »Diät des Bewusstseins« gegen das »mumifizierende

---

17 Gottfried Wilhelm Leibniz: Discours de Métaphysique. Paris 1962, § 26.

18 Vgl. nur das Postulat am Schluss der zweiten Strophe von *Brod und Wein*, die Nacht möge »Uns die Vergessenheit und das Heiligtrunkene gönnen,/ (…) Heilig Gedächtniß auch, wachend zu bleiben bei Nacht«. Oder die Forderung, der die »Verfahrungsweise des poëtischen Geistes« folgt – es ist die, nicht nur zu erinnern, sondern »eine Erinnerung zu haben« (vgl. Friedrich Hölderlin: Theoretische Schriften, hrsg. v. Johann Kreuzer. Hamburg 1998, S. 49; vgl. zu diesem poetologischen Konzept: Ders.: Erinnerung. Königstein/Ts. 1985).

Wiederkäuen« des ansammelnden Gedächtnisses – verbunden mit der Feststellung, dass der Mensch sich wundere, »das Vergessen nicht lernen zu können und immerfort am Vergangenen zu hängen: mag er noch so weit, noch so schnell laufen, die Kette läuft mit«. Was Nietzsche damit anspricht, ist das Behalten, das Konservieren von Gewesenem und die Reduktion des Erinnerns auf ein solches »inneres« Speichern von Vergangenem. In Rücksicht darauf fährt er mit suggestiven Formulierungen fort: »Es giebt einen Grad von Schlaflosigkeit, von Wiederkäuen, von historischem Sinne, bei dem das Lebendige zu Schaden kommt, und zuletzt zugrunde geht, sei es nun ein Mensch oder ein Volk oder eine Cultur.«[19] Die »aktive Vergeßlichkeit«, die Nietzsche in der *Genealogie der Moral* fordert, hilft deshalb, die Bestimmung des Erinnerns zwischen Gedächtnis und Vergessen zu klären. Sie besteht nicht – oder zumindest nicht in entscheidender Weise – in dem willentlichen Vergessen: dem Selbstwiderspruch, den die Anekdote von Kants Diener Lampe verdeutlicht. Es ist vielmehr das willentliche Konservieren und endlose Kumulieren – das Auswendiglernenwollen als jene Wut des Geistes, die alles unter Kontrolle haben will und nur anerkennt, was abgespeichert ist beziehungsweise sich abspeichern lässt –, dem Nietzsche »aktive Vergeßlichkeit« entgegenstellt. Er tut das, um der »Mnemotechnik« des Gedächtnisses gegenüber den ganzen Sinn dessen, was es heißt, sich etwas zu merken – also wirklich zu erinnern –, deutlich werden zu lassen. Nur was nicht aufhöre »weh zu thun«, so Nietzsche später, bleibe im Gedächtnis.[20] Was nicht aufhört, weh zu tun: das meint insbesondere das Wissen um das Vergessen als Bedingung der Möglichkeit des Erinnerns.

Nach dem Ende der Wissenschaftsgläubigkeit des 19. Jahrhunderts kommt Ludwig Wittgenstein auf einige Selbstverständlichkeiten zurück. Erinnern bedeutet weder bloß das Hervorholen des aufbewahrten

[19] Friedrich Nietzsche: Unzeitgemäße Betrachtungen II: Vom Nutzen und Nachtheil der Historie für das Leben. In: Ders.: Kritische Gesamtausgabe, begr. u. hrsg. von Giorgio Colli und Mazzino Montinari. Berlin 1967ff., Abteilung III, Bd. 1, Kap. 1.

[20] Ders.: Zur Genealogie der Moral. Zweite Abhandlung: »Schuld«, »schlechtes Gewissen« und Verwandtes. 1-3. In: Ebd., Abteilung VI, Bd. 2.

Bildes eines vergangenen Ereignisses noch ist es ein Archiv möglicher Gegenstände des Erinnerns, die »von draußen nach drinnen« kommen. Es sind insbesondere zwei Punkte, die an der Unterscheidung zwischen Gedächtnis und Erinnerung und damit für den (wie es bei Wittgenstein heißt) »geistigen Vorgang« des Erinnerns, der kein »innerer« ist, bedeutsam sind.[21] Als Gedächtnis denken wir einen mentalen Speicher gemachter Erfahrungen. Gedächtnis ist somit der Fundus abgespeicherter Sinnesdaten. Erinnern hingegen ist mit dieser Gedächtnisfunktion eines Informationsspeichers, aus dem Erinnerungsbilder abgerufen werden, deren Gegebensein vom Erinnern als Vorgang gänzlich unberührt wäre, unzureichend erklärt. Das zeige sich – so Wittgenstein – schon daran, dass uns das Gedächtnis täuschen kann.[22] Die Vorstellung von einem zu reproduzierenden Erinnerungsbild ist zwar nicht falsch, sie reicht aber zur Erklärung des Sinns der Erinnerung nicht aus. Denn in beiden Fällen wird der Akt des Erinnerns mit dem Gegenstand (Eindruck usw.), der erinnert wird, identifiziert. Das Erinnern »dazwischen« – und mit ihm das unwillkürliche Vergessen – wird dabei übersprungen. Nur auf Grund dieser Differenz zwischen dem Erinnern und dem Erinnerten und damit nur auf Grund des unwillkürlichen Vergessens macht die Rede vom Erinnern Sinn. »Von den Vorgängen, die man ›Wiedererkennen‹ nennt, haben wir leicht ein falsches Bild; als bestünde das Wiedererkennen darin, daß wir zwei Eindrücke miteinander vergleichen. Es ist, als trüge ich ein Bild eines Gegenstandes bei mir und agnostizierte danach seinen Gegenstand als den, welchen das Bild darstellt. Unser Gedächtnis scheint so einen Vergleich zu vermitteln, indem es uns ein Bild des früher Gewesenen aufbewahrt, oder uns erlaubt (wie durch ein Rohr) in die Vergangenheit zu blicken.«[23] Die Vorstellung vom »Rohr in die Vergangenheit« ist ein falsches Bild für das Erinnern. Denn dann müsste Erinnern in einer Gedächtniszeit außerhalb der real unumkehrbaren stattfinden (können). Das

---

[21] Zum »geistigen Vorgang« des Erinnerns, für den das »Bild vom inneren Vorgang« irreführend ist, vgl. Ludwig Wittgenstein: Philosophische Untersuchungen, §§ 305, 306. In: Ders.: Werkausgabe. Frankfurt am Main 1984, Bd. 1, S. 377.

[22] Ebd. (§ 57), S. 272f.

[23] Ebd. (§ 604), S. 461.

tut es aber nicht – denn erinnern müssen wir, weil Zeit real unumkehrbar vorübergeht. Insofern ist es weder Abbild von Vergangenem, noch bedeutet es ein »Sehen in die Vergangenheit«.[24] Erinnern wir, vergleichen wir nicht zwei Eindrücke – gleichsam außerhalb der Zeit –, sondern bemerken ihre zeitliche Verschiedenheit. Wenn wir erinnern, kehrt nicht Geschehenes zurück, vielmehr bemerken wir jeweils, dass etwas vergangen ist und vergessen war.

Erinnern bedeutet, dass wir auf Vergangenes im Vorübergehen von Zeit zurückkommen. Das schließt ein Bewusstwerden zeitlicher Verschiedenheit in sich. Durch Erinnern lernen wir den Begriff des Vergangenen, nicht umgekehrt. Eben dadurch unterscheidet sich Erinnern auch von der Vorstellung vom Gedächtnis als einem Speicher vergangener (erlebter) Daten. »Aber wenn uns nun das Gedächtnis die Vergangenheit zeigt, wie zeigt es uns, dass es die Vergangenheit ist? – Es zeigt uns eben *nicht* die Vergangenheit. So wenig wie unsere Sinne die Gegenwart.«[25] Dass Erinnern ein Bewusstsein zeitlicher Verschiedenheit bedeutet, erklärt auch, dass es kein »innerer Vorgang« ist. »Was wir leugnen, ist, daß das Bild vom inneren Vorgang uns die richtige Idee von der Verwendung des Wortes ›erinnern‹ gibt.«[26] Denn dieses Bild stellt sich das Erinnern von etwas wie ein Etwas vor, das erinnert wird. Der Sinn des Erinnerns erschöpft sich aber nicht darin, dass wir das Bild einer Sache »von draußen nach drinnen« oder dass wir überhaupt etwas kopieren. Wir »wissen«, solange wir bei Bewusstsein sind, dass unser Erinnern von dem, was wir erinnern, unterschieden ist.

Aber reicht diese Antwort auf die Frage, was Erinnern ist und wie wir es bemerken, schon hin?

Das Arbeitsprogramm, das am Schluss dieser Überlegungen skizziert werden soll, findet sich in einem Brief von Theodor W. Adorno formuliert – dem letzten längeren, den er an Walter Benjamin hat schreiben können. Dieser Brief vom 29. Februar 1940 stellt die Antwort

---

[24]   »Erinnern: ein Sehen in die Vergangenheit. *Träumen* könnte man so nennen, wenn es uns Vergangenes vorführt. Nicht aber Erinnern (…)«. Ebd., Bd. 8 (Zettel, Nr. 662), S. 430.

[25]   Ebd. (Zettel Nr. 663), S. 431.

[26]   Ebd., Bd. 1 (§ 305), S. 377.

auf die Baudelaire-Arbeit dar, die Benjamin Adorno im August des vorangegangenen Jahres zugesandt hatte.[27] Einer der Gründe für den »Enthusiasmus«, den Adorno nach seiner Lektüre bekennt, ist die »Theorie von Vergessen und Chok«, die Benjamin hier formuliert habe. Kernstück dieser Theorie ist die Frage, wie sich Erfahrung bildet. Um Einwände Adornos aufzufangen, hatte Benjamin die Freudsche Theorie des »Reizschutzes« (aus *Jenseits des Lustprinzips*) herangezogen. Dazu merkt Adorno an: »die Hereinnahme der Freudschen Theorie des Gedächtnisses als Reizschutz und ihre Anwendung auf Proust und Baudelaire scheint mir nicht vollkommen luzid. Das ungemein schwierige Problem liegt bei der Frage der Unbewußtheit des Grundeindrucks, die notwendig sein soll, daß dieser der mémoire involontaire und nicht dem Bewußtsein zufällt. (…) Es will mir scheinen, daß in dieser Theorie ein dialektisches Glied ausgefallen ist und zwar das des Vergessens. Das Vergessen ist in gewisser Weise die Grundlage für beides, für die Sphäre der ›Erfahrung‹ oder mémoire involontaire, und für den reflektorischen Charakter, dessen jähe Erinnerung selber das Vergessen voraussetzt.«[28] Für die geforderte Theorie des Vergessens ist nun entscheidend, dass es nicht dem reflektorischen – auf binäre Codes oder pikturale Reize bloß reagierenden – Charakter zugeordnet und der *mémoire involontaire* entgegengestellt wird.

Weder in kategorialer noch in gegenwartsdiagnostischer Hinsicht reicht es hin, das Vergessen als »Ausgehen einer Erkenntnis«, als Negation einer Erfahrung wie einer noetischen Leistung aufzufassen. Gedacht bleibt dabei das Vergessen als Löschtaste der mentalen Kopierfunktion Erinnern. Erinnern aber ist kein mentales Kopieren – oder als solches zumindest unvollständig erklärt: denn erinnern müssen wir, weil es als ein solcher Kopier- oder Konservierakt nicht funktioniert.

---

[27] Vgl. Theodor W. Adorno – Walter Benjamin: Briefwechsel 1928-1940. Hrsg. v. Henri Lonitz. Frankfurt am Main 1994, S. 415-421. – Zum Ganzen vgl. auch Johann Kreuzer: Das Gespräch mit Benjamin. In: Richard Klein, Johann Kreuzer, Stefan Müller-Doohm (Hrsg.): Adorno-Handbuch. Leben – Werk – Wirkung. Stuttgart/Weimar 2011, S. 373-389.

[28] Theodor W. Adorno – Walter Benjamin: Briefwechsel (wie Anm. 27), Brief -A, S. 417.

Erinnern müssen wir, weil wir vergessen – und würden wir nicht vergessen, bräuchten wir nicht zu erinnern. Aus dieser Einsicht heraus folgert
Adorno programmatisch: »Ob ein Mensch Erfahrungen machen kann
oder nicht, ist in letzter Instanz davon abhängig, wie er vergißt.«[29] Nicht
das *Ob*, das es zur bloßen Kontraposition des Erinnerns werden lässt,
sondern das *Wie* des Vergessens gilt es, als integrales Moment indivi-
dueller wie intersubjektiver und allgemein gesellschaftlicher Erfahrung
zu begreifen. Am Vergessen konkretisiert sich, dass Erinnern in keinem ununterbrochenen Präsenthaben besteht. Was Erinnerung heißt, ist
vielmehr vom Vergessen durchsetzt. Und weil Erinnern in diesem Sinn
von Vergessen durchsetzt ist, entsteht »Bewußtsein an der Stelle der
Erinnerungsspur«, wie Benjamin aus *Jenseits des Lustprinzips* zitiert.[30]
Vergessen steht für jenen kreatürlichen beziehungsweise somatischen
»Rest«, über den der Geist erst dann hinaus wäre, wenn er sich als be-
deutungsidentischer Code oder als selbst kopierbarer Kopiervorgang zu
reduplizieren vermöchte. Wäre er dies, wäre er eine vergessensresistente
Maschine – freilich eine, die zugleich erinnerungsunbedürftig erscheint.
Er müsste nichts und nicht mehr erinnern. Ohne Vergessen oder jenseits
seiner würde Bewusstsein zur endlosen Tautologie seiner selbst. Am
Vergessen erinnern wir, dass Erfahrung so – erinnerungsunbedürftig –
nicht funktioniert. Erfahrung bildet sich durch die oder besser als Rhyth-
mik von Vergessen und Erinnern. Soll deshalb verstanden werden, nicht
nur was jeweils erinnert erscheint, sondern ebenso das darin wirksame
Erinnern selbst, so heißt das zunächst, zwischen Gedächtnis und Erinnerung unterscheiden zu lernen. Benjamin, so Adorno im Brief, spiele
darauf in der Fußnote an, in der er feststelle, »daß Freud keine explizite
Unterscheidung zwischen Erinnerung und Gedächtnis mache (ich lese
die Fußnote als Kritik). Wäre es aber nicht die Aufgabe, den ganzen
Gegensatz von Erlebnis und Erfahrung an eine dialektische Theorie
des Vergessens anzuschließen? Man könnte auch sagen an eine Theorie der Verdinglichung? Denn alle Verdinglichung ist ein Vergessen:

---

[29] Ebd.

[30] Walter Benjamin: Über einige Motive bei Baudelaire. In: Ders.: Gesammel-
       te Schriften I.2, hrsg. v. Hermann Schweppenhäuser und Rolf Tiedemann.
       Frankfurt am Main 1974, S. 612.

Objekte werden dinghaft in dem Augenblick, wo sie festgehalten sind, ohne in allen ihren Stücken aktuell gegenwärtig zu sein: wo etwas von ihnen vergessen ist. Und es stellt sich die Frage, wieweit dies Vergessen das erfahrungsbildende ist, ich möchte sagen, das epische Vergessen und wieweit es das reflektorische Vergessen ist.«[31] Die Amphibolie von Erinnern und Vergessen spiegelt sich in der Differenz zwischen einem erfahrungsbildenden und einem erfahrungsdestruktiven Vergessen. Die »dialektische Theorie des Vergessens«, die Adorno anmahnt, soll zugleich über die an der Präsenz von Dingen im Raum orientierte Entgegensetzung von Erinnern und Vergessen hinausgehen. Dabei wird es darum gehen, das Kontinuum, das zwischen Erinnern und Vergessen besteht, gewissermaßen durchzudeklinieren.

Im Hinblick darauf sind Verdinglichung und Vergessen nicht einfach als ein Fremdes außerhalb des Zusammenhangs sich selbst bestimmender Erfahrung oder als Grenze des Selbstbewusstseins anzusetzen. Von einer solchen binären Grenzziehung – entweder Vergessen oder Erinnern, entweder verdinglichte Äußerlichkeit oder selbstbewusstes Erfahren – gilt es vielmehr zu einem Kontinuum zu kommen, das nach Graden aktualisierter Gegenwärtigkeit gegliedert erscheint. Als »erfahrungsbildend« erweist sich hier Vergessen, sofern wir an ihm begreifen, dass es das vom bloßen Konservieren von Daten oder Informationen unterschiedene Erinnern nötig, damit aber auch überhaupt erst möglich macht. Erfahrungszerstörend hingegen ist jene endlose Überlagerung von Reizen, in der ein jeweils neuester Reiz die ihm vorangegangenen verdrängt beziehungsweise »vergessen« lässt. Es ist die Sequenz unreflektierter Präsenzen, die vergessen macht – nicht jenes Vergessen, das uns umgekehrt zum Erinnern nötigt. Eine von der Einsicht ausgehende Theorie, nach der es das Vergessen ist, das zu erinnern nötigt, wird zugleich »Verdinglichung« als unverzichtbares Moment intersubjektiver Erfahrungsbildung anerkennen. Am Ende dieses neuzeitlichen, Verdinglichung wie Vergessen durch Erinnern tilgen wollenden Bewusstseinsparadigmas stehe, so Adorno, auch und gerade noch Hegel: »Ich muß

---

[31] Theodor W. Adorno – Walter Benjamin: Briefwechsel (wie Anm. 27), Brief-A, S. 417.

dem kaum hinzufügen, daß es sich dabei für uns nicht darum handeln kann, das Hegelsche Verdikt gegen die Verdinglichung nochmals zu wiederholen, sondern recht eigentlich um eine Kritik der Verdinglichung, das heißt um eine Entfaltung der widersprechenden Momente, die im Vergessen gelegen sind. Man könnte auch sagen: um die Unterscheidung von guter und schlechter Verdinglichung.«[32] Die Produktivität des Geistes fällt zwar mit den Dingen, in denen sie sich objektiviert, nicht zusammen. Aber ohne diese dinglichen Objektivationen ist diese Produktivität umgekehrt auch nicht zu haben. Damit rückt die geforderte »dialektische Theorie des Vergessens« – zumindest programmatisch – von der generalisierenden Ineinssetzung ab, die Vergessen wie Verdinglichung gleichsam automatisch unters Verdikt der alle Formen bürgerlicher Vergesellschaftung auf »entfremdende« Weise durchwaltenden Logik des Warenfetischismus fallen lässt und dabei zugleich Vergessen wie Erinnern nach einem Plus-Minus-Schema saldiert.[33]

Und noch zu einem weiteren Punkt leiten die »widersprechenden Momente, die im Vergessen gelegen sind«, über. Wiederzuerkennen, was in »den Dingen« vergessen erscheint, gibt ihrer Erfahrung die »Aura«: »Ist nicht die Aura allemal die Spur des vergessenen Menschlichen am Ding und hängt sie nicht durch eben diese Art des Vergessens mit dem zusammen, was (…)« Benjamin »Erfahrung« nenne, fragt Adorno.[34] Vergessen scheint die Schwelle, durch die uns Gegenstände

---

[32] Ebd., S. 418.

[33] Expressis verbis hat sich Adorno von der bloß negativen Konnotation der »Kategorie Verdinglichung, die inspiriert war vom Wunschbild ungebrochener subjektiver Unmittelbarkeit« und mit ihr nur »Entfremdung« assoziiert, in der *Negativen Dialektik* abgesetzt. Vgl. Theodor W. Adorno: Negative Dialektik. Frankfurt am Main 1970, 365; außerdem: Kreuzer: Das Gespräch mit Benjamin (wie Anm. 27), S. 386-388.

[34] Theodor W. Adorno – Walter Benjamin: Briefwechsel (wie Anm. 27), S. 418. – Benjamin wird antworten, dass es bei dem »vergessene(n) Menschliche(n)«, um das »es sich in der Aura in der Tat (…) handeln dürfte«, »doch nicht notwendig um das, was in der Arbeit vorliegt (…)«, gehe. Es müsse »ein Menschliches an den Dingen sein, das *nicht* durch die Arbeit gestiftet wird.« (Brief Nr. 118, ebd., S. 425) Trifft diese Beobachtung zu, dann ist Vergessen in doppelter Weise »aura-konstitutiv«.

der Erfahrung bedeutend werden, wenn und indem sie durch die Pforte des Erinnerns treten. Wenn das so ist, dann ist die Aura der Erinnerung ohne das Vergessen nicht zu haben. In den *Minima Moralia*, im Stück *Die Blümlein alle*, merkt Adorno an: »Erinnerungen lassen sich nicht in Schubladen und Fächern aufbewahren, sondern in ihnen verflicht unauflöslich das Vergangene sich mit dem Gegenwärtigen. (…) Gerade wo sie beherrschbar und gegenständlich werden, wo das Subjekt sich ihrer ganz versichert meint, verschließen die Erinnerungen wie zarte Tapeten unterm grellen Sonnenlicht. Wo sie aber, geschützt durchs Vergessene, ihre Kraft bewahren, sind sie gefährdet wie alles Lebendige. Die gegen Verdinglichung gewandte Konzeption Bergsons und Prousts, derzufolge das Gegenwärtige, die Unmittelbarkeit nur vermittelt durch Gedächtnis sich konstituiert (…), hat darum nicht bloß den rettenden, sondern auch den infernalischen Aspekt.«[35] Es gibt nicht nur einen Orkus des Vergessens, sondern ebenso den jener Willkür, die Erinnern mit einem Beherrschenwollen des zu Erinnernden verwechselt. Vergessen dürfte hier der Schatten sein, mit dem sich, was Erinnern heißt, vor diesem Zugriff schützt.

Fassen wir zusammen: Vergessen ist nicht das Andere, keine Absenz des Bewusstseins, sondern konstitutives Moment seiner Erfahrung. Es allein als Negation von Erinnern zu fassen, ist so grob wie das Zurechtstutzen von Erfahrung auf Informationseinheiten und so grob wie das Beherrschbarmachenwollen von Erinnerungen. Es ist dieses Beherrschenwollen, das Erinnern destruiert. Die Fähigkeit des Erinnerns gehört mit dem Vergessen zusammen. Nur wenn man seinen Zusammenhang mit dem Vergessen erkennt, lässt sich verstehen, worin die Natur des Erinnerns liegt.

---

[35] Theodor W. Adorno: Minima Moralia. Frankfurt am Main 1951, Nr. 106, S. 219.

II.

Trauer, Geschichte und Moral

Christian Schneider

Generation im Abtritt

Vom Schicksal historischer Gegenidentifizierungen

Nach wie vor bildet die Auseinandersetzung mit der NS-Vergangenheit einen Kulminationspunkt des politischen und kulturellen Diskurses der Bundesrepublik. Sie impliziert, gleichgültig um welchen Zusammenhang es dabei im Einzelnen geht, immer eine Selbstverständigungs- und Identitätsdebatte. Denn schließlich sind »wir«, die an diesem Diskurs Beteiligten, ohne Ausnahme in irgendeiner Weise davon betroffen. Alle Deutschen haben einen mehr oder minder direkten, ja persönlichen Bezug zu den historischen Ereignissen zwischen 1933 und 1945. Das seit Jahren wissenschaftlich wie medial gleichermaßen emphatisch besungene »Ende der Zeitzeugenschaft«, das, wie es so unschön an Paläontologie erinnernd heißt, »Aussterben« derer, die den Nationalsozialismus, auf welcher Seite auch immer, noch als Akteure erlebt haben, hat dazu beigetragen, das Interesse an diesem Diskurs in neuen Formen anzufachen. Ins Zentrum rückt dabei die Frage, wie sich das Bild dieses Geschichtsabschnitts verändert, wenn die Erzählung der Augenzeugen fehlt. Der Übergang vom kommunikativen zum kulturellen Gedächtnis hat stets den Charakter einer Krise. Denn selbst wenn die Geschichtsforschung und -schreibung sich längst von der ambivalenten Autorität der Zeitzeugen emanzipiert hat, eröffnet deren Abgang noch einmal in neuer Weise das Feld für Deutungskämpfe. Dabei treten heute zwangsläufig die unterschiedlichen generationellen Perspektiven immer mehr in den Mittelpunkt. So trivial es sein mag, dass Kinder einen anderen Blick auf die Aktionen, die Helden- oder Untaten ihrer Eltern haben als Enkel auf die ihrer Großeltern; dass Menschen, die jene Familienangehörigen, die Akteure der NS-Zeit waren, nicht mehr persönlich erlebt haben, sondern nur aus Erzählungen und dem Fotoalbum kennen, andere Gefühle mit ihnen verbinden als diejenigen, die einen direkten kommunikativen

Zugang zu ihnen hatten: Es bleibt ein höchst umstrittener und keineswegs hinreichend erforschter Sachverhalt, wie sich dieses unterschiedliche Verhältnis auf die Art und Weise, Geschichte zu betrachten und zu beurteilen, letztendlich auswirkt; was diese unterschiedliche Positionalität für das Gefühl einer persönlichen, die eigene Identität prägende Verbundenheit mit ihr bedeutet.

Wichtig in diesem Zusammenhang ist die grundlegende psychologische Erkenntnis: Wir alle denken und fühlen *genealogisch*. Was unsere Vorfahren taten, spielt immer eine Rolle in unserer Phantasiewelt, die in ihren unbewussten Tiefen durch Vorstellungen von »psychischen Erbschaften« geprägt ist.

Eine verpasste Debatte

Das Buch *Gefühlte Opfer* war gedacht als Angebot, über bestimmte Routinen des Erinnerungsdiskurses und der beträchtlichen Aufarbeitungsanstrengungen neu nachzudenken, die sowohl die offizielle Selbstdarstellung der Bundesrepublik als auch den wissenschaftlichen Umgang mit der Vergangenheit und selbst noch die gewissermaßen intimen Selbstvergewisserungsformen vieler Deutscher prägen. Routinen, die aus den genannten Gründen einen deutlichen generationellen Index haben. Im Zentrum der im Buch vorgetragenen Überlegungen steht die Beobachtung, dass diejenige Generation, die auf die sogenannte »NS-Täter-Generation« folgte, sich in einer höchst schwierigen psychosozialen Situation befand: Die »zweite Generation«, das heißt die in der Kriegs- oder unmittelbaren Nachkriegszeit Geborenen, mussten sich als Adoleszente und junge Erwachsene mit der Tatsache auseinandersetzen, dass ihre Eltern zu jenen Alterskohorten zählten, die den NS möglich gemacht und getragen, die sich möglicherweise persönlich schuldig gemacht hatten – bis hin zum Verdacht einer Beteiligung an Raub, Mord und Verbrechen gegen die Menschheit. Da diese Vergangenheit in den meisten deutschen Familien verleugnet und beschwiegen wurde, sahen sich die Angehörigen dieser Generation gezwungen, die im Schweigen begrabene Realität ihrer Eltern durch Phantasiebilder zu ersetzen. Zur psychologischen

Dynamik von Phantasien zählt, dass sie nicht selten Bilder produzieren, die die Realität bei weitem übersteigen. Das lastende psychische Problem war: Wie sollte man sich mit schuldigen Eltern ins Benehmen setzen? Die reale oder phantasierte Schuld verbot ein »naives« Verhältnis. Pointiert gesagt: Konnte man sich mit Mördern identifizieren?

Identifizierungsprozesse mit den Eltern sind jedoch entwicklungs- und lebensgeschichtlich für die Ausbildung einer eigenständigen Identität notwendig. Mindestens auf der Ebene des Bewusstseins war dieser Weg versperrt, solange man die eigenen Eltern als Mörder imaginieren musste. Eine typische psychologische Strategie in solcher Zwangslage ist die Ausbildung von Gegenidentifizierungen. Tatsächlich ist diese zweite Generation, die als politische den Namen »68er-Generation« erhielt, in ihrem psychologischen Profil durch massive Gegenidentifizierungen gekennzeichnet. Gegenidentifizierungen sind indes, genau wie die genealogischen Identifizierungen, gegen die sie sich richten, keineswegs nur bewusste Wahlen. Identifizierungsprozesse verlaufen zum großen Teil unbewusst, das heißt in ihnen ist eine Dynamik am Werk, die sich dem rationalen Zugriff entzieht. Die komplizierte Logik solcher unbewussten Prozesse zu verstehen, gehört zu den Herausforderungen jeder Generationengeschichte.

Die 68er, so die in *Gefühlte Opfer* vertretene These, identifizierten sich mit den Opfern ihrer Eltern, insbesondere mit den Juden. Diese These ist nicht neu,[1] bekam aber mit der Buchpublikation größere öffentliche Aufmerksamkeit – und zeitigte teilweise überraschende Reaktionen. Interessanter noch als die positiven Reaktionen waren einige Kritiken unserer Thesen, insbesondere diejenigen, die auf Missverständnissen beruhten.

---

[1] In der Form, in der sie Eingang ins Buch gefunden hat, habe ich sie schon 2003 formuliert. Vgl. Christian Schneider: Der Holocaust als Generationsobjekt. Generationsgeschichtliche Anmerkungen zu einer deutschen Identitätsproblematik. In: Margrit Frölich, Yariv Lapid, Christian Schneider (Hrsg.): Repräsentationen des Holocaust im Gedächtnis der Generationen. Zur Gegenwartsbedeutung des Holocaust in Israel und Deutschland. Frankfurt am Main 2004, S. 234-253. Ebenso Ulrike Jureit: Vom Zwang zu erinnern. In: Merkur, 61 (2007), S. 158-163.

Im Sommer 2010, kurz nach der Publikation des Buches, erschien in der Berliner *tageszeitung* eine ausführliche Rezension von Christian Semler, mithin einem Protagonisten der 68er-Bewegung. Sie unterschied sich in Tonart und Blickweise vom Gros der anderen Besprechungen. Jedenfalls ermunterte sie mich, dem Rezensenten einen Brief zu schreiben. Er sei hier, bis auf eine die Anonymität Dritter betreffende und den sachlichen Einlassungen nichts hinzufügende Schlusspassage unverändert wiedergegeben.

»Lieber Christian Semler,
ich habe ein wenig gezögert, ob ich Ihnen schreiben soll, weil ich nicht sicher bin, ob ich die richtigen Worte finde. Ich merke nun, dass mich Ihre Rezension des von mir gemeinsam mit Ulrike Jureit geschriebenen Büchleins ›Gefühlte Opfer‹ immer noch beschäftigt und greife deshalb zur elektronischen Feder. Zunächst vielen Dank für Ihre ausführliche Besprechung, die mir das Gefühl gab, Ihre Auseinandersetzung mit unseren Gedanken sei mehr als journalistische Pflichtübung. Sehr beglückt war ich zudem darüber, dass Sie einige Essentials unserer Gedanken präziser darstellen als andere Rezensenten. Insbesondere habe ich mich darüber gefreut, dass Sie am Schluss auf meine Überlegungen zu einer anderen Form der Trauer in der Geschichte eingehen und der Hoffnung Ausdruck geben, unsere Arbeit möge ›zünden‹.
Dies alles ist sehr erfreulich und für mich Ausdruck eines genauen Blicks auf den Text. Gerade deshalb beschäftigt mich ›die andere Seite‹ Ihrer Kritik. Ich meine damit ein jähes Abbrechen des Verständnisses, ja des Verstehens in und an bestimmten Fragen. Darüber möchte ich einiges sagen, weil ich meine, hier tut sich ein interessantes Feld der Diskussion auf. Sie können davon ausgehen, dass ich nicht kleinlich unsere/meine Überlegungen gegen Einwände abschirmen möchte. Ich kann, bilde ich mir ein, mit Kritik ganz gut umgehen. Aber mich haben einige Passagen Ihrer Besprechung hochgradig irritiert, und darüber möchte ich mich gerne mit Ihnen auseinandersetzen. Ihr Verstehen bricht jäh an dem Punkt ab, an dem es um ›die 68er‹ geht. Sie konzedieren wohl noch, dass es ›ursprünglich‹ eine Identifikation vieler 68er ›mit linken jüdischen Intellektuellen, vor allem denen der Frankfurter Schule‹ gegeben

habe. Sie bemängeln dann aber, wir verwendeten ›einen vollkommen statischen, aller geschichtlichen Entwicklung entkleideten Generationenbegriff‹. Die Begründung dafür liest sich so:

›Wie ist mit Jureit und Schneider zu erklären, dass im Gefolge von 68 eine aktivistische, hochgemute, von Selbstermächtigung geprägte Haltung dominierte, die sich nicht mehr als Opfer imaginierte und in die Gemeinschaft toter jüdischer Opfer einschmuggeln wollte? Die sich nicht mehr mit der heroischen Niederlage der linken jüdischen Intellektuellen identifizierte, sondern sich eins fühlte mit dem Vormarsch der revolutionären Kräfte in der Dritten Welt?‹

Ich habe das so verstanden, dass Sie unsere ›Statik‹ darin sehen, nicht die Entwicklung innerhalb der 68er-Generation gesehen zu haben. Lese ich recht, wenn ich Ihren Einwand darauf beziehe, ›ursprünglich‹ habe es Identifikationen mit den jüdischen Opern gegeben, dann aber sei ein frischer Wind eingekehrt, der sich in der Zuwendung zu den Befreiungsbewegungen ausgedrückt habe?

Auf den Seiten 190/91 unseres Buchs finde ich folgende Passage: ›Die Trauer, die heute in diesem Zusammenhang möglich wäre, ist eine um den Anderen, der man selbst war: Dieser seltsame Wechselbalg aus lauter zusammengestückten Identitäten, die allesamt ›Opferqualität‹ hatten. Der ermordete Jude war das erste role-model. Es folgten andere: All die ›Erniedrigten und Beleidigten‹, die man zwischen Vietnam und Chile, den Verhungernden in Biafra, den rebellierenden *kids* in Watts und den Pennerasylen in der eigenen Heimatstadt ausfindig machen konnte.‹

Eben darum geht es: Die Opferidentifizierung machte nicht beim ursprünglichen Objekt halt. Die mit den Befreiungsbewegungen war eben auch eine mit Opfern – freilich anderer Couleur: Mit Opfern, die beschlossen hatten, sich zu wehren. Aber nichtsdestotrotz mit Opfern. Ich war überrascht, wie Ihrem scharfsichtigen Blick dies offenbar entgehen konnte. Zumal – aber das führt in anderes Terrain – ich mich immer darum bemüht habe, den Generationenbegriff aus den Mannheimschen synchronen Festschreibungen zu befreien und die diachrone Seite einer ›Generationengeschichte‹ zum Fokus zu machen. Für Ulrike Jureit gilt Ähnliches. Ihr Text geht so weiter: ›Ebenso wenig überzeugend ist Jureits und Schneiders These, das ›gefühlte Opfer‹ hätte sich kraft der

Kommunikationsgemeinschaft der 68er auf alle Vertreter dieser Generation unabhängig von ihrer politischen und kulturellen Orientierung übertragen und die Zwangsidentifizierung sei so zum herrschenden Ritual der Erinnerungskultur aufgestiegen. Die 68er Erinnerungseliten hielten nach Jureit und Schneider das Zepter fest in der Hand, sie wachten über der Moralisierung, Pädagogisierung und Dramatisierung des Gedenkens. Für die These der generationellen Kommunikationsgemeinschaft des falschen Gedenkens gibt es keinen Beleg, nicht einmal ein klitzekleines Zitat.‹

Ich habe verblüfft darüber nachgedacht, wo diese These denn geäußert sein sollte. Dann bin ich über das Wort ›Kommunikationsgemeinschaft‹, das ein einziges Mal im Text vorkommt, fündig geworden. Die Passage im Buch heißt:

›Die in den 1960er Jahren aufkommende Kritik am Umgang mit der mörderischen Vergangenheit führte zu einer rasanten Veränderung der Wahrnehmung. Die ängstliche Frage, was der eigene Vater ›damals‹ getan haben mochte, veränderte sich im Modus ihrer politischen Vergemeinschaftung in kritischen Zirkeln zusehends. Aus dem nagenden Zweifel: *Könnte* mein Vater dabei gewesen, *könnte* er Täter geworden sein? wurde in der politischen Kommunikationsgemeinschaft von 68 schnell eine Gewissheit, die gar nicht nach einer empirischen Überprüfung verlangte. Denn es ging weniger um die wirklichen individuellen Lebensgeschichten, als um eine Mischung des jeweiligen biografischen Schicksals mit der kollektiven Ausgangslage der Generationen. Die Generation der Eltern, das war das Ergebnis der kollektiv angestrengten Überlegung, *war* schuldig. Sie wurde es mit jedem neu gelesenen Buch, mit jeder neuen Information über die NS-Geschichte oder die Psychologie innerfamiliärer Zusammenhänge mehr. Vor dieser Erkenntnis spielte die tatsächliche individuelle Lebensgeschichte nurmehr eine Nebenrolle.‹

Ich habe diese Passage ein paar Leuten kommentarlos zu lesen gegeben und niemand las anderes daraus als das, was gemeint war: In diesen Zirkeln, der 68er ›Kommunikationsgemeinschaft‹ eben, wurden die Väter zu vorgestellten Mördern. Das hat nichts mit der von ihnen aus dem Text herausinterpretierten ›Übertragung‹ auf alle Angehörigen der Kohorte zu tun. Und die ›Zwangsidentifizierung‹ gibt es schlicht nicht.

Höchstens ›zwanghafte Identifizierungen‹. Hier scheint mir überhaupt ein Schlüssel für mögliche Missverständnisse zu liegen. Wenn ich von Identifizierungen rede, dann von unbewussten. Das ist etwas völlig anderes als bewusste Identifikationen, also wenn man etwa ein Trikot trägt auf dem ›10 Ronaldo‹ steht. Das ist dann die Bekundung eines offenkundigen Wunsches: Den finde ich gut, den unterstütze ich mit Beifall, klasse, wenn ich so wäre. Unbewusste Identifizierungen haben viel mehr mit einem Notfallprogramm zu tun. Man *weiß* nicht wirklich, was man da tut, aber man tut es. Unbewusste Identifizierungen sind sozusagen verschlüsselte Wünsche: solche, die sich an der kritischen Wahrnehmung des Ichs vorbeischmuggeln und sich in Akten ausdrücken, deren tiefere (ächzzz…) Bedeutung einem selber verborgen bleibt. Warum etwa heißen die Kinder der 68er David, Benjamin und Daniel, Lea, Rebecca und Judith? Ich weiß, dass diese Differenz sehr schwer zu begreifen ist. Und noch schwerer die Realität unbewusster Identifizierungen anzuerkennen. Denn sie bezeichnen ja in gewisser Weise einen Kontrollverlust über die eigene Phantasiewelt.

Also – und das genau ist der Punkt, wo ich nicht weiß, ob ich die richtigen Worte finde: Ich fand es höchst bemerkenswert, dass sich nach meinem Eindruck Ihr sonst so präziser Blick just an den Punkten verirrt, wo es um die eigene, um Ihre Generation geht. Warum, war meine Frage, übersieht der scharfsinnige Rezensent Christian Semler so schlichte Sachverhalte? Wieso überliest er Passagen, die seiner Kritik widersprechen? Gibt er damit nicht ungewollt am Ende unserer These recht, dass (nicht nur) ›die 68er‹ typische Skotome haben, die sich als Leerstellen der Selbstreflexion ausweisen? Dass es also eine jeweils typische generationelle Blindheit für bestimmte Sachverhalte gibt? Eine Freundin, die ich in ihrem journalistischen Ethos sehr schätze, schrieb mir, dass sie Ihre Rezension ›vorzüglich‹ finde, aber nicht verstehe, dass Sie die 68er verteidigten, ›die Ihr doch – nach meiner Lesart – gar nicht als 68er angegriffen habt.‹

Dem habe ich wenig hinzuzufügen. Oder doch: Ich möchte gerne wissen, ob es eine Verständigungsmöglichkeit über die Differenzen gibt, die ich versucht habe anzusprechen. Mir schiene es wichtig. Ich glaube wirklich, einiges hängt davon ab, wie unser gemeinsames ›Nazi-Erbe‹

weiterhin verhandelt wird. Und ich meine weiterhin, dass hier die im Umkreis von 68 begründete Sicht einer kritischen Revision bedarf. Gerade deshalb fand und finde ich Ihren Artikel so bemerkenswert: auch in dem, was ich als ›Skotom‹ begreife. Ich würde mich freuen, wenn es darüber zu einer weiteren Auseinandersetzung käme. (…)

Mit freundlichen Grüßen,

Christian Schneider«

Ich bedauere es bis heute, dass mein Schreiben unbeantwortet blieb, zumal, dass eine öffentliche Kontroverse über die von Semler aufs Korn genommenen Punkte mit ihm nicht zustande kam. Denn die Auseinandersetzung über die 68er-Generation steht bis heute unter dem Unstern der wechselseitigen Pamphletisierung: Die einen indizieren jede kritische Äußerung über diese Generation als »68er-Bashing«, die anderen kühlen ihr Mütchen an der letzten deutschen Schlüsselgeneration teilweise mit Argumenten *ad hominem*, die etwa aus der Biographie einzelner »68er« problematische Rückschlüsse auf die gesamte Kohorte ziehen.[2]

In Semlers Schweigen ist die Chance begraben worden, in einer gleichermaßen rational wie emotional bewegten Differenz von Wahrnehmungen und Urteilen die Spur einer Auseinandersetzung zu finden, die aus den zementierten »Meinungen« über das seltsame Mediengespenst »die 68er« hätte hinausführen können. Das Phänomen »68er« und die tragende Generation seiner Akteure und Protagonisten zu verstehen, scheint mir, soziologisch wie sozialpsychologisch, ein eminenter Punkt der kulturellen Hermeneutik zu sein, aus der einiges über das herrschende Zeitbewusstsein zu gewinnen wäre. Dies nicht zuletzt, weil es sich um eine »Generation im Abtritt« handelt. Die prägende Kraft

---

[2] In diesem Kontext wird gerne Joschka Fischers seltsame Konversion zum »Kapitalistenknecht«, wie es ein alter 68er-Freund von mir ausdrückte, zitiert. Fischers Verhalten gibt jedoch mehr Auskunft über die prekäre Psyche des entgrenzten Aufsteigersyndroms als über eine hypostasierte 68er-Kollektivpsyche. Es ist noch nicht gelungen, ein wirklich gelungenes »Generations-Porträt« dieser Schlüsselgeneration zu liefern. Was unter anderem damit zusammenhängt, dass ihre Prominenzphase zeitlich noch zu nahe scheint, um einen hinreichend gelassenen Blick auf sie zu werfen.

solcher Kohorten wird nämlich sowohl in alloplastischer wie in auto-
plastischer Hinsicht immer erst post festum im vollen Umfang kenntlich.
Den Übergang, den wir gerade erleben, wenigstens versuchsweise schon
in diesem Prozess der Bedeutungsverlagerung selbst zu begreifen, bietet
die seltene sozialwissenschaftliche Möglichkeit, eine Gegenwartsdiag-
nose mit belastbaren Prognosechancen für zukünftige Entwicklungen zu
verbinden.

Das Ende der Gegenidentifizierung?

Wenn unsere These zutrifft, dass diese Generation sich gewissermaßen
aus Notwehr, zum psychischen Selbstschutz vor einer genealogischen
Traumatisierung in Gegenidentifizierungen flüchten musste: dass sie gegen den »natürlichen« Identifikationsweg mit den Eltern einen Ausweg
aus dem vertrackten Dilemma suchte, sich nicht als Kind von Mördern
fühlen zu müssen, dann stellt sich unabweisbar die Frage nach den Folgen.

Genuine Identifizierungen bleiben zumeist unauffällig und unthe-
matisiert: Niemand empfindet es als ungewöhnlich, wenn ein Kind so
wird »wie seine Eltern«. Und kaum jemand nimmt Anstoß daran, dass
es in der Adoleszenz Gegenidentifizierungen gibt, die das Weltbild der
Eltern als möglichen Container eigener Vorstellungen in Frage stellen.
Diese psychischen Manöver sind notwendiger Teil der Dynamik »hei-
ßer« Gesellschaften. Sie bilden das Fundament ihrer Entwicklungsspi-
rale, das heißt der Möglichkeit, ja Notwendigkeit, immer neue Formen
von Leben und Arbeit, Ästhetik, Selbstentwurf und Weltinterpretation
zu entwickeln. Gegenidentifizierungen dieser Art sind der Motor des
Fortschritts, damit zugleich Integrationsfaktoren moderner Gesellschaften.

Die Gegenidentifizierungen, von denen wir im Fall der zweiten
deutschen Generation nach dem Holocaust sprechen, sind jedoch von
anderer Qualität. Sie beinhalten ein Ausweichmanöver, das als Teil einer – notwendigen – Abwehr sich offenbar so im psychischen Haushalt
einer ganzen Generation bemerkbar macht, dass man sie als generationelle Abwehrformation bezeichnen kann. Die Frage, die sich mir stellt,

ist: Was passiert, wenn solche Gegenidentifizierungen sich auflösen oder unter dem Gewicht veränderter Lebenssituationen und -perspektiven zusammenbrechen? Was, wenn sich die Notwendigkeit ihrer Abwehrdimension verbraucht hat und andere Formen der Besetzung ins Spiel kommen, gegen die sie ursprünglich gerichtet waren? Dies ist in Deutschland eine höchst intrikate Frage. Denn sie beinhaltet das Problem, wie es eine Generation mit dem Blick auf ihre – mittlerweile fast vollständig verstorbene – Elterngeneration hält. Und damit auch, wie sie sich angesichts ihres eigenen Älterwerdens mit ihr aufs Neue reflexiv und affektiv in Beziehung setzt.

Mittlerweile existiert eine reiche psychologische, insbesondere psychoanalytische Literatur über die Identifikationsnot dieser Kinder und Enkel und die daraus resultierenden psychischen Folgen. Von besonderem Interesse ist dabei der Begriff der »gespaltenen Loyalität«: einer forciert vorgetragenen Distanzierung von diesen »schuldigen Eltern«[3], die im Konflikt mit fortexistierenden unbewussten Loyalitäten steht: »Die Loyalitäten der Kinder sind angesichts diametral entgegengesetzter Wertesysteme gespalten«, konstatiert die holländische Analytikerin Hendrika Halberstadt-Freud.[4] Im Fall einer Patientin der dritten Generation zeigt sie detailliert, wie dabei bewusste und unbewusste Strebungen miteinander kollidieren.[5] Lisa, so der für die Fallgeschichte gewählte Name einer Frau Mitte Vierzig, schämt sich, Deutsche zu sein, äußert Schuldgefühle wegen der NS-Vergangenheit, die doch nicht ihre war, und gibt vor, sich immer schon intensiv mit der NS-Geschichte befasst

---

[3] Ich setze diesen Terminus in Anführungszeichen, weil es in diesem Zusammenhang unwesentlich ist, ob eine reale oder eine imaginierte Schuld vorliegt.

[4] Hendrika C. Halberstadt-Freud: Die gespaltene Loyalität der Nachkommen nazistischer Eltern und Großeltern: Der Fall Lisa. In: Psyche LXV, Heft 3, März 2011, S. 221.

[5] Ich greife dieses Fallbeispiel mit Absicht auf, weil es sich nicht um eine deutsche Analytikerin und um eine Patientin nicht aus der zweiten, sondern der dritten Generation handelt. Vielleicht eröffnet die sich daraus entwickelnde Perspektive eine unbefangenere Betrachtungs- und Bewertungsmöglichkeit auch der für die zweite Generation typischen Mechanismen.

zu haben. Nichtsdestotrotz hat sie sich lange geweigert, den Spuren ihrer in ihre eigene Biografie hineinragenden *Familien*geschichte nachzugehen: »Ihre Loyalität gegenüber den Eltern und ihre unbewusste Identifizierung mit ihnen hindert sie daran, die Wahrheit in Erfahrung zu bringen. Sie hat das Gefühl, dass sie Erkundungen nicht hinter dem Rücken ihrer Eltern betreiben kann.«[6]

Diese tief sitzende unbewusste Loyalität muss im Verhältnis zu den – ebenfalls unbewussten – Gegenidentifizierungen der Folgegenerationen gesehen werden, die im Fall der 68er-Generation die reinste Ausprägung fand. Das Geheimnis dieses Konflikts ist, dass in komplexen Beziehungssystemen jede Loyalität in gewisser Weise immer die Illoyalität gegenüber einem anderen impliziert. Infolgedessen ist »jeder Loyalitätskonflikt (...) eine Art Überich-Spaltung, die ungeheure Affekte hervorruft«.[7] Der Terminus Überich-Spaltung verweist auf ein nicht nur persönliches Dilemma: Das Überich als eine »Treue und Gehorsam gegenüber einer äußeren Gestalt«[8] verlangende Instanz spielt eben nicht nur für die frühen elterlichen Gebote, sondern auch für die adoleszent erworbenen Werte und Ideale eine zentrale Rolle. Der durch Gegenidentifizierung gestiftete Kosmos eines alternativen Lebens- und Geschichtsentwurfs impliziert den Überich-Konflikt als den zweier Normensysteme. Er beinhaltet, »daß man sich selbst, d.h. bestimmten höchst gestellten Werten und Idealen, die Treue wahren muß: Die Treue-

---

6   Halberstadt-Freud: Die gespaltene Loyalität (wie Anm. 4), S. 224. Wie strukturanalog zur zweiten Generation diese Mechanismen funktionieren, zeigt Lisas Einschätzung ihrer Schuldgefühle: »Ich fühle mich gut mit meinen Schuldgefühlen; ich will ja viktimisiert sein.« (S. 251) Auch die Wahl der jüdischen Analytikerin passt in das von der zweiten Generation vorgelebte Schema der »gefühlten Opfer«. »Diese Patienten«, so Halberstadt-Freud, »suchen Erlösung durch mich. Wenn ich sie frage, ob sie sich für mich entschieden haben, um Absolution ausgerechnet von einer Jüdin zu erhalten, dann geben sie das ausnahmslos zu.« (S. 232f.)

7   Leon Wurmser: Widerstreit im Überich und Identitätsspaltung – die Folgen früh-ödipaler Probleme. In: Jochen Storck (Hrsg.): Über die Ursprünge des Ödipuskomplexes. Stuttgart-Bad Cannstatt 1987, S. 69–108, Zitat S. 98.

8   Ebd., S. 100.

wahrung bedeutet auch hier *Ehre*, die Verletzung dieser Selbstloyalität tiefste Scham.«[9]

Eben dies macht die Logik der Gegenidentifizierung so intrikat. Die unbewusst fixierten Anteile dieses psychischen Notwehraktes binden in analoger Weise wie die von Halberstadt-Freud hervorgehobenen Loyalitäten gegenüber den Eltern. Es geht deshalb immer um einen sowohl persönlichen als auch um einen Konflikt der »Weltbilder«. Die adoleszent, in aller Regel gegen den elterlichen Lebensentwurf erworbene Weltsicht und -bewertung, das heißt die mühsam erworbene autonome »Wertewelt«, steht ebenso zur Disposition wie die identitäre Frage nach der persönlichen Verortung in Geschichte und dem familiär vorgesetzten genealogischen Kontinuum. Die bewussten Identifizierungen »bewachen« mit dem Recht des Ichs die Identität eines Individuums – die sich notwendig und immer wieder im Gestrüpp des Unbewussten verfangen wird.

In diesem komplexen Koordinatensystem ist unsere Frage angesiedelt, was geschieht, wenn sich Gegenidentifizierungen auflösen. Wenn wir davon ausgehen, dass ihre unbewusste Seite ähnliche starke Gravitationskraft besitzt wie die »natürliche« der genealogischen Identifizierung, müssen wir annehmen, dass die Loyalitätskonflikte unausweichlich – und möglicherweise unlösbar sind. So wie Halberstadt-Freud davon ausgeht, die unbewusst wirkende Kraft der Identifikationslinie zu den Eltern und die daraus erwachsende Loyalität verhindere einen realitätsgerechten Blick auf die Geschichte, so muss man komplementär dazu annehmen, die von der Schwerkraft einer nur als schuldbesetzt und beschämend erfahrbaren Geschichte abgenötigte Gegenidentifikation interveniere massiv – und negativ – in das Geflecht familiärer Beziehungen, die für die Identitätsbildung maßgebend sind. Beides schafft in analoger Weise Unglück. »Gegensätzliche Loyalitäten zerreißen das Innere wie wohl kein anderer Konflikt, da Loyalitäten unbedingt sind.«[10]

Ostentative Trennungen von »kontaminierten« Familien als Folge dieser gespaltenen Loyalität hat es im Gefolge von 68 häufig gegeben.

---

[9] Ebd.
[10] Ebd., S. 103.

Sie sind oft über Jahrzehnte aufrechterhalten worden. Ein »happy end« schien aus der Sicht derer, die meinten, den Familien entronnen zu sein, psychologisch wie ethisch ein Ding der Unmöglichkeit. In vielen Fällen wurde die unendliche Kraft der genealogischen Identifikation erst deutlich, als die abgelehnten Eltern starben. Sie wird es nun in neuer Qualität: in dem Maße, wie das eigene Lebensende für die Angehörigen der zweiten Generation zum existenziellen Thema wird. Die Logik der Gegenidentifizierung lässt sich als das dringend benötigte Antidot zum Gift der Abstammung verstehen. Gegen den Fluch der von anderen kontaminierten Existenz stellte man den bewussten Gegenentwurf einer sich mit einer Revolution verwechselnden Revolte gegen die Väter. Seine psychische Wahrheit erfuhr dieser Gegenentwurf freilich aus den Untiefen des unbewussten Wunsches: Der Handlungszusammenhang »68« griff deshalb so erstaunlich nachhaltig in die Geschichte der Bundesrepublik ein, weil er von Kräften getragen wurde, die tiefer wurzelten und weiter reichten als ihren Akteuren klar war. Die Abkoppelung von den Eltern, das Kappen des genealogischen Bandes war der entscheidende Ausdruck des manchmal fast feierlichen Ernstes, der die in vielem sonst eher heitere Revolte begleitete. Der parthenogenetische Entwurf einer ganzen politischen Generation mag als Übergang einer in wesentlichen Bereichen noch strikt autoritär, ja antidemokratisch strukturierten Gesellschaft zu einer zivilen notwendig gewesen sein. Das je persönliche Resultat angesichts eines doppelten Endes – das der Eltern und das bevorstehende eigene – beinhaltet jedoch Peinigendes: In dem Maße, wie die eigene Gegenidentifizierung als, sei es bewusste, sei es unbewusste Strategie der Aufkündigung familiärer Bindungen erfahrbar wird, wird auch die damit gegebene Dimension des Verlusts kenntlich.

Eine entscheidende Dimension jener noch nicht geschriebenen Geschichte der kollektiven Gegenidentifizierung einer Generation bildet das prekäre Verhältnis von Individuum und Gruppe: Gegen die Welt der Väter wurde die Gruppe der Gleichaltrigen mit ihren Idealen gesetzt, ihr galt nun primär die Loyalität. Solange diese Gruppe funktionierte, war die Angst gebunden, die aus der Illoyalität gegenüber den Eltern resultierte; ebenso das der Angst und ihrer Abwehr innewohnende Gewaltpotenzial. Denn Angst und Gewalt sind hinsichtlich der Loyalitätsproblematik komplementär, einander bedingend. Insbesondere für das komplexe Spiel der Gegenidentifizierung sind diese beiden Faktoren konstitutiv. Beide benötigen Containments, die über die Kräfte des Individuums hinausgehen. »Innerhalb einer Gruppe kann Gewalt akzeptiert und nicht so sehr als traumatisch empfunden werden, solange die Gruppe in sich geschlossen bleibt. (…) Mit dem Auflösen der Gruppe entsteht das Trauma.«[11]

Im Fall der 68er-Generation ist das interessante Phänomen zu beobachten, dass Gruppenloyalität nicht an die reale Fortexistenz der Gruppe gebunden ist. Sie existiert als loyalitätsfordernde Macht so lange, wie die Gruppen*normen* vom Individuum als verbindlich akzeptiert werden, mithin so lange die Gegenidentifizierung andere Formen der Identifizierung dominiert. Viele Angehörige dieser Generation verbleiben lebenslänglich in diesem einmal zur Abwehr einer psychisch nicht zu bindenden Bedrohung notwendigen Container. In dem Maße, wie sich die Gegenidentifizierung auflöst, schwindet auch die Loyalität gegenüber dem einst bindenden Gruppenkomment. Entsprechend muss das Angst- und Gewaltcontainment neu geregelt werden.

Nicht die Frage der Gewalt, wohl aber die der Angst steht heute am absehbaren Ende dieses Generationenzyklus. Welche Identifizierungslinien tragen, wenn das psychische Kontinuum, auf das sie einmal gerichtet waren, sich noch einmal einschneidend verändert? Was geschieht, wenn man womöglich erkennen muss, dass der Vater nicht so schuldig war, wie man ihn imaginierte? Aber nun ist er tot, man selber »unversöhnt«. Ohne die Chance, noch die Fragen an ihn zu richten, die man vor langer Zeit über ihn richtend unterbunden hat. Wie steht es mit dem Gefühl zu wissen: Es gibt keine Möglichkeit mehr, das nachzuholen? Was macht es mit einem, wenn man erkennt, dass die Gegenidentifizierung ein geschichtlich auferlegtes Notwehrprogramm war? Was, wenn plötzlich die Erkenntnis kommt, man habe womöglich unter falschen Voraussetzungen, ja man habe »falsch gelebt«?

Für viele Angehörige der zweiten Generation ist dieser Prozess der Auflösung von Gewissheiten, die auf gegenidentifikatorischen Prozes-

---

[11] Paul Verhaeghe: Liebe in Zeiten der Einsamkeit. Wien 2003, S. 204.

sen beruhten, von zentraler Bedeutung für das Bild, das sie von ihrem Leben gewinnen können. Wie sieht am Lebensende die »Bilanz« aus? Welche Gewinne, welche Verluste können erkannt, anerkannt und durchgearbeitet werden? All das ist von entscheidender Bedeutung sowohl für die lebensgeschichtliche Selbstverortung wie die Gestaltung des eigenen Lebensendes als auch für die verbleibenden generativen Möglichkeiten: für das, was an die Nachfolgenden weitergegeben werden kann.

Unsere Gesellschaft hat sich erstaunlich ambivalent mit dem Ende der Zeitzeugen des NS befasst: Es ist sehr früh angesprochen, ja beinahe beschworen worden[12]; umfangreiche Programme für die Sicherung ihrer Zeugenschaft (Video testimonies, transkribierte Interviews, Film- und TV-Sendungen) wurden entwickelt; man hat ihnen prominente Foren geboten. Und doch bleibt der seltsame Geschmack einer Koinzidenz von Erinnerungskultur und Vergessenswunsch. Neben der Tendenz, die Überlebenden als Heilige zu Grabe zu tragen, ist, nicht nur bei den Historikern, das Aufatmen über das Ende des zeitzeugenzentrierten Erinnerungsdiskurses und dem damit möglichen neuen Anfang der Geschichtsschreibung strenger Observanz kaum überhörbar. Es ist heute von Interesse, wie das analoge Problem (in) der Nachfolgegeneration behandelt werden wird: Welches Bild wird von der Generation bleiben,

---

[12] Siehe Kosellecks berühmte Bemerkung: »In der Erforschung des Dritten Reiches vollzieht sich gerade ein schleichender, aber unwiderrufbarer Wandel. (…) Dieser Wandel hat methodische Konsequenzen. Die Augenzeugen schwinden und selbst die Ohrenzeugen sterben aus. Mit der aussterbenden Erinnerung wird die Distanz nicht nur größer, sondern verändert sie ihre Qualität. Bald sprechen nur noch die Akten, angereichert durch Bilder, Filme, Memoiren. Die Forschungskriterien werden nüchterner, sie sind aber auch – vielleicht – farbloser, weniger empiriegesättigt, auch wenn sie mehr zu erkennen oder zu objektivieren versprechen. Die moralische Betroffenheit, die verkappten Stützfunktionen, die Anklagen und die Schuldverteilungen der Geschichtsschreibung – all diese Vergangenheitsbewältigungstechniken verlieren ihren politisch existenziellen Bezug, sie verblassen zugunsten von wissenschaftlicher Einzelforschung und hypothesengesteuerter Analysen.« Das Bemerkenswerte an ihr: Sie stammt aus dem Jahr 1981! Vgl. Reinhart Koselleck: Nachwort zu Charlotte Beradt, Das Dritte Reich des Traums. Frankfurt am Main 1981, S. 117.

die sich auf die Fahnen geschrieben hatte, die Erinnerung an das von ihren Eltern zu verantwortende Verbrechen am Leben zu halten? Das Altern und der Abtritt dieser Generation sollten heute, im Zeichen des absehbaren Endes ihrer kulturellen Hegemonie, ein forcierter Gegenstand des Nachdenkens, der Forschung und Diskussion sein. Denn an diesem Prozess lässt sich paradigmatisch eine entscheidende Weichenstellung der bundesrepublikanischen Geschichte studieren: historisch nicht weniger als sozialpsychologisch. Dabei wird es von entscheidender Bedeutung sein, wie sich die Angehörigen dieser Schlüsselgeneration zu ihrer in ihren jeweiligen Lebensgeschichten manifestierten Generationengeschichte verhalten. Solange sie sich, empört über das – zweifellos existierende – »68er-Bashing«, auf die Position der Unverstandenen zurückziehen, ist kein Erkenntnisgewinn möglich, der sich im Modus einer Selbstreflexion vollziehen könte, die über die individuelle Selbstverortung hinausweist. Eben dies war aber die zentrale Forderung dieser Generation an ihre Eltern – ganz im Sinne eines sinnstiftenden Kontinuitätswunsches, der eben durch die Gewaltgeschichte, an der diese Generation teilhatte, zerstört worden war. Auch wenn es manchem Ohr schrill klingen mag: Ein guter Teil künftigen deutschen Geschichtsbewusstseins, mithin jener Art historischer Selbstreflexion, die die 68er mit Recht von ihren Vorfahren forderten, wird sich daran bilden, wie sich das Ende jener Schlüsselgeneration von 68 diskursiv in den schwierigen Prozess kollektiver demokratischer Identitätsbildung integriert, der prinzipiell nicht abschließbar ist, sondern von der Offenheit solcher Selbstverständigungsprozesse lebt. Einiges wird dabei davon abhängen, inwieweit oder wie sehr historische Akteure bereit und in der Lage sind, den Klärungsbedarf der Nachgeborenen durch Auskünfte zu befriedigen, die nur aus selbstreflexiv-biografischen Perspektiven zu gewinnen sind. Nirgendwo mehr als hier scheint mir die vielbeschworene »Zukunft der Erinnerung« ihren Ort zu haben.

Gudrun Brockhaus

Trauer um den Herrenmenschen

Emotionen und Tabus im NS-Gedenken

1963 schreibt Alexander Mitscherlich, die Debatte um die NS-Vergangenheit sei in Deutschland bisher »nur im Sinne moralischer Anklage und ohne ein tieferes Verständnis dessen, was hier eigentlich vor sich geht«, geführt worden.[1] Mit der *Unfähigkeit zu trauern* wollten Alexander und Margarete Mitscherlich solche Verstehensprozesse anregen.

Dass die Moral dem Verstehen oft entgegensteht, ist eine der Grundeinsichten der Psychoanalyse. »Das Moralische versteht sich von selbst« – unter dieses Motto hatte Ernest Jones seine Freud-Biografie gestellt, der selber diesen Satz von Friedrich Theodor Vischer sehr schätzte.[2] Die Psychoanalyse hat sich vor allem mit den problematischen Auswirkungen unbewusster, der Reflexion unzugänglicher Überich-Forderungen befasst, die in neurotischen Einengungen, Denkhemmungen und Gefühlsbarrieren bestehen.

Die Fortexistenz solcher Affektsperren im Umgang mit dem NS-Erbe konstatierten die Mitscherlichs 1967 mit Verwunderung. Sie erklären sich die Konstanz der Abwehr gegen die Anerkenntnis der eigenen Gefühlsbeteiligung an der NS-Geschichte damit, dass »deren Schuldmoment unerträglich war und ist«. Die Geschichte kann nicht »als Teil der eigenen Geschichte, der eigenen Identität erkannt« werden, weil die Schuldlast »mit unserem für ein Fortleben unerläßlichen Selbstge-

---

1   Brief an Fritz Redlich vom 20.6.1963, zit. nach Tobias Freimüller, Alexander Mitscherlich: Gesellschaftsdiagnosen und Psychoanalyse nach Hitler. Göttingen 2007, S. 296.
2   Ernest Jones: Sigmund Freud. Life and Work. 3 Bde. Hogarth und London 1954-1957. Zur Geschichte und Verwendung des Zitates von Theodor Fischer vgl. Bernhard Schlink: Das Moralische versteht sich von selbst. In: Merkur, 63. Jahrgang, Heft 722 (2009), S. 557-569.

fühl so wenig vereinbar« ist, dass sie nicht integriert werden kann. Das Ausmaß der Schuldlast erzeugt einen »submoralischen Notstand«, aus dem Zuflucht in umfassenden Abwehrprozessen gesucht wird.[3]

Mitscherlichs sprechen von der Generation der Volksgenossen, die die Nazizeit miterlebt haben. Aber ist nicht die Heftigkeit der Streits um eine Verharmlosung der Nazi-Vergangenheit ein Hinweis, dass Probleme mit dem NS-Erbe fortdauern?

Entgegen ihrem eigenen Anspruch wurde *Die Unfähigkeit zu trauern* in der öffentlichen Rezeption zum Inbegriff einer moralischen Forderhaltung und Anklageposition, die sogar zu einer Erweiterung und Verschärfung der moralischen Verpflichtungen geführt hat: nämlich zu einem Gebot, nicht nur öffentlich zu gedenken, nicht nur die Erinnerung an die Verbrechensgeschichte zu befördern, sondern auch ein Gefühl zu empfinden oder zumindest nach außen zu zeigen: Trauer.

Vielleicht ist »Trauer« nicht wirklich zu der zentralen Metapher der deutschen Erinnerungskultur geworden, wie Christian Schneider meint. Sicher ist jedoch, dass die »Parole« von der Unfähigkeit zu trauern in den 1970er bis in die 1990er Jahren eine große Konjunktur hatte.[4]

Wenn man bei google 2011 dieses Stichwort eingibt, zeigt sich die breit gefächerte und nur noch selten auf die NS-Vergangenheit gemünzte Verwendung. »Die Unfähigkeit zu trauern« wird zum Beispiel bezogen auf Wahlverluste der FDP, auf den Soldatentod in Afghanistan, auf die Partei »Die Linke«, die nicht über ihre stalinistische Vergangenheit trauere. Es finden sich kulturkritische Klagen über unsere Unfähigkeit zum Umgang mit Sterben und Tod oder die deutsche Reaktion auf Fukushima.

Die Konjunktur der Metapher ist vorüber, sie wird in beliebigen Kontexten verwendet. Von der *Unfähigkeit zu trauern* blieb nicht die Analyse der deutschen Vergangenheitsbearbeitung, sondern die durch den Titel nahegelegte abfällige und entwertende Kollektivdiagnose der Unfähigkeit und emotionalen Stumpfheit in der Verweigerung einer an-

---

[3]   Alexander und Margarete Mitscherlich: Die Unfähigkeit zu trauern. Grundlagen kollektiven Verhaltens. München 1967, S. 10, S. 31 und S. 58.

[4]   Ulrike Jureit, Christian Schneider: Gefühlte Opfer. Illusionen der Vergangenheitsbewältigung. Stuttgart 2010.

stehenden Trauerarbeit. Bis heute wird die Diagnose zur moralischen Disqualifizierung verwendet.

Die Forderung nach Trauerarbeit ist – am genauesten und einsichtigsten von Christian Schneider – scharfer Kritik unterzogen worden. Unter anderem heißt es, Trauer sei nicht zu verordnen, die Forderung nach Trauer um die jüdischen Opfer leugne das Fehlen einer Bindung an die jüdischen Mitbürger und den verbreiteten Judenhass. Trauer sei eine spontane Reaktion auf eine persönliche Verlusterfahrung, ein individuell und unterschiedlich ablaufender Prozess, und könne nicht als Modell für das öffentliche Gedenken an die Opfer dienen. Schneider argumentiert, dass Trauer ein lytischer Prozess mit dem Ziel des Vergessens und insofern der Erinnerung entgegengesetzt ist – während die Mitscherlichs häufig Trauer und Erinnerung synonym verwenden.

Im Gebrauch der »Unfähigkeit zu trauern« als Parole wird Trauer als eine Bußleistung betrachtet, die man in quantitativ und qualitativ angemessener Form abzuleisten hat.

Die Mitscherlichs legen in einer Vielzahl unglücklicher Formulierungen dieses Verständnis nahe. Sie sprechen zum Beispiel von »adäquater Trauerarbeit«, von der »moralischen Pflicht«, um die Opfer zu trauern.[5] Jedoch ist die Verwendung des Begriffs Trauer durchaus sinnvoll, wenn wir uns mit Genoziden konfrontiert sehen.

Hat nicht die Verunsicherung und Erschütterung, die wir angesichts von Verbrechen gegen die Menschlichkeit erleben, auch einen Trauerprozess zur Folge? Wir müssen den Glauben an die Verlässlichkeit basaler Grundlagen menschlichen Zusammenlebens als Illusion erkennen, von der wir uns lösen müssen.[6] Und – näher an der deutschen Erfahrung – wir müssen uns trennen von der Vorstellung einer guten, moralisch akzeptablen kollektiven Vergangenheit, eine schmerzhafte und mit Trauer verbundene Verabschiedung einer wichtigen, Identität schützenden Vorstellung?[7]

---

[5] Mitscherlich, Mitscherlich: Die Unfähigkeit zu trauern (wie Anm. 3) S. 35.

[6] Vgl. Jörn Rüsen: Historisch trauern – Skizze einer Zumutung. In: Burkhard Liebsch, Jörn Rüsen: Trauer und Geschichte. Köln/Weimar/Wien 2001, S. 63-84.

[7] Hermann Beland: Kollektive Trauer – Wer oder was befreit ein Kollektiv zu

Auch die Anwendung des Trauerbegriffs auf den Umgang mit dem Nazi-Erbe ist zu verteidigen. Die Kritik argumentiert, es habe in Bezug auf die Opfer des Holocaust für die »Volksgenossen« nicht die Erfahrung eines schrecklichen und extrem schmerzlichen Verlustes gegeben, was natürlich stimmt. Mit der Nazizeit ging für viele Deutsche jedoch etwas unwiederbringlich verloren, was vorher eine große Rolle im psychischen Haushalt gespielt hatte: die grandiose Erfahrung von eingeborener »arischer« Überlegenheit inklusive der Erlaubnis zur Degradierung des als minderwertig oder unwert Definierten. Auf diese grandiosen Selbstanteile bezog sich die Mitscherlichsche Erwartung von Trauer bei den Nachkriegsdeutschen.

Die allmähliche Auflösung der Gefühlsbindung an Hitler und das, wofür er stand, wäre der erste notwendige Schritt gewesen, erst danach hätte um die Opfer getrauert werden können. Die »Rangordnung dieser psychischen Prozesse«[8] wird von den Mitscherlichs klar benannt.

»Als Anlaß zur Trauer wirkt (…) nicht nur der Tod Adolf Hitlers als realer Person, sondern vor allem das Erlöschen seiner Repräsentanz als kollektives Ich-Ideal. Er war (…) ein inneres Objekt. Als solches repräsentierte und belebte er aufs neue die Allmachtsvorstellungen, die wir aus der frühen Kindheit über uns hegen.«[9] Anlass zur Trauer war nach 1945 der Zusammenbruch dieses inneren Objektes, das die narzisstischen Grandiositätsphantasien beinhaltete. Es wäre darum gegangen, »dass wir auch Hitler in uns selbst assimilieren« und damit »fortschreitend überwinden können«.[10]

In der Rezeption der *Unfähigkeit zu trauern* ist inzwischen nur von der narzisstischen Liebe zum Führer die Rede. Darüber wurden die – noch heute herausfordernden – Formulierungen übersehen, in denen die Mitscherlichs das Individuum und seine Eigenverantwortung für den

---

seiner Trauer? In: Franz Wellendorf, Thomas Wesle (Hrsg.): Über die (Un) Möglichkeit zu trauern. Stuttgart 2009, S. 243-262. Vgl. auch das Bemühen um einen Begriff historischer Trauer. In: Liebsch, Rüsen: Trauer und Geschichte (wie Anm. 6).

[8] Mitscherlich, Mitscherlich: Die Unfähigkeit zu trauern (wie Anm. 3), S. 35.
[9] Ebd., S. 34f.
[10] Ebd., S. 60 FN.

hemmungslosen Genuss narzisstischer Regression während der Nazizeit in den Mittelpunkt rücken. Die Trauer gilt dem Verlust des eigenen früheren Selbst: »Unser Ich war in der Vergangenheit unserem Narißmus zu Diensten. Das narzißtische Objekt, das wir verloren haben, war in der Vorstellung von uns selbst als Herrenmenschen zentriert«[11]; »es war herrlich, ein Volk der Auserwählten zu sein«[12], »einer Herrenrasse anzugehören, die nicht an die Beschränkung des Gewissens gebunden war«.[13]

Nach dem Untergang des »Dritten Reiches« wäre zu erwarten gewesen, dass die Deutschen um den Verlust ihres Herrenmenschen-Selbst getrauert hätten, um die in der NS-Zeit gelebten Größenphantasien.

Die Trauer setzt voraus, dass uns klar vor Augen steht, wovon wir uns lösen müssen.[14] Das hätte bedeutet, sich in der Partizipation an Grandiosität, an Gewalt, in »unsere(r) Fähigkeit zu ebenso törichtem wie tödlichem Haß«[15] wiederzuerkennen. Oder wie es in Mitscherlichs radikalster Formulierung lautet: Wir müssten »die Einfühlung in uns selbst erweitern, so daß wir uns in jenen Szenen wiedererkennen«, in denen wir uns als Herrenmenschen gebärdeten und »in den entsetzlichen, in denen 100, 500 oder 1000 Leichen vor uns lagen – Leichen von uns Getöteter. Das würde eine einfühlende, nachfühlende Anerkennung der Opfer lange nach den Schreckenszeiten bedeuten.«[16]

Die Einfühlung in sich selbst und die allmähliche Ablösung von dem, was man in sich an grandiosen und destruktiven Wünschen findet, würde auch die Einfühlung in andere ermöglichen. Dass der Einfühlung in andere die Fähigkeit zur Empathie mit seinen eigenen dunklen Seiten vorangehen muss, entspricht der therapeutischen Alltagserfahrung. Diese Rangfolge wird auch bestätigt durch Erinnerungen von NS-Zeitzeugen oder autobiographische Berichte über die schmerzhafte Ablösung von der Bindung an die NS-Ideologie und an idealisierte Führer.

---

[11] Ebd., S. 83.
[12] Ebd., S. 25.
[13] Ebd., S. 32.
[14] Ebd., S. 82.
[15] Ebd., S. 84.
[16] Ebd., S. 83.

So schildert Klaus Dörner, der in Deutschland die Auseinandersetzung mit der NS-Geschichte der Psychiatrie angestoßen hat, dass erst die »Selbstwahrnehmung meiner NS-Prägung und die Identifizierung mit den Tätern« die Voraussetzungen für die Annäherung an die Opfer geschaffen habe. Und auch er sieht diese Reihenfolge als unabdingbar an: »Erst wenn wir Bürger uns probeweise mit den NS-Tätern-Bürgern zu identifizieren versucht haben, besteht überhaupt die Chance, dass wir auch den Blick für die Opfer (…) riskieren können.«[17]

Die Mitscherlichs schätzen die Chancen für eine solche Einfühlung in die eigene Herrenmenschen- und Gewaltaffinität als gering ein: »Unsere Hoffnung ist schwach.«[18] Diese Skepsis rührt aus ihrer Erfahrung als klinische Praktiker mit den begrenzten Möglichkeiten der Menschen, massive Entwertungen zu ertragen. Denn es war zu beschämend, nach Niederlage und Aufdeckung der Verbrechen die Nazi-Anteile in sich anzuerkennen. Es wurde nicht getrauert, weil die narzisstische Entwertung zu selbstvernichtend gewesen wäre.

Bereits die These der Notwendigkeit von Trauer um das Liebesobjekt Hitler ist als moralische Provokation empfunden worden. Die These, dass die Trauer »uns selber als Herrenmenschen«[19] hätte gelten sollen, hätte das NS-Regime nicht nur über die Gefühlsbindung an Hitler nahegerückt, sondern auch als eigenes, ganz persönliches Projekt prägnant werden lassen. Darin aber wollte sich niemand wiedererkennen.

Der immensen Herausforderung einer intensiven Annäherung an die Täter konnten auch die Mitscherlichs selber nicht standhalten. So lässt sich verstehen, dass Mitscherlichs sich in der *Unfähigkeit zu trauern* von dieser Position zurückziehen und plötzlich eine selbstverständliche »moralische Pflicht, Opfer unserer ideologischen Zielsetzung mit zu betrauern«, betonen.[20]

---

[17] Klaus Dörner: Tödliches Mitleid. Zur Sozialen Frage der Unerträglichkeit des Lebens. Münster 2002, S. 15 und S. 23.

[18] Mitscherlich, Mitscherlich: Die Unfähigkeit zu trauern (wie Anm. 3), S. 84.

[19] Ebd., S. 83.

[20] Ebd., S. 35. Die logischen Widersprüche im Text, der Übergang von Analyse in moralische Anklage, und insbesondere der rapide Wechsel von einem sich selber eingemeindenden »wir Deutsche« zu einem abschätzigen »Ihr« lassen

Das Tabu einer Trauer um die Anteile des Größenselbst, deren Ausleben der Nationalsozialismus geduldet und befördert hatte, konnte schon im Buch nicht durchbrochen werden. Diese Teile der *Unfähigkeit zu trauern* wurden nicht rezipiert, es blieb die moralische Anklage, die sich vor allem – so die These von Jureit und Schneider – die 68er-Generation zu Nutze machte, um sich zu salvieren.

Kontinuitäten im Umgang mit der NS-Geschichte bei den 68ern

Die Erlebnisgeneration entfernte mit der Verleugnung der eigenen Gefühlsbeteiligung an den Machtpraktiken des Regimes, mit dem Sich-Nicht-Wiedererkennen in der Herrenmenschenattitüde auch einen Teil der eigenen Identität. Deshalb war die Forderung der Mitscherlichs, die Verbrechensgeschichte »als Teil der eigenen Geschichte, der eigenen Identität« anzuerkennen, nicht eine von außen herangetragene moralische Forderung. Aber wie ist es mit den Nachgeborenen, die nicht selber Duldung, Mitmachen, Täterschaft zu verantworten hatten? Wie ging die Nachkriegsgeneration, aus denen sich die 68er rekrutierten, mit der NS-Erbschaft um?

Christian Schneider übernimmt von Norbert Elias eine Wunschvorstellung für die Zukunft: angesprochen auf Hitler selbstbewusst und gelassen sagen zu können: »Hitler? Ja gewiß, das war einmal. Aber heute sind wir anders.«[21] Und eben das konnten die Angehörigen der Nachkriegsgeneration keinesfalls glaubhaft sagen. Ihnen misslang die Trennung von der NS-Geschichte, wie dramatisch sie auch die Distanzierung von der eigenen Zugehörigkeit inszenieren mochten.

---

sich als Resultat des Dilemmas zwischen der Erkenntnis der Unmöglichkeit und der Einsicht in die absolute moralische Notwendigkeit der Trauer um die Opfer verstehen. Dazu ausführlich Gudrun Brockhaus, Die Unfähigkeit zu trauern als Analyse und als Abwehr der NS-Erbschaft. In: Dies. (Hrsg.): Ist Die Unfähigkeit zu trauern noch aktuell? Eine interdisziplinäre Diskussion. In: psychosozial 3 (2008), S. 29-40.

[21] Jureit, Schneider: Gefühlte Opfer (wie Anm. 4), S. 155.

Nach Christian Schneider katapultierte sich die 68er-Generation aus ihrer Herkunft heraus, sie kappte die Verbindung zu der Nazielterngeneration und suchte sich neue Eltern in den jüdischen Reemigranten, vor allem den Vertretern der Kritischen Theorie, deren Erfahrung des Entronnen-Seins Theodor W. Adorno am prägnantesten formuliert hatte. Die 68er-Generation »meinte in ihrer Opferidentifizierung eine Erfahrung mit ihm zu teilen, die sie indessen nie gemacht hatte. Sie fühlte sich – und inszenierte sich – als die Alterskohorte der ›Entronnenen‹ – und meinte, daraus das Privileg einer unangreifbaren Sprecherposition ableiten zu können.«[22]

Die Opfer-Identifizierung habe Sicherheit geschaffen, auf der anderen, richtigen Seite zu stehen, Selbstzweifel erspart und ermöglicht, die eigene aggressive moralische Unerbittlichkeit als bloße Verteidigung der Opfer umzudeuten. Dieser Rettungsversuch in die räuberische Aneignung einer unschuldigen Opfer-Identität ist jedoch nur wenigen gelungen, die erwünschte Sicherheit stellte sich für die meisten nicht ein.

In der Öffentlichkeit beherrschte sicher die erbarmungslose Vater-Anklage das Bild der Generationenauseinandersetzung. Einigen gelang auch die Inszenierung von sich selber als Opfer der Nazi-Mörder-Eltern.[23] Charakteristischer für die 68er-Generation scheint jedoch die fehlende Auseinandersetzung mit den konkreten Eltern, die ersetzt wurde durch die paranoide Faschismus-Analyse, die die Wiederkehr des Faschismus überall und jederzeit fürchtete, sowie eine durchdringende Intellektualisierung und generalisierte Gefühlsabwehr, die auch Trauer und Selbstmitleid tabuisierte.

Diese Abwehr ließ die innere Nähe und Loyalität zu Eltern, Lehrern, verehrten Autoritäten, die Mitläufer oder gar Täter gewesen waren, unangetastet. Bestehen blieb auch die tiefe Verbundenheit mit deutscher

---

[22] Ebd., S. 166.

[23] Als extremstes Beispiel für diese Selbstinszenierung als Opfer der mörderischen Nazi-Eltern kann Wolfgang Leuschner: Kriegskinder und ›68‹, in: Psyche 60 (2006), Heft 4, S. 370-74 angeführt werden. Zur Auseinandersetzung mit dieser Position Gudrun Brockhaus: »›Was ich (mir) nie verzeihen werde‹ – Deutungskampf um die ›68er‹«. In: Ästhetik & Kommunikation 140/141, 39. Jg., 2 (2008), S. 159-171.

Sprache und Kultur. Daneben auch die mehr oder weniger große Angst vor der psychischen Erbschaft. Daraus resultierte ein dumpfes Gefühl des selber Beschmutztseins, der Unmöglichkeit einer Befreiung aus dem Schulderbe. Dessen Gegenwärtigkeit wurde einem spätestens im Kontakt mit Überlebenden deutlich. Ihr fortdauerndes Leid, ihre Traumata machten die NS-Vergangenheit zu realer Gegenwart. Sie hatten *jetzt* Angst auch vor den Nachgeborenen, fürchteten das Nachwirken der NS-Ideologie bei »Hitlers Children«,[24] glaubten nicht an deren Antifaschismus.

Oft ist die Rede von den »entlehnten Schuldgefühlen« der zweiten Generation, die an Stelle der auf ihrer Unschuld beharrenden Elterngeneration die Schuldgefühle übernommen hätten.[25] Aber die zweite Generation war durch die Bindungen an die Elterngeneration und ihre Identifikationen mit dem Kollektiv selber zu einem Teil der Schuldgeschichte geworden. So gilt das Argument der Mitscherlichs – die Verbrechen gegen die Menschlichkeit der NS-Zeit enthielten eine zu große Schuldlast, als dass sie emotional getragen werden konnte – auch für die Nachgeborenen. Die Manöver der Nachkriegsgeneration zur Entsorgung dieses Schulderbes nahmen nur andere Gestalten an als bei der NS-zeitgenössischen Generation.

Die meisten haben den Weg gewählt, die Nazizeit überhaupt nicht in ihrer Bedeutsamkeit wahrzunehmen und keine Bezüge zur eigenen Identität herzustellen.

Die schon angedeutete Variante, auf die Seite der Opfer überzulaufen und der Nähe zu der Täter-Mitläuferseite durch eine Umdefinition der eigenen Identität zu entgehen, schien für viele einen Ausweg zu bieten,

---

[24] So bezeichnet Jillian Becker: Hitlers Children. Philadelphia, New York 1977 die RAF-Angehörigen. »Die ›68er‹ gelten als die ›bösen und kaltherzigen Verfolger‹, die eigentlichen ›Kinder Hitlers, die Nazis von heute‹. Wenn sie nicht offen schon immer antisemitisch waren, so ist ihr Antisemitismus bloß im Philosemitismus versteckt.« Leuschner: Kriegskinder und ›68‹ (wie Anm. 13), S. 374.

[25] Vgl. zum Beispiel Friedrich-Wilhelm Eickhoff: Über das »entlehnte unbewusste Schuldgefühl« als transgenerationellen Übermittler missglückter Trauer. In: Sigmund Freud House Bulletin, Bd. 10, 1986, Heft 2, S. 14-20.

die inneren Gefühlsstürme zu beruhigen. Sie machten sich zu Anwälten der jüdischen Opfer,[26] beschäftigten sich obsessiv mit Antisemitismus und lehnten die Beschäftigung mit der Täterseite als bloße Entschuldungspraxis ab. Diese Selbstverortung auf der Opferseite wirkt ambivalenzfrei und selbstgewiss; die Positionen dieser Opferanwälte zu gesellschaftlichen Fragen sind immer eindeutig und voraussehbar.

Unmögliche Gefühle

Die Anwälte der Opfer behaupten, Gefühle nicht zu kennen, für die man sich schämen und schuldig fühlen muss:

- Der heftige Neid auf rassisch oder politisch Verfolgte, die sich nicht mit einer Schuldgeschichte herumschlagen mussten. Er wird schon von Mitscherlichs als die Nachkriegsdeutschen beherrschendes Gefühl beschrieben: »Neid auf die größere Schuldlosigkeit«;[27]
- Selbstmitleid mit unserem schweren Schicksal als Nazikinder und Zorn, in der Opferkonkurrenz mit den Nachfahren der Opfer nicht antreten zu dürfen;[28]
- Wechsel von Anbiederungsverlangen, masochistischer Unterwerfungsbereitschaft und aggressiven Versöhnungsforderungen gegenüber Juden und Jüdinnen;[29]
- Verleugnungswünsche gegenüber der NS-Involvierung geliebter und geachteter Personen;[30]

---

[26] Die anderen Opfergruppen blieben unvertreten.

[27] Hier sind die Emigranten gemeint. Mitscherlich, Mitscherlich: Die Unfähigkeit zu trauern (wie Anm. 3), S. 68.

[28] Zu diesem Verbot Kurt Grünberg: Vom Banalisieren des Traumas in Deutschland. In: Kurt Grünberg, Jürgen Straub (Hrsg.): Unverlierbare Zeit. Psychosoziale Spätfolgen des Nationalsozialismus bei Nachkommen von Opfern und Tätern. Tübingen 2001, S. 181-221.

[29] Raffael Moses, Friedrich-Wilhelm Eickhoff (Hrsg.): Die Bedeutung des Holocaust für nicht direkt Betroffene. In: Jahrbuch der Psychoanalyse. Beiheft 14. Stuttgart-Bad Cannstatt 1992.

[30] Gertrud Hardtmann: Die Schatten der Vergangenheit. In: Martin S. Berg-

- Wut auf alle, die sich der Verantwortung entzogen oder sich eine unbelastete Familienvergangenheit zulegten;
- Angst und Hilflosigkeit in der Konfrontation mit dem unverbrüchlichen Hass und der Ablehnung durch NS-Opfer, aber auch Wut und Racheimpulse, sich einer Anklage nicht entziehen zu können, sich alle Vorwürfe ohne Verteidigungsmöglichkeit gefallen lassen zu müssen. Denn wie könnte ein Nachfahre der Täter und Mitläufer gegen das Leid eines Überlebenden antreten mit seinen durch keine Leidensgeschichte authentifizierten Argumenten?

Aus der moralischen Unmöglichkeit dieser Gefühle – insbesondere der aus einem Ohnmachtsgefühl resultierenden Wut gegenüber den Anklägern und den Opfern – ergibt sich ein sehr starker Impuls zu ihrer Verleugnung. Der meist gehässig verwendete Ausdruck »Gutmenschen« zeigt aber, dass die völlige Aggressionsfreiheit dieser Menschen nicht glaubhaft wirkt.

Die Verleugnung dieser politisch wie moralisch unakzeptablen Gefühle wird durch ihre Tabuisierung in der Öffentlichkeit gestützt, verstärkt durch Gesetze, die den Umgang mit der NS-Vergangenheit weit stärker als bei anderen umstrittenen Themen normieren. Die Rituale der Erinnerungskultur in der BRD befolgen strikte Regulierungen des korrekten Gedenkens, die nicht nur die richtige Wortwahl, sondern sogar eine bestimmte Gestik und Mimik vorschreiben. Normalerweise dienen Rituale gerade der Entlastung von einem persönlichen emotionalen Einsatz – aber bei dem NS-Gedenken ist die Darstellung als authentisch wirkender Gefühle gefordert. Die Rituale werden einer scharfen Kritik unterzogen, sie gelten als »entleert«. Die Authentizitätsforderung selbst für öffentliche Rituale ist vielleicht wirklich der »Unfähigkeit zu trauern« zuzurechnen.[31]

Die engen Grenzen des Tabus werden auch von den Medien einge-

---

mann, Milton C. Jucovy, Judith S. Kestenberg (Hrsg.): Kinder der Opfer. Kinder der Täter. Psychoanalyse und Holocaust. Frankfurt am Main 1995, S. 239-264.

[31] So ist Walser vielleicht erst auf die Idee gekommen, seine persönliche Not mit dem NS-Gedenken in einer öffentlichen Feier zu präsentieren.

halten: Der Entertainer Harald Schmidt kann die übelsten rassistischen Polenwitze machen – aber den »Nazometer«, mit dem er sich lustig machen wollte über die Angst, NS-Sprache zu benutzen, musste er gleich wieder abbauen.[32] Auch im Schulunterricht wird den SchülerInnen fast ausschließlich die Opferperspektive nahe gebracht. So monierte ein Schüler in einer Interview-Studie den Unterricht zum Thema Nationalsozialismus und Holocaust: »Wir erfuhren nichts über das Topleben der Arier!«[33]

Diese Beschreibung könnte wie eine Kritik der Rituale im öffentlichen Gedenken erscheinen oder gar als ein Plädoyer für ihre Abschaffung. Das Gegenteil ist der Fall: die Rituale halte ich für sehr wertvoll und die Kritik mit ihrer Idealisierung von Authentizität auch im öffentlichen politischen Raum für extrem problematisch.[34] Sehr viel unnötiger ist die Beteiligung der Wissenschaft an der Aufrechterhaltung von Tabugrenzen, zum Beispiel indem die Geschichtswissenschaft den Nationalsozialismus auf den Holocaust hin engführt. Insbesondere finde ich sehr schade, wie wenig die Psychoanalyse sich darum bemüht hat, die politisch unkorrekten Gefühle benennen und bearbeiten zu können. Die Psychoanalyse – mit Recht stolz auf ihre Übung in Selbstreflexion und Konfrontation mit Leidenschaft und Destruktivität – ist in völliger Verleugnung ihrer eigenen zentralen Anliegen in die Position der schärfsten Moralisten und Ankläger eingerückt.[35]

---

[32] Vgl. zum Beispiel Welt Online, 13. Nov. 2007, http://www.welt.de/fernse hen/article1360668/Schmidt-und-Pocher-ziehen-Nazometer-zurueck.html (letzter Zugriff: 20.3.2012).

[33] Über diese Studie Gudrun Brockhaus: »Bloß nicht moralisieren!« Emotionale Prozesse in der pädagogischen Auseinandersetzung mit dem Nationalsozialismus. In: Einsichten und Perspektiven 1 (2008), S. 30-36.

[34] Wesel benennt vier auf andere Weise nicht herstellbare Funktionen von politischen Ritualen: »Integration/Gemeinschaftsstiftung trotz der/gegen die Geschichte; Sühne/Buße, und sei es durch Stellvertretung; Problemverschiebung durch Auslagerung oder Delegation, und Herstellung von Einigkeit ohne Konsens.« Reinhard Wesel: Gedenken als Ritual: Zum politischen Sinn ›sinnentleerter Rituale‹. In: Wolfgang Bergem (Hrsg.): Die NS-Diktatur im deutschen Erinnerungsdiskurs. Opladen 2003, S. 17.

[35] 2010/2011 ist in der renommiertesten psychoanalytischen Fachzeitschrift

Für den einzelnen bedeutet dies alles, dass es keine Unterstützung für die Bearbeitung von beschämenden, moralisch unakzeptablen Gefühlen gibt. Die persönliche Not, aus den Abgründen von Schuldgefühl, Neid und Wut nicht herausfinden zu können, bleibt unbenannt und unbearbeitet. Sie erklärt jedoch viel von den Spiralen von Fehlleistungen, die wir in den NS-Debatten erleben. Sehr häufig reagieren die wegen Entschuldung oder Verharmlosung Angegriffenen – zum Beispiel Grass oder Walser – mit Verteidigungen, die den Angreifern Recht geben und weit unter ihrem üblichen Argumentationsniveau liegen. Darin zeigt sich, wie viel an Gefühl man meinte nicht zeigen zu können.[36]

Psyche der Psychoanalyse-Historiker Michael Schröter wegen seiner historisierenden Position in Bezug auf die NS-Geschichte der Psychoanalyse von vier PsychoanalytikerInnen in einer extremen Weise moralisch-politisch diffamiert worden.

[36] Man hat sehr gelacht über Walsers Formulierungen, er »zittere vor Kühnheit« bei seiner Rede, in der er das Zuviel an öffentlicher Präsentation der Verbrechensgeschichte des NS kritisierte. Aber die Angst, ausgegrenzt und als Nazisympathisant und Schlussstrichzieher abgestempelt zu werden, hat doch eine sehr reale Grundlage – jedenfalls trägt Walser seither diese Etikette und sein Engagement für die Aufarbeitung der NS-Vergangenheit zur Zeit der Auschwitz-Prozesse ist völlig vergessen. Ähnliche Abwertungen wurden gegenüber Grass, Schlink, Mommsen, Broszat sowie gegenüber den psychologisch-psychoanalytischen Texten über die NS-Erbschaft von von Westernhagen, Eckstaedt, Moser geäußert. Im Verlag gab es ängstliche Bedenken, mein Buch über die Anziehungskräfte des Nationalsozialismus zu veröffentlichen – man gab es als Sorge um mich aus: wie würde ich es aushalten, als Nazi-Sympathisantin an den Pranger gestellt zu werden? Die Ausstellung über Hitler-Darstellungen wird zurückgezogen – sie wäre misszuverstehen als Einverständnis mit der NS-Propaganda. Die Nürnberger Ausstellung »Faszination und Gewalt« wählte nach schlechter Anfangspresse den Ausweg, jedes Bild der Massenbegeisterung mit einem KZ-Foto zu konterkarieren. Es ließen sich viele weitere Beispiele für eine ängstliche Unterwerfung unter den Verharmlosungsverdacht finden.

Wohin mit den unpassenden Gefühlen?

Außer mit einer völligen Verleugnung lassen sich die eigenen Ambivalenzen auch projektiv entsorgen: Sie werden bei den »Entschuldern«, »Verharmlosern«, »sekundären Antisemiten« untergebracht und aggressiv verfolgt.

Sind nicht der unerbittliche moralische Rigorismus, die Entlarvungssucht, die enorme Häme und Schadenfreude, wenn moralische Autoritäten gestürzt werden können – wie Grass, Jens, Mommsen – Anzeichen des Scheiterns, entronnen zu sein? Zeigt sich nicht in dem lauten Getöse dieser Entlarvungen, dass ein Selbstverdacht übertönt werden muss?

Die schärfsten Reaktionen, die selbstgewissesten Anklagen kamen nicht von den Überlebenden, nicht von Seiten der Opfer, sondern von den Angehörigen der Nachfolgegenerationen. Die größten Eiferer scheinen mir dabei nicht-jüdische Deutsche zu sein, die sich zu Sprechern der jüdischen Opfer machen.

Die Abwehr eigener Ambivalenzen und der Narzissmus kleiner Differenzen würden für mich auch erklären, warum der stärkste Hass – aber auch leidenschaftliches Interesse – nicht etwa wirklichen Neonazis oder unverbesserlichen Alt-Nazis gilt, sondern gerade denen, die sich selber mit der Nazi-Zeit und ihren moralischen Antinomien auseinandersetzen. Die Hauptangriffe gelten denen, die Empathie oder Nähe zu der Verbrechensgeschichte herzustellen versuchen; immer wieder wird dann der Nachweis geführt, dass sich hinter der Annäherung an die NS-Geschichte die Einebnung moralischer Kriterien, bloße Entschuldungsabsichten und die eigene Nähe zur Täterschaft verbergen.[37]

In den NS-Debatten finden sich Verurteilungen von einer Schärfe und einer Extremität, die den Boden einer argumentativen Auseinandersetzung verlassen haben. Offenbar ohne Bedacht beziehungsweise sogar mit bestem Gewissen werden Diffamierungen ausgesprochen, die den

---

[37] Ich folge in der Beschreibung der Aufspaltung der deutschen Intellektuellenszene in zwei sich bekämpfende Lager der Analyse von Dirk Moses: German Intellectuals and the Nazi Past. Cambridge 2007.

Ruf und das soziale Ansehen von Personen beschädigen, wenn nicht ruinieren können. Schließlich sind Antisemitismus, Parteinahme für die NS-Täter, Entschuldung des Holocaust die am schärfsten geächteten und für untolerierbar erklärten Haltungen. Dennoch werden solche Vorwürfe laufend erhoben.[38]

Zum Schluss ein paar Überlegungen zur Gegenwart

War bisher nicht nur von Phänomenen die Rede, die der Vergangenheit angehören? Hat sich die Gedenkkultur nicht stark diversifiziert, ist nicht mit der rasanten Globalisierung die Fixierung auf das besondere deutsche Erbe hinfällig? Das Abtreten der 68er-Generation, das Sterben der Zeitzeugen, das Verblassen der NS-Geschichte neben zeitlich näheren Diktatur-Erfahrungen – viele Entwicklungen sprechen dafür, dass sich die emotionalen Fixierungen auf die Tätererbschaft gelöst haben.

Zumindest im öffentlichen Gedenken scheint seit Ende der 1980er Jahre eine große Veränderung eingetreten zu sein. In den Äußerungen des damaligen Kanzlers Schröder findet sie beredten Ausdruck. Schröder sprach 1998 von dem »Generationswechsel im Leben unserer Nation« und schrieb der Bundesrepublik »das Selbstbewusstsein einer erwachsenen Nation« zu, »die sich der Geschichte und ihrer Verantwortung stellt, aber bei aller Bereitschaft, sich damit auseinander zu setzen, doch nach vorne blickt«.[39] Hier kann ich keine problematischen, schwierigen Gefühlskonflikte mehr entdecken.

Die NS-Geschichte scheint wirklich unendlich weit weg, hat anschei-

---

[38] Die emotionalen Flieh-Kräfte sind so groß, dass wirkliche Denkhemmungen die Folge sind. In der NS-Forschung gibt es kaum eine Haltung offener Neugier. Vgl. Gudrun Brockhaus: Schauder und Idylle. Faschismus als Erlebnisangebot. München 1997, vor allem das Kapitel NS-Forschung im Netz biographischer Verstrickungen, S. 146-165.

[39] Gerhard Schröder: »Weil wir Deutschlands Kraft vertrauen«. Regierungserklärung des Bundeskanzlers vom 10. November 1998. http://www.media culture-online.de/Politische-Rhetorik.139+M51bb7ca77e7.0.html (letzter Zugriff: 20.3.2012).

nend gar nichts mehr mit einem persönlich zu tun.[40] Es ist keine Trennung von der NS-Geschichte erforderlich, weil nicht einmal mehr der Gedanke einer Nähe zu der Verbrechensgeschichte auftaucht. Deshalb ist die Beschäftigung mit dieser Geschichte mit keinerlei moralischen Dilemmata beschwert.

Man kann dann auch ein Holocaust-Mahnmal bauen lassen als »einen Ort, an den man gerne geht«. Die Entscheidung wird möglich, weil das Mahnmal keine Herausforderung mehr darstellt. Nun können Einschätzungen politischer Opportunität, Vorteile in der außenpolitischen Imagepflege das Ja bestimmen.

Die eindeutige Opferorientierung der gegenwärtigen Gedenkkultur scheint mir aus diesem Grund als nicht so problematisch wie für Ulrike Jureit und Christian Schneider: Die Opfer werden für die Nachgeborenen der dritten und vierten Generation nicht mehr mit einem Schuldvorwurf identifiziert, der wiederum die beschriebenen Abwehrprozesse hervorruft. Deshalb können sich Empathie und Mitgefühl sehr viel ambivalenzfreier entwickeln und darüber kann durchaus ein Zugang zur NS-Geschichte gefunden werden.

Diese Form des Bezugs auf die Opfer ist jedoch keine wirkliche Identifikation, denn für die Jugendlichen besteht nicht die emotionale Not, die einen dazu bringen könnte, sich auf der Seite der Schwachen, der Verlierer und Opfer verorten *zu wollen*. Die Identifikation mit den Opfern – damit auch mit ihrer Hilflosigkeit und Ohnmacht – kann nur dann überhaupt zu einem Wunsch werden, wenn man weiß und fühlt, dass man eigentlich auf der Täterseite verortet ist und glaubt, sich durch die Annäherung und Vereinnahmung der Opfer auf die Seite der Schuldlosen retten zu können.

---

[40] Die dritte Phase im Umgang mit der NS-Vergangenheit sieht Rüsen ganz im Gegenteil zu meiner Position durch den nun endlich möglichen persönlichen Bezug auf die Täterschaft geprägt. Jörn Rüsen: Holocaust-Erfahrung und deutsche Identität. Historische Überlegungen zum Generationswandel im Umgang mit der Vergangenheit. In: Liliane Opher-Cohn, Johannes Pfäfflin, Bernd Sonntag, Bernd Klose, Peter Pogany-Wnendt (Hrsg.): Das Ende der Sprachlosigkeit? Auswirkungen traumatischer Holocaust-Erfahrungen über mehrere Generationen. Gießen 2001, S. 71-84.

Und diese Not sehe ich zwar in meiner, das heißt der zweiten Generation, aber sie dominiert nicht mehr die Gefühle der dritten und inzwischen vierten Generation. Das zeigte sich deutlich in der bereits zitierten Interview-Studie mit bayerischen SchülerInnen und LehrerInnen.[41] Diese Studie belegte aber auch die Fortexistenz eines emotionalen Bezugs auf die deutsche »Ehre«: Schüler wie Lehrer reagieren mit Ärger, Wut, Empörung, Selbstmitleid und Racheimpulsen, wenn sie mit der NS-Geschichte – zum Beispiel durch türkische Mitschüler, durch ausländische Gäste – konfrontiert oder gar als deutsches Kollektiv angeklagt werden. Weggefegt ist alle Gelassenheit, alle vorher geäußerte Empathie mit den Opfern: Man selber hat doch nichts getan, es ist alles ewig her, welche Gemeinheit und Unverschämtheit, einen anzuklagen, nur weil man Deutscher ist. Die Türken sollen sich doch an die eigene Nase fassen, sie haben die Armenier umgebracht und was ist mit den Amis und den Indianern?!

Diese Aufrechnungslogik kennen wir doch schon. Die erregte Abwehr von Schuldvorwürfen hat sich in den sechsundsechzig Jahren Nachgeschichte des Nationalsozialismus in kaum veränderter Gestalt erhalten. Die innere Verbundenheit mit dem nationalen Kollektiv trotzt der rasanten Veränderungsdynamik. Angesichts drohender Entwertung dieser Identitätsanteile haben auch Deutsche der dritten und vierten Generation immer noch ein Problem mit dem Täter-Erbe und können oft nicht frei sagen: wir sind anders.

---

[41] Sie wurde von Mitarbeitern des Bereichs Reflexive Sozialpsychologie der LMU München durchgeführt (vgl. Anm. 33).

Werner Konitzer

Opferorientierung und Opferidentifizierung
Überlegungen zu einer begrifflichen Unterscheidung

Das Buch *Gefühlte Opfer*[1] von Ulrike Jureit und Christian Schneider ist ein Versuch, in einer zusammenfassenden Deutung die gegenwärtige Situation und die besonderen Probleme der Auseinandersetzung mit den nationalsozialistischen Verbrechen nicht nur deutend zu erfassen, sondern auch zu ihr urteilend Stellung zu nehmen. Die Argumentation läuft in der pointierten These zusammen, dass die Erinnerung an die Verbrechen des Nationalsozialismus, insbesondere in der Generation der »Täterkinder«, von einem Identifizierungswunsch mit den Opfern geprägt sei. Dieser Vorgang der Identifizierung wird kritisch betrachtet. Durch die These, das Gedenken sei »opferidentifiziert«, werden Besonderheiten des Erinnerns und Gedenkens an die nationalsozialistischen Verbrechen deutend in einen Zusammenhang gebracht und zugleich einer Kritik unterworfen. Die Rede, dass sich eine Person mit einem Opfer oder mit den Opfern eines Verbrechens identifiziert, ist jedoch mehrdeutig. Sie kann einerseits bedeuten, dass sich diese Person mit dem Opfer des Verbrechens gleichsetzt, sich also selbst gleichsam an dessen Stelle begibt und dessen Rolle einnimmt. Sie kann aber auch so verstanden werden, dass sich die Person *auf die Seite* des Opfers stellt, dass sie sich also darum kümmert, dass demjenigen, der Opfer eines Verbrechens geworden ist, Gerechtigkeit widerfährt, dass sie damit die Angelegenheit aus Gründen der Gerechtigkeit zu ihrer Sache macht. Im ersten Fall versucht eine Person direkt die Stelle der Person, der Ungerechtigkeit widerfahren ist, einzunehmen. Dadurch instrumentalisiert sie das tatsächliche Opfer für den eigenen Wunsch, eine bestimmte Position in der Gesellschaft einzunehmen. Im zweiten Fall dagegen engagiert sie sich

---

[1]   Ulrike Jureit, Christian Schneider: Gefühlte Opfer. Illusionen der Vergangenheitsbewältigung. Stuttgart 2010.

gleichsam im Interesse der Opfer, während dasjenige, wofür sie eintritt, die Gerechtigkeit ist. Der Bezug auf das Opfer geschieht aus einer Perspektive heraus, die sich auf Prinzipien allgemeiner Gerechtigkeit bezieht. Speziell könnte man in dem einen Fall vielleicht von *opferidentifiziertem*, im anderen von *opferorientiertem* Gedenken sprechen. Meine These ist, dass diese an sich sehr verschiedenen Verhaltensweisen nicht ineinandergeschoben beziehungsweise in eins gesetzt werden sollten. Es wäre besser, beides sorgfältig auseinanderzuhalten. Denn tut man dies nicht, dann richtet sich die – meines Erachtens vollkommen berechtigte Kritik am opferidentifizierten Gedenken auch – und in diesem Fall meines Erachtens zu unrecht – gegen das opferorientierte Erinnern. Daraus ergibt sich im Umkehrschluss, dass sich die Perspektive auf die Auseinandersetzung mit den NS-Verbrechen in der Erinnerungskultur verändern würde, wenn man diese Unterscheidung stärker in den Blick nähme.

All das verweist zugleich – und dieser Gedanke wird am Schluss des Artikels stehen – auf die Beobachtung, warum es in der Realität offenbar gerade in Deutschland so schwer ist, zwischen diesen beiden Formen der Bezugnahme auf die Opfer – also dem opferbezogenen und dem opferidentifizierten Gedenken – zu unterscheiden. Darüber hinaus glaube ich, dass die opferidentifizierte Begriffsverwendung nicht geeignet ist, die europäische und weltweite Bedeutung des Holocaust für die Erinnerungskultur zu erklären. Für sie scheint mir vor allem die zweite Form der Bezugnahme, die des *opferorientierten* Erinnerns die wesentliche Ursache zu sein. Diese Form des Gedenkens ist wohl auch diejenige, die sich moralisch am ehesten begründen lässt, und in die das Ereignis des Holocaust als politisch-historische Erfahrung maßgeblich mit eingegangen ist. Zur Begründung dieser Thesen erscheint es ratsam, zunächst noch einige Überlegungen zu der Bedeutung der beiden Ausdrücke »Opfer« und »Identifizierung« für sich genommen und zu ihrer Zusammensetzung in dem Ausdruck »Opferidentifizierung« anzustellen. Es gibt natürlich sehr verschiedene Redeweisen von Opfer – so, wenn wir von Verkehrsopfern, von Soldaten als Opfern des Krieges sprechen oder von einem Menschen, der sich einem Gott zum Opfer gebracht hat. Sie haben alle nur dies miteinander gemeinsam, dass jemand ein Übel erleidet. Dass wir oft nicht einfach von Toten, Verletzten oder anders Geschädigten, sondern von *Opfern* sprechen, weist auf eine archaische und religiöse Komponente in dem Ausdruck hin. Im Englischen kann man diese Differenzierung mithilfe des Ausdrucks *sacrifice* gegenüber dem Ausdruck *victim* abgrenzen. Alle diese Redeweisen sind nicht ohne wertende Komponenten, und sie alle sind eingebettet in Erwartungen, die sich – abhängig von den verschiedenen Bedeutungen – voneinander unterscheiden. So haben die meisten Menschen durchaus die Erwartung, dass Menschen sich zu anderen Menschen, die etwa Opfer eines Verkehrsunfalls oder eines Erdbebens sind, irgendwie *mitfühlend* verhalten. Diese Erwartung beruht darauf, dass wir generell voneinander Wohlwollen fordern; und jemand, der jemandem gegenüber, der von einem plötzlichen Unglück geschädigt wird, kein Mitgefühl aufbringt, verstößt gegen die Forderung einer universalistischen Moral.

Die besondere Redeweise von »Opfer« in Bezug auf die Beschreibung der Erinnerung an die NS-Verbrechen unterscheidet sich von der allgemeinen Rede von »Opfer« – etwa der Rede von Kriegsopfern – schon dadurch, dass sie die Entgegensetzung von Opfern und Tätern *notwendig* impliziert. Sie hat also trotz des Gleichklangs eine grundlegend andere Bedeutung. Damit kommt ein besonderer normativer Bezug hinein, der über den allgemein wertenden Bezug bei der generellen Rede von Opfern weit hinausreicht. Worin besteht er? Er besteht darin, dass die Rede impliziert, dass der oder die Täter mit seiner beziehungsweise ihrer Handlung beziehungsweise ihren Handlungen gegen moralische oder rechtliche Regeln des menschlichen Zusammenlebens verstoßen hat beziehungsweise haben. Jemand, der von Opfern im Rahmen dieser Entgegensetzung spricht, nimmt also implizit bereits auf ein Normensystem Bezug, vor dessen Hintergrund die Handlungen des Täters als verwerflich, verboten und damit als falsch beurteilt werden. Er sagt nicht nur, dass eine Person einer anderen geschadet hat, sondern auch, dass es falsch war, das zu tun. Er bekräftigt mit dieser Redeweise – außer dass er den zwei Personen eine Rolle in einer spezifischen Interaktion zuspricht, die eine als eher aktiv, die andere eher als passiv – seine eigene Haltung zu einem normativen System. Und er spricht von Personen in Bezug auf ihre Rolle in diesem normativen System, eine Rolle, die sie – im Falle des Täters – durch ihre Handlung bekommen haben oder die ihnen, im Falle der Opfer, von anderen aufgezwungen wurde.

Die Verbrechen, um die es in dieser Diskussion geht, der Völkermord an den europäischen Juden und die anderen Massenverbrechen der Nationalsozialisten und derer, die mit ihnen zusammenarbeiteten, hatten bereits in der Anlage ihrer Motivation einen spezifischen Charakter. Ich will hier nicht auf die Frage der Singularität eingehen, obwohl sie eine bedeutende Rolle spielt, aber mir scheint es wichtig, dass die Verbrechen der Nationalsozialisten auf eine besondere Weise irrational waren, da es sich nicht um Verbrechen handelte, wie sie manchmal aus einer Auseinandersetzung verschiedener Gruppen miteinander hervorgehen, etwa, wenn zwei Clans miteinander streiten und in diesem Zusammenhang *auch* Verbrechen begangen werden, sondern dass es sich bei dem Völkermord an den europäischen Juden um ein Verbrechen handelte, das – im Unterschied etwa zu Verbrechen, die aus den bereits genannten Auseinandersetzungen heraus geschehen – vollkommen grundlos war, und dass es sich zweitens um einen *Genozid* handelte, was bedeutet, dass jeder, dem man die Eigenschaft zuschrieb, dem Volk der Juden anzugehören, von einem bestimmten Zeitpunkt der Geschehnisse an ermordet werden sollte. Das impliziert eben, dass wir hier nicht sagen können, dass irgendwie die Opfer auch Täter und die Täter auch Opfer sind, wie das etwa in Bezug auf andere Auseinandersetzungen des Zweiten Weltkrieges durchaus möglich ist. »Ebenso unmenschlich wie diese Schuld ist die Unschuld der Opfer. So unschuldig wie alle miteinander vor dem Gasofen waren (der widerwärtigste Wucherer nämlich so unschuldig wie das neugeborene Kind, weil kein Verbrechen eine solche Strafe verdienen kann), so unschuldig sind Menschen überhaupt nicht. Mit einer Schuld, die jenseits des Verbrechens steht, und einer Unschuld, die jenseits der Güte oder der Tugend liegt, kann man menschlich-politisch überhaupt nichts anfangen«, so versuchte Hannah Arendt 1946 in einem Brief an Karl Jaspers die normative Dimension dieses Verbrechens zu beschreiben.[2]

---

[2] Hannah Arendt, Karl Jaspers: Briefwechsel 1926-1969. München 1985, S. 14.

Auch die Formulierung »Verbrechen gegen die Menschlichkeit« der Ankläger von Nürnberg verweist auf diese besondere normative Dimension des spezifischen Opferbegriffs, der im Zusammenhang mit den nationalsozialistischen Verbrechen eine Rolle spielt: und zwar darauf, dass Umfang, Begründung und die ideologischen Hintergründe des Verbrechens nicht nur bestimmte Möglichkeiten menschlichen Zusammenlebens, sondern die Vorstellung sinnvollen menschlichen Lebens überhaupt angriffen und zu zerstören versuchten. Wenn wir hier von Opfern sprechen, dann steht also im Hintergrund die Erfahrung beziehungsweise die Überzeugung, dass mit diesen Verbrechen, über deren Opfer wir sprechen, die Möglichkeit menschlichen Zusammenlebens auf eine Weise in Frage gestellt wurde, wie das zumindest nach historischer Erfahrung in dieser Form zuvor nie geschehen war. Wäre es möglich, in der historiographischen Bezugnahme, in der Erinnerungskultur, in den fiktionalen und dokumentarischen Darstellungen der Geschichte des Nationalsozialismus die normativen Komponenten, die der Opferbegriff vorgibt, aus- oder einzuklammern? Vielleicht. Man würde dann nicht mehr von Verbrechen, sondern von Tötungen sprechen, nicht mehr von Opfern im Sinne von Verbrechensopfern, sondern vielleicht von Opfern schicksalhafter Verhältnisse usw. Vielleicht könnte man sogar die Wertung, die in dem allgemeinen Begriff »Opfer« liegt, auch herausnehmen. Aber wenn wir so reden würden, würden wir, so kann man sagen, in einer moralisch anderen Welt leben als der unseren. Die Art und Weise, wie jemand diese Handlungen beschreibend oder anders darstellend erinnert, verweist immer auch auf seine eigene Normativität, auf die moralischen Grundlagen, nach denen er sie beurteilt. Daran ändert vermutlich weder der historische Abstand noch die Zugehörigkeit des Beschreibenden zu einer bestimmten ethnischen oder religiösen Gruppe etwas. Solange er aber das Geschehen überhaupt nur – ohne weitere Wertungen – als Verbrechen bezeichnet und beschreibt, wird er allein durch die Wahl des Begriffs schon zumindest eine schwache Parteinahme für die Opfer vornehmen. Das Geschehen nicht mehr als Verbrechen zu beschreiben, also nicht mehr opferorientiert zu sein, würde bedeuten, sich in eine nicht nur moralisch vollkommen andere Welt zu versetzen. Diese Welt müsste nicht unbedingt die des nationalsozialistischen Weltbildes sein, aber sie wäre doch deutlich verschieden von der, in der wohl die meisten von uns zu leben sich vorstellen könnten. Sie wäre auf jeden Fall ungleich unbehaglicher als die gegenwärtige Erinnerungskultur. Wie unsere wissenschaftliche Bezugnahme auf Vergangenes, die Historiographie, zwar konstruierende Momente enthält, aber nicht *insgesamt* willkürlich ist, so ist auch die mit ihr verknüpfte und in sie eingelassene normative Wertung nicht gänzlich willkürlich und subjektiv.

Nicht, dass sich die Erinnerung normativ an den Opfern orientiert, sondern eine besondere Parteinahme, die *Identifizierung* mit ihnen, könnte also das Problem der gegenwärtigen Erinnerungskultur sein, selbst wenn man die Differenzierung, die ich zuvor dargestellt habe, in Betracht zieht. Aber was genau ist mit diesem Ausdruck gemeint? Was heißt, sich mit jemandem oder mit einer Sache zu identifizieren? Wörtlich genommen heißt es so viel, wie zu sagen, dass jemand, der sich mit etwas (x) identifiziert, dass er der- oder dasselbe ist wie x. Nun gibt es eine Rede von Identität, die kaum auf diese Weise zu verstehen ist, so etwa, wenn ich von meiner Identität als Philosoph spreche, oder von meiner Identität als Fahrradfahrer. Man kann hier zwischen numerischer und qualitativer Identität unterscheiden. Meine numerische Identität ist bestimmt durch eine Reihe von Kennzeichen, die unveränderlich sind, die Handlungen, die ich bereits vollzogen habe, die Erfahrungen, die ich gemacht habe, und die Verhältnisse, in denen ich gewesen bin. Wir sprechen von dieser numerischen Identität, wenn wir beispielsweise die Feststellung machen, dass Adolf Eichmann derselbe ist wie Otto Henninger oder Ricardo Clement. Von qualitativer Identität sprechen wir, wenn wir sagen, dass jemand, etwa Aristoteles, Naturwissenschaftler oder Philosoph ist. Qualitative Identität hat etwas damit zu tun, wer beziehungsweise was wir sind und sein wollen – also damit, welche Eigenschaften, Rollen usw. wir haben oder welche wir zu haben wünschen. Zur Thematik der Identität in diesem Sinne gehört es auch, dass für uns bestimmte Werte maßgeblich sind oder dass wir uns bestimmte Normen zu Eigen machen. Wir möchten gute Menschen sein oder eher unsere Sympathie mit dem Teuflischen ausdrücken; wir wollen zu bestimmten Gruppen dazu gehören usw.

Was kann es nun heißen, sich mit den Opfern des Holocaust zu *iden-tifizieren*? Und was ist eigentlich das Problematische daran, im Unterschied zur Opferorientierung, wie ich sie zu schildern versucht habe? Die Antwort auf die Frage ist nicht klar. Wodurch unterscheidet sich die These der Opferidentifizierung (die ich in einem gewissen Sinne richtig und nachvollziehbar finde) von dem (eher nationalistisch angelegten) Vorwurf Walsers, den er in seiner Rede in der Paulskirche formulierte, als er überlegte, ob die Intellektuellen, die »uns« – gemeint war: »uns Deutschen« – die Schande vorhalten, zum Motiv hätten, dass sie dadurch »eine Sekunde lang der Illusion verfallen könnten, sie hätten sich, weil sie wieder im grausamen Erinnerungsdienst gearbeitet haben, ein wenig entschuldigt, seien für einen Augenblick sogar näher bei den Opfern als bei den Tätern?«[3] Ist es dieselbe Art von Illusion, die hier vorgeworfen wird? Hat der Vorwurf denselben normativen Hintergrund, oder einen ganz anderen? Und was heißt hier »nahe sein« und »nicht nahe sein«? Wäre es nicht an sich richtiger, den Opfern näher zu sein als den Tätern? Wo geht eine Stellungnahme, ein Engagement »im Interesse« oder auch »in Bezug« auf die Opfer über in eine »Identifikation«? Gibt es hier überhaupt so etwas wie einen »Übergang«?

In Bezug auf die numerische Identität scheint die Antwort relativ einfach – eine falsche Identität hat jemand, der sagt, dass er ein anderer ist, als er tatsächlich ist, der also eine andere Lebensgeschichte vortäuscht, als er sie tatsächlich hat, der seinen Namen verändert hat oder seine Biographie fälscht. Für solch eine Fälschung steht das Beispiel Binjamin Wilkomirski. Aber wie können wir in Bezug auf die »qualitative« Identität von einer »geliehenen«, einer »nicht echten« Identität sprechen? War es nicht richtig von vielen, die sich etwa dafür engagierten, die Verbrechen des NS-Regimes in der Geschichte ihrer Stadt deutlich zu machen und öffentlich darzustellen, dass sie in dem allmählichen Gewahrwerden der Dimensionen des Verbrechens »den Opfern näher sein«

---

[3] Martin Walser: Erfahrungen beim Verfassen einer Sonntagsrede. Dankesrede zur Verleihung des Friedenspreises des Deutschen Buchhandels in der Frankfurter Paulskirche am 11. Oktober 1998. Online: http://www.hdg.de/lemo/html/dokumente/WegeInDieGegenwart_redeWalserZumFriedens preis/ (letzter Zugriff: 25.3.2012).

wollten als den Tätern? Warum soll man in Bezug auf die Schüler Adornos, von denen Christian Schneider spricht, sagen, dass ihre Identität »geliehen« war, nur deshalb, weil Adorno einmal den Wunsch geäußert hat, dass in sie die Seelen der Talmudschüler eingefahren seien?[4] Sie haben doch nicht – zumindest nicht im Sinne Wilkomirskis – vorgegeben, jemand anderes zu sein als sie sind; sie haben nicht gesagt, sie seien verfolgt worden, wo sie es doch nicht waren; und zum Judentum zu konvertieren, muss ja nicht heißen, sich eine Identität zu leihen, sondern kann eben bedeuten, sich eine andere Identität zu wählen, als sie etwa von der kulturellen und sozialen Umgebung vorgegeben ist. Inwiefern soll also die Identität von Lea Rosh »geliehen« und nicht echt sein? Weil sie Deutsche ist?

Die Antwort, die Christian Schneider in seinem Beitrag gibt, besteht, wenn ich ihn richtig verstehe, darin zu sagen, dass die Wünsche, die der moralischen Stellungnahme zugunsten der Opfer zugrunde lagen, ambivalent waren, also genau der Moral widersprachen, die sie doch hätten ausdrücken sollen. Indem sie – die Angehörigen dieser Generation, die Schüler Adornos – sich mit den Opfern des Holocaust *identifizierten*, schreibt Schneider, erfüllten sie sich ihren »zentralen Wunsch«, »unschuldig zu sein und den Schrecken, der aus ihrer Genealogie nicht zu tilgen war, ungeschehen zu machen«.[5] So kamen sie dazu, für ihre Stellungnahme einen gänzlich unglaubwürdigen Ausdruck zu wählen, nämlich die Trauer: eine Trauer, die sie inszenierten, als seien sie nicht nahe Angehörige der Täter, sondern der Opfer, und die sie, obwohl Trauer eigentlich den Zweck hat, das Vergessen zu fördern, mit dem Imperativ, sich immer zu erinnern, verbanden. Untergründig jedoch gab es ganz andere Gefühle »auf der nie ganz verschwundenen Ebene magischen Denkens – eine stetige untergründige Furcht vor ihrer Rückkehr, der auf der Realitätsebene die Angst vor Rache und Vergeltung entsprach«.[6] Schneider verweist also an dieser Stelle darauf, dass sie in

---

[4] Vgl. Christian Schneider: Besichtigung eines ideologisierten Affektes: Trauer als zentrale Metapher deutscher Erinnerungspolitik. In: Jureit, Schneider: Gefühlte Opfer (wie Anm. 1), S. 121.

[5] Ebd., S. 122.

[6] Ebd., S. 187.

ihrem Ausdruck nicht authentisch sind, sondern widersprüchlich und inkohärent.

Nun ist aber allein die Inauthentizität eines anderen gewöhnlich kein Grund dafür, ein Unbehagen zu entwickeln. Noch weniger ist es ein Grund zur Empörung, wie sie in der Kritik manchmal anklingt – und, wie ich glaube, oft durchaus zu recht anklingt. Das Unbehagen rührt vielmehr daher, dass die Wünsche zu Forderungen führten, die moralisch formuliert waren, ohne moralisch begründet zu sein, und ohne dass man den Versuch einer moralischen Begründung unternahm. Es liegt in dem, was oft als »moralisieren« bezeichnet wurde: Dass man Forderungen an andere, die man weder begründen kann noch begründen will, mit der Sanktion moralisch starker Verachtung und einem hohen Ton der Zurechtweisung verknüpft. Die Empörung aber, mit der auf solche Forderungen wiederum reagiert wird, müsste, damit diese Kritik nicht selbst moralisierend wirkt, ihre Gründe – moralische oder andere Gründe – offenlegen, also nach ihnen fragen, ohne diese Frage immer definitiv beantworten zu können. Jörn Rüsen beispielsweise polemisiert immer wieder gegen den Konstruktivismus in der Erinnerungs- beziehungsweise Gedächtnisgeschichte.[7] Wenn ich ihn richtig verstanden habe, will er damit darauf hinweisen, dass es für die Wissenschaften wie für unser Leben wesentlich ist, dass unsere Auseinandersetzung mit dem, was wir über eine Sache zu meinen glauben, nicht allzu weit getrennt werden darf von dem, was wir über die Sache selbst meinen. Auch im Bereich des Normativen gibt es die Spannung zwischen dem, was wir glauben, tun zu müssen und zu dürfen, also was wir glauben, was gut zu tun ist, und dem, was wir tatsächlich tun müssen. Sie spielt für unsere Auseinandersetzung mit dem Nationalsozialismus und dem Gedenken daran eine ebenso große Rolle wie der Unterschied zwischen dem, was wir glauben, was gewesen ist, und dem, wie es sich nach einer wissenschaftlichen, um Begründung bemühten Untersuchung zeigt. Wir können sie weder dadurch auflösen, dass wir uns moralisierend unsere Positionen gegen Fragen absichern, noch dadurch, dass wir die Frage nach dem, was in einer gegebenen historischen Situation moralisch richtig ist, aufgeben.

---

[7] Siehe den Beitrag von Jörn Rüsen in diesem Band.

Margrit Frölich

Schuldverstrickungen

Bernhard Schlinks *Der Vorleser* und das Problem der zweiten Generation im Umgang mit den NS-Tätern

»Aufarbeitung! Aufarbeitung der Vergangenheit! Wir Studenten des Seminars sahen uns als Avantgarde der Aufarbeitung. Wir rissen die Fenster auf, ließen die Luft herein, den Wind, der endlich den Staub aufwirbelte, den die Gesellschaft über die Furchtbarkeiten der Vergangenheit hatte sinken lassen. Wir sorgten dafür, dass man atmen konnte. (…) Dass verurteilt werden müsse, stand für uns fest. Ebenso fest stand für uns, dass es nur vordergründig um die Verurteilung dieses oder jenes KZ-Wächters und -Schergen ging. Die Generation, die sich der Wächter und Schergen bedient oder sie gehindert oder sie nicht wenigstens ausgestoßen hatte, als sie sie nach 1945 hätte ausstoßen können, stand vor Gericht, und wir verurteilten sie in einem Verfahren der Aufarbeitung und Aufklärung zu Scham.«[1] Mit diesen Worten beschreibt der Jurastudent Michael Berg, Hauptfigur in Bernhard Schlinks Roman *Der Vorleser,* die Haltung, mit der er und seine Kommilitonen sich in den 1960er Jahren mit der Aufarbeitung der NS-Vergangenheit durch die Justiz zu beschäftigen begannen.

Der Vorleser (1995), einer der international erfolgreichsten Gegenwartsromane, von dem es inzwischen eine auf das große Publikum zielende Verfilmung gibt (Regie: Stephen Daldry, USA/Deutschland 2008), behandelt ein heikles Thema: die Liebesbeziehung eines Jugendlichen zu einer ehemaligen NS-Täterin. Im Roman wird die Geschichte aus der Perspektive des Protagonisten erzählt.[2] Mit der Niederschrift seiner

---

[1]   Bernhard Schlink: Der Vorleser. Zürich 1995, S. 87.
[2]   In der Verfilmung entfällt die Ich-Erzählung zugunsten einer Rahmenhandlung.

Erinnerungen will der Protagonist, mittlerweile Rechtsanwalt und jenseits der Fünfzig, mit der ihn nach wie vor quälenden Geschichte abschließen, die in seiner Jugend im Nachkriegsdeutschland begann.

Michael Berg ist fünfzehn Jahre alt und besucht das Gymnasium, als er im Frühjahr 1958 die sechsunddreißigjährige Hanna Schmitz kennenlernt, eine Straßenbahnschaffnerin, von der er sich erotisch angezogen fühlt. Solange das Liebesverhältnis dauert, lässt Hanna sich von dem Jungen vorlesen. So wie die ausgiebigen Reinigungsszenarien, bei denen Hanna den Jungen einseift, ist das Vorlesen ritueller Bestandteil des sexuellen Vergnügens der beiden. Als später im Gerichtsprozess zur Sprache kommt, dass Hanna unter den Häftlingen im Lager Schützlinge hatte, junge Mädchen, die sie eigentlich hätte nach Auschwitz schicken müssen, aber bei sich behielt, damit sie ihr vorlasen, rückt das Vorleseritual in eine höchst fragwürdige Traditionslinie. Hanna verschleiert ihre Vergangenheit gegenüber Michael, indem sie auf seine arglosen Fragen ausweichende Antworten gibt. So etwa, wenn sie dem Jungen erzählt, sie sei mit einundzwanzig Jahren während des Krieges »zu den Soldaten geraten«.[3] Die ungeheuerliche Wahrheit, die sich hinter dieser scheinbar harmlosen Darstellung verbirgt, wird sich Michael erst Jahre später erschließen. Einmal schlägt Hanna ihm mit einem Ledergürtel ins Gesicht und seine Lippe beginnt zu bluten. Das Befremdliche dieser Szene potenziert sich, wenn man Hannas Gewaltausbruch auf ihre Täterschaft bezieht, was für den Leser, wie für den Protagonisten, erst vor dem Hintergrund späteren Wissens möglich wird. Als Hanna eines Tages unangekündigt die Stadt verlässt, ist Michael tief verletzt. Sieben Jahre später begegnet er ihr unerwartet im Gerichtssaal wieder. Michael, inzwischen Jurastudent, und seine Kommilitonen besuchen einen Gerichtsprozess in einer nahe gelegenen Stadt. Hanna Schmitz ist eine von fünf Frauen, die wegen NS-Verbrechen vor Gericht stehen. Auf diese Weise wird Michael mit der Tatsache konfrontiert, dass er eine Naziverbrecherin geliebt hat. Er erfährt, dass Hanna bis zum Frühjahr 1944 in Auschwitz und danach in einem kleinen Lager bei Krakau als KZ-Aufseherin eingesetzt

---

[3] Ebd., S. 40.

war. Sie wird beschuldigt, an den Selektionen der gefangenen Frauen mitgewirkt zu haben, die aus dem Lager zurück nach Auschwitz in den sicheren Tod geschickt wurden, weil sie zu schwach zum Arbeiten waren. Hanna wird außerdem zur Last gelegt, den Tod der gefangenen Frauen verschuldet zu haben, die im Winter 1944/45 auf einen der berüchtigten Todesmärsche getrieben wurden. Die Kirche eines Dorfes, in dem das Wachpersonal die Frauen eingesperrt hatte, war von einer Bombe getroffen worden und in Brand geraten. Bis auf zwei jüdische Frauen starben alle, weil die Aufseherinnen, darunter Hanna, die Türen der brennenden Kirche nicht aufschlossen.

Der Vorleser schildert den Holocaust nicht direkt, denn es geht hier um den Umgang mit der NS-Vergangenheit in der Bundesrepublik. Im Zentrum steht das Verhältnis der in den letzten Kriegsjahren oder unmittelbar nach dem Ende des Zweiten Weltkriegs Geborenen zur Elterngeneration. »Ich wollte über meine Generation schreiben«, hat der 1944 geborene Autor und Rechtswissenschaftler Bernhard Schlink in einem Interview erklärt. »Ich habe kein Holocaust-Buch geschrieben (…). Ich habe ein Buch über meine Generation im Verhältnis zur Elterngeneration und zu dem, was die Elterngeneration gemacht hat, geschrieben.«[4] Von Interesse ist der Roman auch fast zwei Jahrzehnte nach seinem Erscheinen wegen des darin behandelten Generationenthemas. Angesichts des sich vollziehenden Übergangs von der zweiten zur dritten oder nunmehr vierten Generation spielt die Reflexion der generationsbedingten Prägungen durch die NS-Geschichte und ihre gesellschaftlichen Auswirkungen eine prominente Rolle in den aktuellen erinnerungspolitischen Diskursen.[5] Im *Vorleser* veranschaulicht Schlink Problemzusammenhänge, die für das Verständnis der spezifischen Konstellation zwischen der Generation derer, die für das NS-Regime verantwortlich waren, und

---

[4] Andreas Kilb: Im Gespräch: Bernhard Schlink. Herr Schlink, ist »Der Vorleser« Geschichte? In: Frankfurter Allgemeine Zeitung, 20. Februar 2009. http://www.faz.net/aktuell/feuilleton/buecher/im-gespraech-bernhard-schlink-herr-schlink-ist-der-vorleser-geschichte-1100720.html (letzter Zugriff 21.4.2012).

[5] Vgl. die Beiträge von Gudrun Brockhaus und Christian Schneider in diesem Band.

ihren Kindern, wie auch für eine kritische Einschätzung des Selbstver-
ständnisses der letzteren, der 68er, von Belang sind. Er bringt die emotionale Verstrickung der unmittelbar Nachgeborenen in die Schuld der
Elterngeneration zur Sprache.[6] Allerdings löst er dieses Thema aus dem
Familienzusammenhang und stellt es in den ungewöhnlichen Kontext
einer erotischen Liebesbeziehung, wodurch der Identitätskonflikt der
Nachkriegsgeneration symbolisch zugespitzt wird.[7]

Während in der deutschen Nachkriegsöffentlichkeit und den Familien der Holocaust meist beschwiegen und verleugnet wurde, spielte die
Auseinandersetzung mit der NS-Geschichte und dem Holocaust für die
nachfolgende Generation eine maßgebliche, die eigene Identität for-
mende Rolle. In einer Passage des Romans, die den Eindruck vermittelt,
als habe der Autor hier seinen Protagonisten zum Sprachrohr eigener
Überzeugungen gemacht, lässt Schlink diesen über die Bedeutung der
Auseinandersetzung seiner Generation mit der NS-Geschichte für das
eigene Selbstverständnis folgende Überlegung anstellen: »Manchmal
denke ich, dass die Auseinandersetzung mit der nationalsozialistischen
Vergangenheit nicht der Grund, sondern der Ausdruck des Generati-
onenkonflikts war, der als treibende Kraft der Studentenbewegung zu
spüren war. Die Erwartungen der Eltern, von denen sich jede Generation
befreien muss, waren damit, dass diese Eltern im Dritten Reich oder
spätestens nach dessen Ende versagt hatten, einfach erledigt. Wie sollten

---

6   Aufschlussreich ist die Analyse von Helmut Schmitz, der von der These aus-
     geht, dass Schlink seinen Protagonisten und dessen Identitätskonflikt anhand
     der von Alexander und Margarete Mitscherlich entwickelten Theoreme aus
     Die Unfähigkeit zu trauern entwirft. Helmut Schmitz: Malen nach Zahlen?
     Der Vorleser und die Unfähigkeit zu trauern. In: German Life and Letters, 55
     (2002), S. 296-311.

7   Wegen der Vermischung von Holocaust und NS-Vergangenheit mit einer
     Liebesgeschichte wurde Schlink heftig kritisiert. Der britische Germanist
     Jeremy Adler warf Schlink »Kulturpornographie« vor. Jeremy Adler: Die
     Kunst, Mitleid mit den Mördern zu erzwingen. Einspruch gegen ein Erfolgs-
     buch: Bernhard Schlinks »Der Vorleser« betreibt sentimentale Geschichts-
     fälschung. In: Süddeutsche Zeitung, 20. April 2002. In ähnlichem Tenor
     Willi Winkler: Vorlesen, Duschen, Durcharbeiten. In: Süddeutsche Zeitung,
     30./31. März-1. April 2002.

die, die die nationalsozialistischen Verbrechen begangen oder bei ihnen zugesehen oder von ihnen weggesehen oder die nach 1945 die Verbrecher unter sich toleriert oder sogar akzeptiert hatten, ihren Kindern etwas zu sagen haben.«[8]

Auch in Vorträgen und Essays hat Schlink immer wieder über die Bedeutung der nationalsozialistischen Vergangenheit für das Selbstverständnis der sogenannten zweiten Generation reflektiert. So in einem 2001 im *Spiegel* erschienenen Beitrag, in dem er die Bedeutung der Auseinandersetzung der NS-Geschichte für seine Altersgenossen als auch die maßgebende Rolle seiner Generation im Hinblick auf die gesellschaftliche Konfrontation mit dem Nationalsozialismus und dem Holocaust anspricht. »Für die meisten von uns war die Vergangenheit des Dritten Reichs und des Holocaust prägend. Sie stand im Zentrum unserer Auseinandersetzung mit den Eltern und unserer Absetzung von ihnen; unter ihrem Schatten gewann unser Bild der deutschen Geschichte Gestalt; auf sie im Ausland angesprochen, erfuhren wir uns als Deutsche. Die Beschäftigung mit ihr wurde, ob sie in unserer Arbeit eine kleinere oder größere Rolle spielte und spielt, Bestandteil unserer Selbstwahrnehmung und -darstellung.«[9]

Die Schuldfrage

Obwohl *Der Vorleser* breite internationale Anerkennung fand, erhoben sich auch kritische Stimmen, die an dem Buch heftigen Anstoß nahmen. Die Einwände richteten sich in erster Linie gegen die empathische Darstellung der Täterin. Schlink wurde vorgehalten, sein Roman mindere ihre Schuld herab, indem er der Täterin ein menschliches Antlitz verleihe. Dadurch, dass er sie noch dazu als Analphabetin porträtiere,

---

[8] Schlink: Der Vorleser (wie Anm. 1), S. 161.

[9] Ders.: Auf dem Eis. Von der Notwendigkeit und Gefahr der Beschäftigung mit dem Dritten Reich und dem Holocaust. In: Der Spiegel, Heft 19 (2001), S. 82-86; wiederabgedruckt unter dem Titel »Epilog: Die Gegenwart der Vergangenheit«. In: Ders.: Vergangenheitsschuld und gegenwärtiges Recht. Franfurt am Main 2002, S. 146.

so dass der Leser Mitleid mit ihr empfinde, relativiere er ihre Schuld. Schlink betreibe Geschichtsrevisionismus, denn er stelle die Täterin als Opfer dar.[10]

Hanna wird uns als ganz gewöhnliche Täterin präsentiert, ohne jegliche Züge von Monstrosität. Ihre Normalität, mittlerweile ein Topos der neueren Täterforschung, birgt »die Bedrohlichkeit des Insignifikanten«[11], die darin besteht, dass sie Unerkennbarkeit signalisiert. Mit dieser Facette der Figur veranschaulicht der Roman die verstörende Erfahrung, die Schlink und viele seiner Generation machten, als sie entdeckten, dass diejenigen, die den Nationalsozialismus ermöglicht, geduldet oder zumindest nicht verhindert hatten, oder als Täter persönliche Schuld trugen, ihm und seinen Altersgenossen in Gestalt der eigenen Eltern, Lehrer oder Professoren alltäglich begegneten, ohne das diesen Personen etwas von der Ungeheuerlichkeit der Verbrechen, die sie verübt oder ermöglicht hatten, anzumerken gewesen wäre.

Eine Anomalie stellt hingegen Hannas Analphabetismus dar. Angesichts der Ungeheuerlichkeit der Verbrechen, die Hanna vorgeworfen werden, erscheint ihr Geheimnis – der Analphabetismus –, das sie um jeden Preis zu verbergen sucht, erschreckend banal. Immer wieder, wenn in Hannas Leben ihr Analphabetismus aufgedeckt zu werden drohte, entzog sie sich. So schlug sie eine Ausbildungsmöglichkeit bei Siemens aus und meldete sich für den Wachdienst im KZ. Ideologische Überzeugungen scheinen bei ihrer Entscheidung keine erkennbare Rolle gespielt zu haben. Hanna wurde demnach aus ganz trivialen und eigennützigen Gründen zur Täterin. So mag Hannas Analphabetismus zwar die Motive für die von ihr getroffenen Lebensentscheidungen erklären, die sie in

---

[10] Einschlägig hier: Ernestine Schlandt: Die Sprache des Schweigens. Die deutsche Literatur und der Holocaust. München 2001; William Collins Donahue: Holocaust Lite. Bernhard Schlinks ›NS-Romane‹ und ihre Verfilmungen. Bielefeld 2011; Miriam Moschytz-Ledgley: Trauma, Scham und Selbstmitleid. Vererbtes Trauma in Bernhard Schlinks Roman »Der Vorleser«. Marburg 2009.

[11] Christoph Schneider: Täter ohne Eigenschaften. Über die Tragweite sozialpsychologischer Modelle in der Holocaust-Forschung. In: Mittelweg 36, Oktober/November 2011, S. 3-23.

die Position einer KZ-Aufseherin brachten, doch er legitimiert weder ihre Taten, noch relativiert er ihre persönliche Schuld. Da sich die Kritik an dem Roman genau an diesem Punkt entzündete, wollte man im Film offenbar mit Eindeutigkeit klarstellen, dass Hannas Analphabetismus keine Exkulpation bedeutet. Explizit wird dies im Dialog zwischen dem Protagonisten und der jüdischen Überlebenden (Lena Olin), die Michael Berg am Ende in New York aufsucht, um ihr Hannas Hinterlassenschaft zu überbringen. Auf Michaels Erklärung, Hanna sei Analphabetin gewesen, fragt sie ihn, ob dies etwa eine Erklärung oder Entschuldigung für Hannas Verhalten sein soll. Was er verneint. Weil die Überlebende im Unterschied zu ihm einen unverstellten Blick auf Hanna Schmitz hat, kommentiert sie mit nüchternen Worten: »Was ist diese Frau brutal gewesen.«[12] Letzten Endes unterstreicht die Figurenzeichnung der Täterin im Roman wie auch im Film die erschreckende Tatsache, dass es keiner Mehrheit von Überzeugungstätern bedurfte, um Millionen europäischer Juden zu ermorden.

Hannas Analphabetismus spielt sowohl für den Ausgang des Gerichtsverfahrens als auch für die Bewertung ihrer moralischen Urteilsfähigkeit eine Rolle. Vor Gericht lässt Hanna keinerlei Schuldbewusstsein für ihre Taten erkennen, darin dem notorischen Verhalten realer NS-Täter vor Gericht gleich. Im Kontrast dazu steht ihre Aussagebereitschaft. Weder leugnet Hanna ihre Beteiligung an den Vorgängen, die ihr zur Last gelegt werden, noch versucht sie, sich herauszureden. »»Haben Sie nicht gewusst, dass Sie die Gefangenen in den Tod schicken‹«, fragt der Richter die Angeklagte. Woraufhin sie zur Antwort gibt: »»Doch, aber die neuen kamen, und die alten mussten Platz machen für die neuen.‹« Um Hanna das mit den ethischen Grundsätzen einer humanen Gesellschaft nicht zu Vereinbarende ihrer Rechtfertigungslogik vor Augen zu führen, fragt der Richter nachdrücklich: »»Sie haben also, weil sie Platz schaffen wollten, gesagt: Du und du und du musst zurückgeschickt und umgebracht werden?‹«[13] Daraufhin stellt Hanna dem Richter die Frage, was er in ihrer Situation getan hätte. Diese überzeichnet

---

12 Dieser Satz kommt ebenfalls im Roman vor: Schlink: Der Vorleser (wie Anm. 1), S. 202.
13 Ebd., S. 106.

dargestellte Reaktion, die meines Erachtens weder dazu geeignet ist, beim Leser Verständnis für die Täterin zu wecken, noch dazu verleitet, ihr zu verzeihen,[14] zeigt, dass Hanna auch zwei Jahrzehnte nach dem Ende des NS-Regimes zur Beurteilung ihres damaligen Handelns aus der Perspektive eines anderen als des damals geltenden Normensystems nicht fähig ist. Deswegen begreift sie auch nicht die Spielregeln des Strafprozesses. Erst Jahre später, nachdem Hanna sich anhand besprochener Kassetten, die Michael ihr ins Gefängnis schicken wird, mühsam das Lesen und Schreiben beigebracht hat, wird sie sich mit ihrer Schuld auseinandersetzen. Doch spricht die Tatsache, dass sie sich erst mit dem Lesen und Schreiben moralische Erkenntnisfähigkeit erwirbt, wie der Roman nahelegt, sie nicht von ihrer Schuld frei.

Der Vorleser zeigt die Schwierigkeiten der juristischen Aufarbeitung der NS-Verbrechen. Denn obwohl Hannas Schuld außer Frage steht, nimmt man sie als Opfer des Prozesses wahr.[15] Hannas Unfähigkeit, die Spielregeln des Strafprozesses zu begreifen, machen sich ihre Mitangeklagten und deren Anwälte zunutze. In die Enge getrieben, als ein Staatsanwalt eine Schriftprobe fordert, um Hannas Urheberschaft an dem Bericht nachzuweisen, nimmt sie lieber eine höhere Strafe in Kauf, als ihr Geheimnis preiszugeben. »Hatte sie sich deswegen im Prozess um Kopf und Kragen geredet? Aus Angst vor der Bloßstellung als Analphabetin die Bloßstellung als Verbrecherin?«[16] Erwartungsgemäß wird Hanna als einzige unter den Angeklagten zu einer lebenslänglichen Freiheitsstrafe verurteilt, während die Mitangeklagten mit milderen Haftstrafen davonkommen.

---

[14] Diese Auffassung vertritt der Literaturwissenschaftler William Collins Donahue. Vgl. ders.: Der Holocaust als Anlass zur Selbstbemitleidung. Geschichtsschüchternheit in Bernhard Schlinks »Der Vorleser«. In: Stephan Braese (Hrsg.): Rechenschaften. Juristischer und literarischer Diskurs in der Auseinandersetzung mit den NS-Massenverbrechen. Göttingen 2004, S. 178.

[15] Im Film wird dies durch die eindrucksvolle Darstellung von Kate Winslet bestärkt, die der Figur der Hanna Schmitz ein stärkeres Eigengewicht verleiht. Im Roman hingegen bleibt die Figur weitgehend eine Leerstelle, denn alles, was wir über sie wissen, erfahren wir hier aus der Perspektive des Protagonisten.

[16] Schlink: Der Vorleser (wie Anm. 1), S. 127.

Nicht die lebenslängliche Freiheitsstrafe, zu der Hanna verurteilt wird, erscheint ungerecht, sondern die vergleichsweise niedrigen Strafen für die Mitangeklagten. Deren Schuld wird nicht geringer als Hannas gewesen sein, doch ist es ihnen gelungen, die Hauptschuld auf Hanna abzuwälzen und ihre eigene Tatbeteiligung herunterzuspielen. Die milden Haftstrafen entsprechen, von wenigen Ausnahmen abgesehen[17], weitgehend der historischen Realität. »Freisprüche sind denn auch im Rahmen der juristischen Aufarbeitung weiblicher Täterinnenschaft – sofern diese überhaupt stattfand – an der Tagesordnung gewesen«, schreibt die Historikerin Kathrin Kamposch. »Von den wenigen Frauen, die überhaupt wegen Verbrechen gegen die Menschlichkeit angeklagt wurden, ist lediglich eine Handvoll in der unmittelbaren Nachkriegszeit zum Tode verurteilt worden. Die meisten stritten die ihnen zur Last gelegten Taten – nach heutigen Maßstäben mit geradezu unverfrorener Dreistigkeit – rundweg ab und kamen mit relativ geringen Haftstrafen davon.«[18] Mit dem Resultat des Prozesses zeigt Schlink eine Grundproblematik der realen NS-Prozesse. Denn oftmals gelang es den Gerichten nicht, den Angeklagten eine konkrete, individuelle Tatbeteiligung nachzuweisen. Bloß dass die Richter in Schlinks fiktivem Strafprozess nicht mit dem Ausgang des Verfahrens hadern.[19]

---

[17] Eine davon ist die ehemalige KZ-Aufseherin Hermine Braunsteiner-Ryan, die im Majdanek-Prozess als einzige der dort angeklagten Aufseherinnen zu lebenslanger Haft verurteilt wurde.

[18] Kathrin Kamposch: Täterinnen, Frauen im Nationalsozialismus. Köln/Weimar/Wien 2008, S. 7f.

[19] Im Unterschied etwa zum Majdanek-Prozess, wo die Urteile in fast allen Fällen hinter dem zurück blieben, was der Staatsanwalt und der vorsitzende Richter als angemessen empfanden. Vgl. Thorsten Schmitz: Die Stute von Majdanek. In: Süddeutsche Zeitung Magazin 13. Dezember 1996. Zitiert in: Bettina Greese, Almut Peren-Eckert: Bernhard Schlink. Der Vorleser. Paderborn 2010, S. 15ff.

Die Verstrickung der zweiten Generation
in die Schuld der Eltern

»Dass die Täter, Anstifter und Beihelfer schuldig sind, versteht sich. Wir verstehen auch, dass die schuldig wurden, die Widerstand und Widerspruch unterlassen haben, obwohl sie dazu fähig waren. Wir verstehen sogar, dass in Schuld auch verstrickt wurde, wer sich von den Tätern und Beteiligten nicht losgesagt, sie nicht verurteilt, verstoßen hat. Schließlich verstehen wir, dass die Lossagung, wäre sie radikal geschehen, wieder Schuld erzeugt hätte. Aber müssen auch die Kinder in diese Netze der Schuld verstrickt werden?«[20]

Der Roman zieht an keiner Stelle in Zweifel, dass Hanna Schmitz am Tod zahlloser KZ-Häftlinge einschließlich der bei dem Kirchenbrand ums Leben gekommenen Frauen Schuld trägt und zurecht vor Gericht steht. Doch stellt die Erzählperspektive eine beunruhigende Nähe zu einer NS-Täterin her und betritt damit gewagtes Terrain. Die Erzählstrategie, schreibt der Literaturwissenschaftler Thomas Rothschild, ziele »auf eine Sympathielenkung zugunsten Hanna Schmitz«.[21] Der Leser werde »geradezu genötigt«, kritisiert Rothschild, »die Sicht des in der erinnerten Geschichte verliebten Erzählers zu teilen«.[22] An dieser Kritik wird deutlich, welch riskante Gratwanderung Schlink unternimmt, wenn er seine Geschichte aus dem Blickwinkel seines der Täterin emotional verbundenen Protagonisten erzählt, der die Täterin und ihre Motive zu verstehen sucht. Indem er im *Vorleser* über die eigene Generation in ihrem Verhältnis zu den Eltern und den Tätern reflektiert, vollzieht Schlink einen Perspektivwechsel, der die blinden Flecken der eigenen Generation im Umgang mit

---

[20] Bernhard Schlink: Kollektivschuld? In: Jörg Callies (Hrsg.): Geschichte – Schuld – Zukunft. Rehburg-Loccum, 1988, nachgedruckt in: Bernhard Schlink: Vergangenheitsschuld. Beiträge zu einem deutschen Thema. Zürich 2007, S. 28.

[21] Thomas Rothschild: Unschuldig schuldig? Bernhard Schlinks Hanna Schmitz und Ödon von Horváths Sladek. In: Stefan Hermes, Amir Muhíc (Hrsg.): Täter als Opfer? Deutschsprachige Literatur und Vertreibung im 20. Jahrhundert. Hamburg 2007, S. 119.

[22] Ebd.

der ererbten Geschichte aufzudecken sucht. Durch den Prozess rückt die Schuldthematik in einen intergenerativen Zusammenhang. Michael kann sich von seiner Liebe zu der nun als Täterin identifizierten Hanna nicht lösen. »Ich musste eigentlich auf Hanna zeigen. Aber der Fingerzeig auf Hanna wies auf mich zurück. Ich hatte sie geliebt. Ich hatte sie nicht nur geliebt, ich hatte sie gewählt. Ich habe versucht, mir zu sagen, dass ich, als ich Hanna wählte, nicht von dem gewusst habe, was sie getan hatte. Ich habe versucht, mich damit in den Zustand der Unschuld zu reden, in dem Kinder ihre Eltern lieben. Aber die Liebe zu den Eltern ist die einzige Liebe, für die man nicht verantwortlich ist.«[23]

Michael will Hannas Motive ergründen, unternimmt Anstrengungen, sich ein Bild von den Verbrechen und den Leiden der Holocaustopfer zu verschaffen, wird von den Gräueln abgestoßen und manövriert sich in einen unauflöslichen Konflikt. »Ich wollte Hannas Verbrechen zugleich verstehen und verurteilen. Aber es war dafür zu furchtbar. Wenn ich versuchte, es zu verstehen, hatte ich das Gefühl, es nicht mehr so zu verurteilen, wie es eigentlich verurteilt gehörte. Wenn ich es so verurteilte, wie es verurteilt gehörte, blieb kein Raum fürs Verstehen. Aber zugleich wollte ich Hanna verstehen; sie nicht zu verstehen, bedeutete, sie wieder zu verraten. Ich bin damit nicht fertig geworden. Beidem wollte ich mich stellen: dem Verstehen und dem Verurteilen. Aber beides ging nicht.«[24]

Bernhard Schlink hat an anderer Stelle diesen Konflikt zwischen Verstehen und Verurteilen als Kernproblem der Auseinandersetzung mit den Tätern beschrieben: »Wer Täter zu verurteilender Taten verstehen will, gerät in eine Spannung. In der Spannung stehen besonders die Kinder und Enkel von Tätern; sie wissen, dass ihre Eltern und Großeltern zu verurteilen sind, und lieben sie doch zu sehr, kennen sie doch zu gut, um sie nicht verstehen zu wollen und beim Verstehen zu Nachsicht zu neigen. Zwischen Verstehen-Wollen und Verurteilen-Müssen können sie sich eigentlich nicht richtig verhalten.«[25]

---

[23] Schlink: Der Vorleser (wie Anm. 1), S. 162.
[24] Ebd., S. 151f.
[25] Schlink: Vergeben und Versöhnen. In: Ders.: Vergangenheitsschuld (wie Anm. 12), S. 182.

Der Vorleser macht die emotionalen Wunden sichtbar, die aus der Komplizenschaft mit der Eltern- und Tätergeneration resultieren und die von der zweiten Generation, den 68ern, häufig ausgeblendet wurden. Die Duplizität der Romanfigur ist in diesem Zusammenhang von Bedeutung. Zum einen erscheint der Protagonist als Repräsentant der zweiten Generation, der sein Leiden an seiner Liebe zu einer Täterin für »das Schicksal (…) [seiner] Generation«, für »das deutsche Schicksal« hält.[26] Doch trennt ihn genau diese Liebe vom spezifischen Erfahrungshorizont seiner Altersgenossen. Daher eignet sich die Figur, um die eigene Generationserfahrung kritisch zu hinterfragen und die blinden Flecken gegenüber der ererbten Geschichte aufzudecken.

In diesem Zusammenhang steht Michaels Kritik an der selbstgerechten Haltung seiner Altersgenossen, die er anfangs teilte. »Ich denke jetzt«, sagt Michael rückblickend, »dass der Eifer, mit dem wir Furchtbarkeiten zur Kenntnis bringen wollten, tatsächlich abstoßend war. Je furchtbarer die Ereignisse waren, über die wir lasen und hörten, desto gewisser wurden wir uns unseres aufklärerischen und anklägerischen Auftrags. Auch wenn die Ereignisse uns den Atem stocken ließen – wir hielten sie triumphierend hoch. Seht her!«[27] An einer anderen Stelle des Romans heißt es: »Damals habe ich die anderen Studenten beneidet, die sich von ihren Eltern und damit von der ganzen Generation der Täter, Zu- und Wegseher, Tolerierer und Akzeptierer absetzten und dadurch wenn nicht ihre Scham, dann doch ihr Leiden an der Scham überwanden. Aber woher kam die auftrumpfende Selbstgerechtigkeit, die mir bei ihnen so oft begegnete? Wie kann man Schuld und Scham empfinden und zugleich selbstgerecht auftrumpfen? War die Absetzung von den Eltern nur Rhetorik, Geräusch, Lärm, die übertönen sollten, dass mit der Liebe zu den Eltern die Verstrickung in deren Schuld unwiderruflich eingetreten war?«[28] Die Funktion dieser anklägerischen Positionierung seiner Altersgenossen sieht der Protagonist in einer Abwehr der eigenen Scham. »Der Fingerzeig auf die Schuldigen befreite nicht von der Scham. Aber er überwand das Leiden an ihr. Er setzte passive Leiden an

---

[26] Ders.: Der Vorleser (wie Anm. 1), S. 163.
[27] Ebd., S. 88.
[28] Ebd., S. 162f.

der Scham in Energie, Aktivität, Aggression um. Und die Auseinandersetzung mit schuldigen Eltern war besonders energiegeladen.«[29]

Der Übergang zur dritten Generation

»Nach einer Generation, in der gerade die Opfer und Täter Scheu hatten, von der Vergangenheit zu reden, ist meine Generation tonangebend geworden, für die das Reden über die Vergangenheit selbstverständlich geworden ist. Indem unsere Erfahrungen, Vorstellungen und Themen Mainstream sind, ist es auch die Vergangenheit, die uns geprägt hat und weiter beschäftigt.«[30]

Das Ausscheiden seiner Generation aus den gesellschaftlichen Funktionen hat Schlink im Jahre 2001 (das Jahr, in dem er selbst fünfundsechzig Jahre alt wurde) zum Anlass genommen, um über die Rolle zu reflektieren, die seine Generation für die politische Kultur der Bundesrepublik und die seinerzeit gesellschaftlich dringend notwendige Auseinandersetzung mit der nationalsozialistischen Vergangenheit gespielt hat. In Schlinks Bestandaufnahme wird ein feines Gespür für die historische Begrenztheit der eigenen Sicht auf die Geschichte des Nationalsozialismus und des Holocaust erkennbar, ebenso wie eine kritische Einschätzung des Anspruchs seiner Generation auf Deutungshoheit im Umgang mit dieser Geschichte. »Als Drittes Reich und Holocaust in den sechziger Jahren thematisiert wurden, musste das Thema gegen die Widerstände durchgesetzt und behauptet werden. Um die Widerstände des Vergessen- und Verdrängenwollens zu brechen, musste auf dem Thema insistiert werden, wieder und wieder. Aber das Insistieren, das meine Generation damals mit rebellischem Stolz und nicht ohne moralische Kraft eingeübt hat, hat sich auch dann noch beibehalten, als es seine Funktion verloren hatte. Als niemand mehr überzeugt werden musste, dass die Vergangenheit nicht vergessen und verdrängt werden darf. Als

---

[29] Ebd., S. 161f.
[30] Schlink: Epilog: Die Gegenwart der Vergangenheit. In: Ders., Vergangenheitsschuld und gegenwärtiges Recht (wie Anm. 8), S. 146.

es keiner Kraft mehr bedurfte und zu keinem Stolz mehr berechtigte, die Vergangenheit zu thematisieren.«[31]

Das Ergebnis davon, moniert Schlink, sei »eine gewisse Banalisierung« des geschichtlichen Diskurses. »Noch ein Gedenkereignis und eine Gedenkstätte, noch eine Tagung, ein Buch, ein Artikel gegen das Vergessen und Verdrängen, Vergleiche von Kosovo mit Auschwitz, Saddam Hussein mit Hitler, Mauerschützen mit KZ-Mördern, heutiger Fremden- mit damaliger Judenfeindlichkeit – dieses Erbe des damals notwendigen Insistierens verspielt die Vergangenheit in kleiner Münze.«[32] Solche Banalisierung wie auch den Anspruch auf Deutungshoheit seiner Generation macht Schlink als Gründe dafür aus, dass sich der nächsten Generation ein eigener Zugang, eine lebendige Vergegenwärtigung der Geschichte verstellt. »Der Überdruss gegenüber der Vergangenheit von Drittem Reich und Holocaust, den die nächste Generation oft zeigt, hat seinen Grund in der banalisierenden Häufigkeit, mit der sie der Vergangenheit in Schule und Medien begegnet. Ebenso hat der leichtfertige bis zynische Ton, in dem die nächste Generation manchmal über die Vergangenheit redet, seinen Grund in dem moralischen Pathos, mit dem meine Generation die Vergangenheit in Bezug nimmt und zum Vergleich heranzieht, ohne dass die Bezüge und Vergleiche ein entsprechendes moralisches Gewicht hätten.«[33]

Im Unterschied zur zweiten Generation besteht, wie Schlink andernorts formuliert hat, für die dritte die Chance, sich mit der Vergangenheit auseinanderzusetzen, ohne sich dabei in die Netze der Scham und Schuld ihrer Eltern beziehungsweise Großeltern zu verstricken.[34] In der Verfilmung des *Vorlesers* hat in der Figur der gerade erwachsenen Tochter des Protagonisten (Hannah Herzsprung) die dritte Generation eine eigene Gestalt angenommen, die sie im Roman so nicht hat. Am Ende des Films wird Michael Berg mit seiner Tochter zu Hannas Grab in der Nähe seines Heimatortes fahren und ihr die Geschichte erzählen, die

---

[31] Ebd., S. 146f.

[32] Ebd., S. 147.

[33] Ebd.

[34] Schlink: Die Gegenwart der Vergangenheit. In: Vergangenheitsschuld (wie Anm. 9), S. 120f.

all die Jahre sein inneres Erleben ausmachte, weswegen er der Tochter bis dahin stets unzugänglich und fremd erschien. In ihrem dem Vater zugleich zugewandten wie verwunderten Blick wird etwas von der generationsbedingten Distanz der Tochter gegenüber dem historischen Geschehen und dem für ihren Vater emotional so überdeterminierten persönlichen Bezug zu dieser Geschichte erkennbar.

III.

Umbrüche:
»Erinnerungskultur« im Zeitalter
von Transnationalisierung und Globalisierung

Jörn Rüsen

Die Menschlichkeit der Erinnerung

Perspektiven der Geschichtskultur

1. Geschichtskultur oder die Lebensdienlichkeit der historischen Erinnerung

Geschichtskultur[1] ist der Inbegriff der Sinnbildungen über die Erfahrungen der Vergangenheit, die notwendig sind, um sich in der gegenwärtigen Lebenssituation zukunftsorientiert zurechtzufinden. In dieser Sinnbildung wird die Erfahrung der Vergangenheit so gedeutet, dass die Gegenwart verstanden und Zukunft erwartet werden kann.

Drei Dimensionen dieser Kultur sind besonders wichtig: die ästhetische, die politische und die kognitive. Alle drei sind notwendig; sie sind aber jeweils durch unterschiedliche Sinnkriterien und Geltungsansprüche bestimmt: Die *ästhetische* lebt von der Überzeugungskraft sinnlich wahrnehmbarer gedeuteter Vergangenheit. Die *politische* lebt von der Überzeugungskraft der historischen Legitimität von Herrschaftsverhältnissen. Die *kognitive* lebt von der Überzeugungskraft empirischer, theoretischer und normativer Geltungsansprüche, die für historisches Wissen erhoben werden.

Diese drei Dimensionen beruhen auf anthropologisch fundamentalen und allgemeinen Prozeduren des menschlichen Geistes in der Deutung der Welt: auf Wahrnehmen, Wollen und Denken – in ihrer Unterschiedlichkeit und in ihrem inneren Zusammenhang. In diesen drei Dimensionen sind drei ganz verschiedene Sinnkriterien wirksam: Schönheit, Macht und Wahrheit. Mit dieser Dreiheit gehört die Geschichtskultur

---

[1] Ich greife auf Überlegungen zurück, die ich andernorts ausführlicher dargelegt habe: Jörn Rüsen: Historische Orientierung. Über die Arbeit des Geschichtsbewußtseins, sich in der Zeit zurechtzufinden. 2. überarbeitete Auflage, Schwalbach/Taunus 2008, S. 211-234 (Was ist Geschichtskultur?).

zum Menschsein des Menschen. Sie ist also durch und durch *menschlich*. Das heißt freilich nicht, dass sie auch immer human ist. Human im Sinne des Humanismus[2] wird sie erst an der Schwelle zur Moderne, mit der Entstehung des modernen historischen Denkens, der Universalgeschichte und der verstehenden Geisteswissenschaften.

Die spezifisch moderne Geschichtskultur ist bestimmt durch eine grundsätzliche Historisierung oder zeitliche Dynamisierung des menschlichen Verhältnisses zur Welt und zu sich selbst. Hier ist eine Zeitverlaufsvorstellung maßgebend, in der Vergangenheit, Gegenwart und Zukunft in einem asymmetrischen Verhältnis stehen. Zukunft und Vergangenheit sind nicht mehr symmetrisch aufeinander bezogen, sondern asymmetrisch: Die Zukunftsdimension der Gegenwart geht über den Erfahrungshorizont hinaus, in der die Vergangenheit erscheint, wie zum Beispiel in der typisch modernen Zeitkonzeption des Fortschritts.

Diese Zeitvorstellung wird geschichtsphilosophisch im Ursprung der Moderne als verzeitlichte Menschheit in der Vielfalt verschiedener Kulturen und ihrer Veränderungen entworfen. Typisch dafür ist das Geschichtsdenken von Johann Gottfried Herder.[3] Er bestimmt den Sinngehalt der Menschheitsgeschichte humanistisch: In den Bewegungen der zeitlichen Veränderungen der menschlichen Lebensformen manifestiert sich die »Humanität« des Menschseins. »Humanität ist der Charakter unsres Geschlechts; er ist uns aber nur in Anlagen angeboren und muss uns eigentlich angebildet werden. Wir bringen ihn nicht fertig auf die Welt mit; auf der Welt aber soll er das Ziel unsres Bestrebens, die Summe unsrer Übungen, unser Wert sein; denn eine Angelität (Engelsnatur) im Menschen kennen wir nicht, und wenn der Dämon, der uns regiert, kein humaner Dämon ist, werden wir Plagegeister der Menschen. Das Göttliche in unserm Geschlecht ist also Bildung zur Humanität; alle

---

2   Im Einzelnen dazu: Jörn Rüsen: Klassischer Humanismus – Eine historische Ortsbestimmung. In: Ders. (Hrsg.): Perspektiven der Humanität. Menschsein im Diskurs der Disziplinen. Bielefeld 2010, S. 273-316; Martin Völler, Hubert Cancik (Hrsg.): Humanismus und Antikerezeption im 18. Jahrhundert. Bd. 1: Genese und Profil des europäischen Humanismus. Heidelberg 2009.

3   Dazu Hans Dietrich Irmscher: Nationalität und Humanität im Denken Herders. In: Orbis litterarum 49 (1994), S. 189-215.

großen und guten Menschen, Gesetzgeber, Erfinder, Philosophen, Dichter, Künstler, jeder edle Mensch in seinem Stande, bei der Erziehung seiner Kinder, bei der Beobachtung seiner Pflichten, durch Beispiel, Werk, Institut und Lehre hat dazu mitgeholfen. Humanität ist der Schatz und die Ausbeute aller menschlichen Bemühungen, gleichsam die Kunst unsres Geschlechtes. Die Bildung zu ihr ist ein Werk, das unablässig fortgesetzt werden muss, oder wir sinken, höhere und niedere Stände, zur rohen Tierheit, zur Brutalität zurück.«[4]

Es ist ein weiter Schritt vom Humanismus Herders zum Geschichtsdenken der Gegenwart. Es trägt noch Spuren seines humanistischen Ursprungs an sich, hat sich aber weit von ihm entfernt. Dennoch gibt es gute Gründe, erneut danach zu fragen, ob und wie dem Menschsein des Menschen tragfähige Sinnkriterien des historischen Denkens abgewonnen werden können und müssen.[5]

2. Die deutsche Geschichtskultur
im Bann der Holocaust-Erfahrung

Die deutsche Geschichtskultur der Nachkriegszeit ist durch eine fundamentale Herausforderung geprägt: Sie muss den Nationalsozialismus in die historische Erfahrung einbringen, von der her Gegenwart gedeutet und Zukunft erwartet werden kann.[6] Die Herausforderung dieser

---

[4] Johann Gottfried Herder: Briefe zur Beförderung der Humanität. In: Ders.: Werke, hrsg. von Hans Dietrich Irmscher, Bd. 10. Frankfurt am Main 1991, S. 148.

[5] Zur Erneuerung des humanistischen Denkens in den Geisteswissenschaften siehe Jörn Rüsen: Intercultural Humanism: How to Do the Humanities in the Age of Globalization. In: Taiwan Journal of East Asian Studies, Bd. 6, Nr. 2 (Heft 12), Dezember 2009, S. 1-24; zum Gesamtkomplex des Humanismus heute siehe Julian Nida-Rümelin: Humanismus als Leitkultur. Ein Perspektivenwechsel. München 2006; Jörn Rüsen, Henner Laass (Hrsg.): Interkultureller Humanismus. Menschlichkeit in der Vielfalt der Kulturen. Schwalbach/Taunus 2009.

[6] In den folgenden Überlegungen greife ich Überlegungen und Argumenta-

Erfahrung liegt im Menschheitsverbrechen des Holocaust. Sie wurde in ganz unterschiedlicher Weise aufgegriffen und gedeutet. In einer idealtypischen Vereinfachung und Zuspitzung möchte ich drei generationsspezifische Umgangsformen unterscheiden.

Typisch für die Generation, die zur Zeit des Nationalsozialismus selber gehört und in deren Händen dann auch der Aufbau der Bundesrepublik in der unmittelbaren Nachkriegszeit lag, ist eine *Exklusion* der Schreckenserfahrungen des Dritten Reiches durch *Beschweigen*. Ich würde nicht von Verdrängen reden, denn die Tatsachen und Ereignisse waren bekannt und wurden auch im Prinzip nicht bestritten; ihnen wurde aber keine zentrale Bedeutung im Geschichtsbewusstsein dieser Generation zugebilligt. Dieses Beschweigen nahm die Last der unmittelbaren Vergangenheit von den Schultern der Generation der damals Erwachsenen (und lud sie unbewusst auf die Schultern der nächsten Generation). Prägend für das Geschichtsbewusstsein war damals der Versuch, unbeschädigte identitätsbildende Traditionen der deutschen Geschichte zur Geltung zu bringen, etwa durch einen Rekurs auf Goethe oder durch die Ersetzung Rankes als Leitbild des Geschichtsdenkens durch Jacob Burckhardt.[7] Das vormoderne christliche Abendland war Bezugsgröße zukunftsfähiger Traditionen, und die Zeit des Nationalsozialismus wurde am Leitfaden moralisch unbeschädigter Zeitgenossen (etwa im Widerstand) in diese Entwicklungslinie deutscher Kultur eingeordnet. In ihr fand der Nationalsozialismus keinen Platz; er war ihr äußerlich und fremd. Die Nationalsozialisten gehören nicht zu »uns«; sie sind die »anderen«, von denen sich zu unterscheiden für die eigene historische und politische Identität maßgebend war. Die spätere Generation hat diese Haltung heftig als Ausweichen vor der historischen Verantwortung kritisiert. So sehr diese Kritik von einem moralischen Standpunkt aus gerechtfertigt werden kann, so wenig wird sie der Tatsache gerecht, dass es diese Entlastung von historischer Schuld war, die die Belasteten dazu

---

tionen auf, die ich in meinem Buch *Zerbrechende Zeit. Über den Sinn der Geschichte* dargelegt habe (Köln 2001).

[7] So beispielsweise bei Friedrich Meinecke: Die deutsche Katastrophe. Betrachtungen und Erinnerungen. Wiesbaden, 2. Auflage, 1946; Ders.: Ranke und Burckhardt. Berlin 1948.

befähigte, die Rolle der Elite zu übernehmen, ohne die die Bundesrepublik Deutschland nicht hätte aufgebaut werden können.[8]

Die zweite Generation, also die erste in der Nachkriegszeit, hat die Last der Verantwortung für die Verbrechen des Nationalsozialismus auf ihre Schultern gelegt bekommen. Sie hat diese Last auch angenommen und versucht, mit ihr fertig zu werden. Dies geschah durch eine Moralisierung, mit der diese Vergangenheit auf Distanz gehalten und doch zugleich – wenn auch negativ – als eigene historisch angenommen wurde.[9] Historische Identität wurde durch eine moralische Distanzierung von dieser jüngsten Epoche der deutschen Geschichte konzipiert, also auf Prinzipien einer universalistischen Moral gegründet. Damit war kulturhistorisch der deutsche Sonderweg als Abweichung oder gar als Alternative zur Entwicklung der westlichen politischen Kultur zu Ende. Die Bundesrepublik Deutschland integrierte sich in diese westliche Tradition und machte sie sich auf entschiedene Weise zu eigen.[10] Im Rahmen dieses geschichtskulturellen Paradigmas wurde die deutsche historische Identität durch einen tiefen Kontinuitätsbruch bestimmt. Man distanzierte sich von den Tätern und identifizierte sich mit den Opfern, und damit wurde der (objektive) intergenerationelle Zusammenhang mit den Zeitgenossen des Nationalsozialismus (subjektiv) zerrissen. Die Täter waren als Deutsche »die anderen« (»›sie‹ haben die Juden getötet«). Man kann für diese Diskontinuität den Ausdruck »Zivilisationsbruch«

---

[8]   Es ist das Verdienst Hermann Lübbes, darauf nachdrücklich hingewiesen zu haben (Hermann Lübbe: Der Nationalsozialismus im deutschen Nachkriegsbewußtsein. In: Historische Zeitschrift 236 (1983), S. 579-599.

[9]   Die damit verbundene grundlegende Wende in der Geschichtskultur der Bundesrepublik wird in dem Buch von Jureit und Schneider (Ulrike Jureit, Christian Schneider: Gefühlte Opfer. Illusionen der Vergangenheitsbewältigung. Stuttgart 2010) überhaupt nicht angesprochen, sondern nur in ihren verspäteten Auswüchsen kritisiert. Insofern steht dieses Buch symptomatisch für die Preisgabe dieses generationsspezifischen Paradigmas, ohne dass sich die Grundlinien eines neuen Paradigmas in ihm schon abzeichneten.

[10] Heinrich August Winkler: Der lange Weg nach Westen. Bd. 1: Deutsche Geschichte vom Ende des Alten Reiches bis zum Untergang der Weimarer Republik; Bd. 2: Deutsche Geschichte vom ›Dritten Reich‹ bis zur Wiedervereinigung. München, 3. Auflage, 2001.

verwenden, den Dan Diner wirkungsvoll als Leitvokabel zur historischen Einordnung des Holocaust geprägt hat.[11] Mit dem Holocaust ließ sich der Nationalsozialismus in keine zeitübergreifende Entwicklungsvorstellung integrieren, die zum Grundbestand jeder historischen Identität gehört. Insofern ist diese bis heute wirksame geschichtskulturelle Orientierung der Eliten der Bundesrepublik – bei allem Verdienst um die mentale Verankerung der Deutschen in der Tradition der westlichen politischen Kultur – auch durch einen Mangel bestimmt. Sie siedelt in einem Zeitbruch. Deshalb kann man sie, wenn man will, auch als neurotisch bezeichnen.[12] Sie ist und bleibt verstört, weil die für sie maßgebliche normative Grundlage sich nur durch den Ausschluss einer ganzen zeitgeschichtlichen Epoche der deutschen Geschichte historisch fundieren und konkretisieren lässt.

Die folgende Generation steht vor der Aufgabe, diese innere Brüchigkeit zu überwinden und die deutsche Zeitgeschichte in das historische deutsche Selbstbild einzuholen. Damit würde der objektive Generationszusammenhang allererst subjektiv realisiert. Die Täter werden in das historische »Wir« der deutschen Identität integriert. (Entsprechende Belege – »wir« haben die Juden getötet – finden sich in der deutschen Publizistik an prominenter Stelle erst seit den 1980er Jahren des vorigen Jahrhunderts.)[13] Der Zeitbruch und die mit ihm verbundene moralische Beurteilung der Vergangenheit zerstört die historische Kontinuität nicht mehr, sondern geht in sie ein. Der identitätsbildende Zeitzusammenhang von Vergangenheit, Gegenwart und Zukunft wird grundsätzlich ambivalent und prekär; er wird in sich widersprüchlich und damit offen für die dunklen Seiten der historischen Erfahrung (die bislang durchgängig von den identitätsbildenden Zügen der eigenen Geschichte ausgeschlossen und – wenn irgend möglich – in das Anderssein der anderen projiziert

---

[11] Dan Diner: Zwischen Aporie und Apologie. Über Grenzen der Historisierbarkeit des Nationalsozialismus. In: Ders. (Hrsg.): Ist der Nationalsozialismus Geschichte? Zu Historisierung und Historikerstreit. Frankfurt am Main, S. 62-73.

[12] Das erwähnte Buch von Jureit und Schneider liefert zahlreiche Belege dieser geschichtskulturellen Neurose.

[13] Weitere Belege gebe ich in dem Text »Holocaust-Erinnerung und deutsche Identität«. In: Rüsen: Zerbrechende Zeit (wie Anm. 6).

wurden). Die moralische Grundhaltung der zweiten Generation wird natürlich nicht preisgegeben, aber sie wird historisiert und gewinnt damit die Komplexität, mit der Brüche und Verkehrungen in die identitätsbildenden Vorstellungen der historischen Entwicklung eingehen können. Diese Historisierung lässt die Vergangenheit nicht vergehen, entmoralisiert also den Umgang mit der Nazizeit nicht, sondern integriert sie in das historische Selbstbild der Deutschen. Eindrucksvolle Zeugnisse dafür sind der Roman *Im Krebsgang*[14] von Günter Grass und die Errichtung der Holocaust-Gedenkstätte im Zentrum der Hauptstadt der Bundesrepublik Deutschland nach der Wiedervereinigung.[15] Jetzt sind die Täter nicht mehr die anderen, sondern die eigenen (deutschen) Landsleute. Es wird den Nachgeborenen möglich zu sagen: »Wir haben die Juden getötet.« Der Zeitbruch des Holocaust wird nicht geheilt, sondern geht in eine neue Ambivalenz identitätsbildender Zeitverlaufsvorstellungen des Geschichtsbewusstseins ein.[16]

---

[14] Günter Grass: Im Krebsgang. Eine Novelle. Göttingen, 3. Auflage, 2002.

[15] Ute Heimrod, Günter Schluße, Horst Severens (Hrsg.): Der Denkmalstreit – Das Denkmal? Eine Debatte um das »Denkmal für die ermordeten Juden Europas«. Eine Dokumentation. Berlin 1999; Hans-Georg Stavginski: Das Holocaust-Denkmal. Der Streit um das »Denkmal für die ermordeten Juden Europas« in Berlin (1988 – 1999). Paderborn 2002; Jan-Holger Kirsch: Nationaler Mythos oder historische Trauer? Der Streit um ein zentrales »Holocaust-Mahnmal« für die Berliner Republik (Beiträge zur Geschichtskultur, Bd. 25). Köln 2003.

[16] Jureits und Schneiders Buch indiziert die Tatsache, dass der Übergang vom Moralisierungs- zum Historisierungsparadigma noch nicht wirklich vollzogen wurde, aber von der Sache her ansteht. In seiner ganzen Polemik gegen das moralistische Paradigma bleibt es dem verhaftet, wogegen es sich wendet. Es zeichnet sich durch eine erstaunliche Ausblendung gegenläufiger Tendenzen und Phänomene aus, wie sie sich etwa in den einschlägigen Arbeiten von Christian Meier (zum Beispiel in Christian Meier: 40 Jahre nach Auschwitz. Deutsche Geschichtserinnerung heute. München [1987], 2. Auflage 1990), aber auch in der skandalträchtigen Rede Martin Walsers zur Verleihung des Friedenspreises des Deutschen Buchhandels in der Frankfurter Paulskirche am 11. Oktober 1998 (http://www.hdg.de/lemo/html/dokumente/WegeInDieGegenwart_redeWalserZumFriedenspreis/index.html) (letzter Zugriff: 20.3.2012) nicht gerade selten finden.

3. Erweiterungen der historischen Dimension verstörender Erfahrungen

Was wie ein deutscher Sonderweg in der Geschichtskultur aussieht, bildet sich allmählich zu einer Signatur des europäischen Geschichtsdenkens aus. Die Holocausterfahrung wächst in die Geschichtskulturen verschiedener europäischer Länder ein und führt auch dort zu einer Steigerung von Ambivalenz im Selbstbild der historischen Identität.[17]

Es lassen sich sogar schon Ansätze zu einer Universalisierung der historischen Bedeutung des Holocaust finden.[18] Damit wird der Tatsache Rechnung getragen, dass es in der Holocaust-Erfahrung um eine fundamentale Qualifikation des Menschseins und deren Negation durch Völkermord geht. Insofern lässt sich der Holocaust gar nicht auf der Ebene einer abständigen historischen Erfahrung halten, sondern er provoziert auch in der Abständigkeit der Vergangenheit das historische Denken zu einer grundsätzlichen Revision seiner Möglichkeiten und Grenzen der Sinnbildung.

4. Schritte ins Niemandsland der historischen Sinnbildung

Damit stellen sich grundsätzliche Fragen der historischen Sinnbildung. Die Holocaust-Erfahrung markiert die Grenzen der Sinnbildungsleistungen in der modernen Geschichtskultur und zugleich die Notwendigkeit, diese Grenzen zu überschreiten. Als traumatische Erfahrung zerstört das Menschheitsverbrechen des Holocaust ein grundlegendes Sinn-Vertrauen des historischen Denkens. Es lässt ganz neu nach den

---

[17] Beispielhaft sei auf die Arbeiten von Klas-Göran Karlsson verwiesen: Klas-Göran Karlsson, Ulf Zander (Hrsg.): Echoes of the Holocaust. Historical Cultures in Contemporary Europe. Lund 2003; Dies. (Hrsg.): Holocaust Heritage. Inquiries into European Historical Culture. Malmö 2004; Dies. (Hrsg.): The Holocaust on Post-War Battlefields. Genocide as Historical Culture. Malmö 2006.

[18] Natan Sznaider, Daniel Levy: Erinnerung im globalen Zeitalter – Der Holocaust. Frankfurt am Main 2001.

Sinnpotenzialen des menschlichen Geschichtsbewusstseins fragen. Modernes Geschichtsdenken bildet historischen Sinn im Ausgang von einer Auffassung des Menschen als Sinn-Produzenten seiner Kultur. Es ist anthropologisch begründet und in seinen Anfängen humanistisch ausgerichtet. Die hier unterstellte Menschlichkeit des Menschen wird nun in der Holocausterfahrung radikal infrage gestellt. Lässt sich angesichts der überwältigenden Erfahrung der menschlichen Unmenschlichkeit (die ja nicht nur auf den Holocaust zu beschränken ist, sondern für die er nur ein besonders eindrucksvolles Beispiel darstellt) überhaupt noch im Rekurs auf das Menschsein des Menschen vom Sinn der Geschichte reden? Der Posthumanismus hat auf diese Frage eine klare Antwort gegeben: Er erklärt die Menschlichkeit, um die es geht, zur Ideologie oder Illusion, von der wir uns befreit haben oder zu befreien hätten. Aber wenn wir den Menschen als Sinnquelle aufgeben (unsere Subjektivität also aus der Geschichtskultur entfernen), – was bleibt dann als Alternative? In jedem Falle etwas Un-Menschliches. Das aber ist insofern widersinnig, als es in der Holocausterfahrung selber um die Negation der universellen Menschheitsqualität des Menschen und ihre katastrophalen Folgen gegangen ist. Der Posthumanismus schreibt, ohne es zu wissen, die Unmenschlichkeit in die Grundlagen des historischen Denkens hinein. Mit der Verabschiedung des humanistischen Menschlichkeitskriteriums als Gesichtspunkt der kulturellen Orientierung gibt es dann letztlich auch kein Verbrechen gegen die Menschlichkeit mehr.

Der Mensch kann sich aber nicht entgehen, wenn es um die Sinnquellen seiner Kultur geht. Es kommt also darauf an, historischen Sinn auch im Widersinn historischer Erfahrungen zur Geltung zu bringen und diese Dialektik von Sinn und Widersinn im Menschsein des Menschen auszumachen und historisch auszulegen.[19]

Insofern stehen Grundsatzfragen der historischen Sinnbildung zu einer neuen Betrachtung an. Ich möchte meine abschließenden Überlegungen dazu mit einer kritischen Bemerkung zum Erinnerungsdiskurs einleiten. Dieser Diskurs hat die Humanwissenschaften in den letzten Jahrzehnten

---

[19] Siehe dazu Jörn Rüsen: Humanismus als Antwort auf den Holocaust. Zerstörung oder Innovation? In: Zeitschrift für Genozidforschung 9 (2008), Heft 1, S. 134-144.

intensiv beschäftigt und zu einer Vertiefung und Erweiterung unserer Einsicht in die mentalen Strukturen und Dynamiken der Geschichtskultur geführt. Er hat die Lebensdienlichkeit des Umgangs mit der Vergangenheit in kritischer Wendung gegen Verdinglichungstendenzen der methodischen Rationalität der historischen Forschung betont und damit eine Gegensätzlichkeit zwischen Erinnerung und Erkenntnis statuiert, die ich für nicht plausibel halte. Überdies hat er eine lebensnotwendige Zeitdimension der Geschichtskultur ausgeblendet, nämlich die Zukunftsdimension des Geschichtsbewusstseins. Schließlich wurden auch die kognitiven Möglichkeiten einer Vergangenheitskritik marginalisiert. Nietzsches Bemerkung über die innere Lügenhaftigkeit des menschlichen Gedächtnisses wurden damit indirekt in die Logik der historischen Erinnerung und der Geschichtskultur eingeschrieben: »Das habe ich getan, sagt mein Gedächtnis. Das kann ich nicht getan haben – sagt mein Stolz und bleibt unerbittlich. Endlich – giebt das Gedächtniss nach.«[20]

Natürlich lässt sich Nietzsches Hinweis auf ein fundamentales Phänomen der kulturellen Leistung des menschlichen Geschichtsbewusstseins nicht abweisen. Das Geschichtsbewusstsein tendiert grundsätzlich dazu, die Vergangenheit durch Erinnerung und Deutung so umzumodeln, dass sie den Interessen der Gegenwart entspricht, also lebensdienlich ist. Die »pursuit of happiness« als intentionale Fundamentalausrichtung des menschlichen Handelns wird zum Leitfaden der Vergangenheitsdeutung – natürlich auf Kosten schwerwiegender historischer Erfahrungen.

Dieser Umgang mit der Vergangenheit ist »menschlich« im Sinne einer dem Menschen grundsätzlich zuzuschreibenden Fehlbarkeit. Nur hat diese Menschlichkeit höchst problematische Konsequenzen für die Lebenspraxis: Sie kostet sozusagen Menschlichkeit, indem sie die Fehlbarkeit gerade nicht als Quelle von Unmenschlichkeit in den Blick bringt, sondern durch Verbergen und Verdrängen selber unmenschlich wird. Die der Fehlbarkeit des Menschen geschuldete Lebensdienlichkeit verfehlt genau die Vergangenheit, die an eine wünschbare Zukunft nicht ohne weiteres anschlussfähig ist.

---

[20] Friedrich Nietzsche: Jenseits von Gut und Böse. In: Ders.: Kritische Gesamtausgabe, begr. u. hrsg. von Giorgio Colli und Mazzino Montinari. Berlin 1967ff., Abteilung VI, Bd. 2, § 68.

Paradigmatisches Beispiel dieser Unmenschlichkeit ist der Ethnozentrismus als anthropologische Universalie der Geschichtskultur.[21] Man projiziert den Schatten der eigenen Geschichte in das Anderssein der anderen und gewinnt damit die Lebensqualität eines positiven Selbstverhältnisses. Die eigenen Leute sind immer die besseren Menschen im Verhältnis zu den anderen, und das gilt natürlich umgekehrt genauso. Man könnte von einer der Geschichtskultur logisch eingebauten fundamentalen Unmenschlichkeit reden.

Für Nietzsche wird die Geschichtskultur lebensdienlich nur durch Ästhetisierung. Er klammert also die politischen und die kognitiven Dimensionen aus, mit den verheerenden Folgen einer Ästhetisierung der Politik und einer grundsätzlichen Zurückweisung kognitiver Wahrheitsansprüche. Historisches Denken wird zur lebensnotwendigen Lüge. In der aktuellen geschichtstheoretischen Diskussion finden sich dazu Analogien. Man redet von Geschichte als »narrativer Konstruktion«, in der der Sinngehalt und natürlich auch der Un- und Wider-Sinngehalt der historischen Erfahrung verschwindet.

Der intellektuell höchst populäre Nietzscheanismus in der Philosophie und in den Geisteswissenschaften führt völlig in die Irre. (Man meint allen Ernstes, den Menschlichkeitsverlust nicht nur der Geschichtskultur, sondern der kulturellen Orientierung der Moderne insgesamt durch einen Posthumanismus ratifizieren zu sollen, und öffnet damit Tor und Türe der Barbarei, die man zwischen allen Zeilen der Nietzscheschen Texte lesen kann,[22] und deren Evidenz zum Grundtatbestand der historischen Erfahrung unserer Zeit gehört.)

Wie also wäre das Orientierungsproblem unserer Geschichtskultur zu lösen, das die Holocaust-Erfahrung aufgeworfen hat? Zunächst einmal

---

[21] Dazu ausführlicher: Jörn Rüsen: Der Ethnozentrismus und seine Überwindung. Ansätze zu einer Kultur der Anerkennung im 21. Jahrhundert. In: Michael Kastner, Eva Neumann-Held, Christine Reick (Hrsg.): »Kultursynergien oder Kulturkonflikte?« – eine interdisziplinäre Fragestellung. Lengerich 2007, S. 103-117.

[22] Dazu Ernst Tugendhat: Macht und Anti-Egalitarismus bei Nietzsche und Hitler – Einspruch gegen den Versuch einer Verharmlosung. In: Die Zeit, 14. September 2000 (http://www.zeit.de/2000/38/Der_Wille_zur_Macht/komplettansicht) (letzter Zugriff: 3.9.2011).

muss daran festgehalten werden, dass es eine fundamentale, in der kulturellen Natur des Menschen selber angelegte Tendenz des Geschichtsbewusstseins gibt, aus der historischen Erfahrung eine handlungsstimulierende Zukunftsperspektive zu gewinnen. Bislang aber wurde diese Zukunftsperspektive nur um einen hohen Preis eröffnet, durch ein grundsätzliches Zudecken von Leidens- und Sinnlosigkeitserfahrungen in der historischen Erfahrung.

Dieses Verdecken muss kritisch aufgebrochen werden. Dazu ist eine psychoanalytische Argumentation sehr hilfreich.[23] Es geht also darum, die Unmenschlichkeit des Menschen in der Anthropologie der Geschichtskultur wahrzunehmen und so zu deuten, dass sich Humanisierungschancen öffnen. Dazu müssen neue Elemente der historischen Sinnbildung ins Spiel gebracht werden. Ein ganz wesentliches Element wird von Christian Schneider in dem mehrfach erwähnten Buch sehr nachdrücklich angesprochen: die Trauer.[24]

Trauer ist Reaktion auf Selbstverlust durch den Verlust von Menschen, mit denen verbunden zu sein für das eigene Leben wesentlich war. Mit ihnen verlieren die Betroffenen ein Stück ihres eigenen Selbst. Dieser Verlust ist umso schmerzhafter, je bestimmender die Toten für die eigene Identität waren. Durch Trauer wird dieser Verlust verschmerzt, und zwar so, dass die Toten in ihrer Abwesenheit als Abwesende gegenwärtig gemacht werden. Die Ethnologie liefert dafür ein eindrucksvolles Zeugnis: In archaischen Kulturen werden durch rituelles Trauern aus Toten in höherem Sinne lebendige Ahnen. Im Christentum (zumindest in seiner traditionellen Ausprägung) erleben die Toten eine Auferstehung ihres Fleisches und gehen ins Paradies ein.

Mitscherlichs viel zitiertes und offensichtlich wenig gelesenes Buch über »Die Unfähigkeit zu trauern«[25] verfehlt das zentrale Erfordernis

---

[23] Dazu Jürgen Straub, Jörn Rüsen, (Hrsg.): Die dunkle Spur der Vergangenheit. Psychoanalytische Zugänge zum Geschichtsbewusstsein (Erinnerung, Geschichte, Identität, Bd. 2). Frankfurt am Main 1998, 2. Auflage 2002.

[24] Dazu Burkhard Liebsch, Jörn Rüsen (Hrsg.): Trauer und Geschichte (Beiträge zur Geschichtskultur, Bd. 22). Köln 2001.

[25] Alexander und Margarete Mitscherlich: Die Unfähigkeit zu trauern. Grundlagen kollektiven Verhaltens. Leipzig 1990 (zuerst München 1967).

einer Geschichtskultur nach dem Holocaust: die Trauer über den Verlust der eigenen Menschlichkeit in der historischen Erfahrung der Verbrechen gegen die Menschlichkeit.

Wir haben unser Verständnis dessen, was Trauern als mentale Strategie des Umgangs mit Verlusterfahrungen bedeutet, auf den Nahbereich von Zugehörigkeit und auf die emotionale Seite unserer Mentalität eingeengt. Beides muss kritisch überwunden werden. Man kann eben auch über den Verlust der Menschlichkeit und nicht nur mit dem Gefühl, sondern auch mit dem Verstand trauern, wenn es keine direkte intergenerationelle Verbindung mit den Opfern gibt.

Der säkulare Charakter der modernen Geschichtskultur raubt der Trauer die Dimension einer Transzendenz, in der die Abwesenden anwesend sein können. Bislang stand die Religion für diese Transzendenz. Die moderne Kompensation des Transzendenzverlustes durch Säkularisierung ist die ästhetisch verstandene Kunst. Es ist eine offene Frage, ob sie die für das Trauern notwendige Transzendierungsleistung erbringen kann. (Ich habe da meine Zweifel.)

Eine andere Frage ist es, ob nicht die durch die Psychoanalyse erschlossene Dimension des Unbewussten als Ort der Transzendenz ausgemacht und besiedelt werden kann. Das ist mit Freud wohl weniger zu machen als mit C. G. Jung.

Aber auch mit Freud kann man plausibel machen, dass im intergenerationellen Zusammenhang die Toten gar nicht tot sind, sondern ihr Leben – natürlich in verwandelter Form – in uns weiterleben und – wie ich hinzufügen möchte – in diesem Weiterleben auch darauf hoffen können, dass wir ihre Schulden bezahlen. Ich halte den Gedanken nicht für abwegig, dass wir in diesem intergenerationellen Zusammenhang, in dem die Vergangenheit schon lebt, bevor wir sie deutend vergegenwärtigen, Humanisierungschancen ausmachen und realisieren können. In diesem Sinne kann man davon sprechen, dass durch unseren Umgang mit der Vergangenheit, in dem wir uns der Unmenschlichkeit des Menschen stellen, gestern besser werden kann.[26]

---

[26] Dazu ausführlicher Jörn Rüsen: Kann Gestern besser werden? Essays über das Bedenken der Geschichte. Berlin 2003.

Dazu sind zwei weitere Potenziale der Humanisierung in der Geschichtskultur auszumachen und zur Geltung zu bringen: 1. eine Integration von Sinnlosigkeit in die historische Sinnbildung und 2. eine neue, fundamentale Berücksichtigung einer elementaren Dimension des menschlichen Lebens, nämlich des Leidens.[27] Beides steht nicht gerade hoch im Kurs der Geschichtskultur, auch nicht, ja gerade nicht in ihren akademischen Formationen.

Aber ohne eine solche Öffnung auf die Leidensbestimmtheit des menschlichen Lebens, die ja unser Verständnis des menschlichen Handelns nicht verdrängt, sondern erweitert und vertieft, können wir die Probleme nicht lösen, denen wir uns angesichts der traumatischen historischen Erfahrungen der Unmenschlichkeit gegenübersehen. Wie sich über diese Erfahrungen Sinn bilden lässt, ist eine der entscheidenden Fragen, die wir geschichtstheoretisch beantworten müssen. Mit dieser Frage setzt sich die Geschichtskultur in ein neues Verhältnis zur Kunst (und übrigens auch zur Religion). Denn beides, Kunst und Religion, artikulieren Leidenserfahrungen und Sinn-Chancen im Umgang mit ihr, die vom historischen Denken eher ausgeblendet wurden.

Es gibt also viel zu tun und Grundsätzliches zu bedenken im Bereich der Geschichtskultur.

---

[27] Dazu grundsätzlich Helge E. Baas: Der elende Mensch. Das Wesen menschlichen Leidens oder Warum der Mensch leiden muss. Würzburg 2008.

Harald Schmid

Das Unbehagen in der Erinnerungskultur
Eine Annäherung an aktuelle Deutungsmuster

Politische Deutungskultur im Wandel

Ist die deutsche Erinnerungskultur, dieses nationale Erfolgs- und internationale Vorzeige-Projekt des öffentlichen Umgangs mit der Zeit des Nationalsozialismus, in der Krise? Einerseits scheinen die öffentlichkeitswirksamen zeithistorischen Fachkontroversen ebenso wie die großen geschichtspolitischen Debatten um die Gegenwartsbedeutung des »Dritten Reiches« abzuflauen. Andererseits war das öffentliche Gedenken und Erinnern noch nie so verbreitet und akzeptiert wie heute. Und doch macht sich ein Unbehagen in und mit der hiesigen Kultur des Erinnerns breit. Mindestens seit einem Jahrzehnt werden vielerorts Bilanzen gezogen – und mancherorts tief sitzende Vorbehalte und grundsätzliche Kritik artikuliert. Oft unter den modisch-paradoxen Schlagworten der »Zukunft des Erinnerns« und »Zukunft der Vergangenheit«, formulieren Akteure aus Politik, Kultur, Wissenschaft und Medien Diagnosen, wonach sich »die Erinnerungskultur« der Bundesrepublik Deutschland in einem fundamentalen Wandel befinde. Oder aber sie konstatieren einen bedenklich verfestigten, ja ideologischen Status quo derselben. Umbruch oder Veränderungsresistenz lauten also die polaren Thesen – vom Erfolgsprojekt zum Bremsklotz einer »Modernisierung«?

»Was ist denn die Erinnerungskultur anderes als ein schier unendliches Band des Erzählens?«, schreiben Konrad H. Jarausch und Michael Geyer.[1] Unter dieser Maßgabe gesehen, wird das Band des Erzählens gegenwärtig intensiv reflektiert – und so verändert. Die *Wandlungs*diagnostiker erklären den Umbruch des öffentlichen Vergegenwärtigens

---

[1] Konrad H. Jarausch, Michael Geyer: Zerbrochener Spiegel. Deutsche Geschichten im 20. Jahrhundert. München 2005, S. 48.

deutscher Geschichte des 20. Jahrhunderts, vor allem der des Nationalsozialismus, mit unterschiedlichen Ursachenkomplexen: einerseits mit
eher exogenen oder makrogesellschaftlichen Faktoren wie der demokratischen Revolution in der DDR respektive der deutschen Vereinigung
und der – mittelbar darin gründenden – neuen Position Deutschlands
in der Weltpolitik, ferner mit der demografisch-kulturellen Veränderung
durch Zuwanderung, dem Abtreten der 68er-Generation, der Massen-
medialisierung oder einer Metaentwicklung wie der postulierten »Europäisierung« und »Globalisierung des Erinnerns«; andererseits mit
eher endogenen Faktoren aus dem Feld des Umgangs mit der NS-Zeit
wie dem »Verstummen der Zeitzeugen«, der Institutionalisierung des
Erinnerns oder der Entwicklung zu einer affirmativen staatlichen Gedenkkultur. Gleichsam konsensualer Treffpunkt dieser Sichtweisen ist
die Überzeugung, es vollziehe sich ein fundamentaler Umbruch – »Paradigmenwechsel« ist eine verbreitete Deutung.[2]

Während seitens der Wandlungsinterpreten das strukturelle Problem
primär in der schwierigen Anpassung an den Umbruch besteht, machen
die Diagnostiker einer Wandlungs*resistenz* ihr Unbehagen umgekehrt
an der behaupteten Verhärtung derselben Kultur des Erinnerns fest. Auf
dieser Seite der Deutungen werden tiefe Kontinuitätslinien von Schuld-
abwehr (oder Schuldfixierung) und Opferignoranz (oder Opferfixierung)
gezogen. Die Wandlungsunfähigkeit fungiert hier als Signum einer Gesellschaft, die sich in falschen, nämlich ideologisierten Geschichtsver-
hältnissen eingerichtet hat.

Vor aller Kontextualisierung und Analyse bedeuten diese auffallend
gehäuft vorgetragenen kritischen Diagnosen, um die es hier gehen soll,
zunächst nur eines: Auf der einen Seite hat ein zumindest intellektueller
Selbstverständigungsprozess und auf der anderen Seite ein Kampf um
die geschichtspolitische Deutung der veränderten Situation eingesetzt.
Ein neues Kapitel in der ungeschriebenen deutschen Ideengeschichte
der Aufarbeitung des Nationalsozialismus? Jedenfalls geht es um ein
Narrativ, mit dem die gegenwärtige Umbruchssituation verbindlich

---

[2] Karl Giebeler, Abraham Peter Kustermann (Hrsg.): Erinnern und Gedenken
– Paradigmenwechsel 60 Jahre nach Ende der NS-Diktatur? Berlin 2007.

erklärt, gedeutet und so erinnerungskulturell »gerahmt« wird – und möglicherweise um die Erosion bisher vorherrschender Interpretationen und Erzählungen. Diese Entwicklung ist eng verbunden mit zwei Haupttendenzen der letzten beiden Jahrzehnte, der »Institutionalisierung und Pluralisierung der historischen Erinnerung«.[3] Insofern lassen sich diese Stellungnahmen als Quellen einer Verdichtung des Meta-Geschichtsdiskurses verstehen, der von widersprüchlichen Entwicklungen geprägt ist. Ins Auge fällt insbesondere eine starke politisch-moralische Aufladung des konsensuellen symbolischen Handlungsfeldes »Erinnerungskultur«, zudem eine Vielzahl scharfer Kritiken aus der Feder von Experten, Wissenschaftlern und Intellektuellen just an dieser Kultur des Erinnerns.

Wie lassen sich diese Wortmeldungen in die gegenwärtige geschichtskulturelle und -politische Situation einordnen? Von welchen Begriffen, Bildern und Deutungsmustern wird die angesprochene zeitdiagnostische Tendenz bestimmt? Es geht in dieser Annäherung also um Überlegungen zur Funktion dieses Diskurses in der gegenwärtigen Selbstverständigung hierzulande – zeichnet sich darin eine Neujustierung von vergangenheitsbezogenen Identitätsstiftungen und Handlungsorientierungen, also auch der politischen Kultur, ab?

Von der »Vergangenheitsbewältigung« zur »Erinnerungskultur«

Zu spät, zu wenig und völlig falsch – die Kritik am öffentlichen Umgang mit der Zeit des Nationalsozialismus hat in der Bundesrepublik Tradition.[4] Seit Mitte der 1950er Jahre gibt es einen zunächst schmalen, bald

---

3   Jürgen Kocka: Erinnerung als Ressource und Problem. In: Ursula Bitzegeio, Anja Kruke, Meik Woyke (Hrsg.): Solidargemeinschaft und Erinnerungskultur im 20. Jahrhundert. Beiträge zu Gewerkschaften, Nationalsozialismus und Geschichtspolitik. Bonn 2009, S. 516; so auch Eric Langenbacher: Still the Unmasterable Past? The Impact of History and Memory in the Federal Republic of Germany. In: German Politics 19 (2010) 1, S. 24-40.

4   Vgl. etwa Torben Fischer, Matthias N. Lorenz (Hrsg.): Lexikon der »Ver-

breiter werdenden Strom kritischer Auseinandersetzung mit Stand und Zustand dessen, was man lange mit der paradoxen Sehnsuchtsvokabel »Vergangenheitsbewältigung« tituliert hat und seit einigen Jahren fast nur noch als »Erinnerungskultur« bezeichnet.[5] Die in diesen zentralen symbolischen Topoi sich ausdrückenden sinnstiftenden Erzählungen wurden stets auch infrage gestellt; Mythenproduktion und Mythenkritik, so ließe sich pointieren, gingen stets Hand in Hand.[6] Diese Kritik, ebenso wie das Gros aller innovativen und kritischen Geschichtsprojekte in diesem Kontext, kam – bis auf wenige Ausnahmen – aus dem gesellschaftlichen Spektrum links des politischen Konservatismus. Letzterer verhielt sich seit 1945 größtenteils passiv oder defensiv zum Erbe der Hitler-Zeit im Allgemeinen und deren öffentlichen Thematisierungen im Besonderen – wo seine Vertreter nicht offen einen »Schlussstrich« einforderten. Seit einigen Jahren haben die Akteure des politischen Konservatismus hier nun Anschluss an den Konsens gesucht und gefunden, womit sie ihn zu einem überparteilichen und damit im Grunde staatlichen gemacht haben.

Verkürzt gesagt, zielte die Kritik stets auf eine besondere Form der historischen Ungerechtigkeit. Im Vordergrund stand lange Zeit die Empörung darüber, dass das sich zwischen 1933 und 1945 entfaltende

---

gangenheitsbewältigung« in Deutschland. Debatten- und Diskursgeschichte des Nationalsozialismus nach 1945. Bielefeld 2007; Peter Reichel, Harald Schmid, Peter Steinbach (Hrsg.): Der Nationalsozialismus – Die zweite Geschichte. Überwindung – Deutung – Erinnerung. München 2009.

[5] Der Wechsel der vorherrschenden Bezeichnung reiht sich ein in die gesamtgesellschaftlich immer wieder zu beobachtende rhetorische Aufwertung bestimmter Handlungsweisen oder -bereiche durch die Kombination mit dem Substantiv »Kultur« und ist so Ausdruck der grassierenden Kulturalisierung. Semantisch steht dieser Wechsel im Umgang mit dem Nationalsozialismus auch für den Umschlag von »pejorativ-kritisch« zu »affirmativ«. Im Feld der Geschichtsdiskurse ist damit das mythologisch hoch aufgeladene, stets normativ-deskriptiven Doppelcharakter tragende deutsche Wort »Kultur« zur populärsten Überschrift aufgestiegen.

[6] Vgl. Harald Schmid: Immer wieder »Nie wieder!« Begründungsprobleme, Mythen und Perspektiven der deutschen Erinnerungskultur. In: Dachauer Hefte 25 (2009), S. 17-35.

nationalsozialistisch-deutsche Verbrechenskontinuum von Diktatur und Repression über Ausgrenzung und Verfolgung bis hin zu Massenmord und Genozid in seinen ganzen gesellschaftlichen wie moralischen Breiten- und Tiefendimensionen nur mit großem Zeitverzug und widerwillig wahrgenommen wurde und dergestalt auch nur ungenügende Kompensationen (»Wiedergutmachung«) erfuhr. Damit korrespondierte die Kritik, wonach das öffentliche und staatliche Erinnern und Gedenken nur einen schmalen Horizont dieser Unheilsgeschichte fokussierte; die jeweiligen Ausschnitte verzeichneten die historische Wirklichkeit einer auf breiter Zustimmung und vielfältiger Mitwirkung der deutschen Bevölkerung basierenden, entfesselten rassistischen Diktatur und leisteten einem verzerrten Geschichtsbild Vorschub, etwa indem es die unterschiedlichen Opfergruppen und die verantwortlichen Täter hinter bequemen rhetorischen und Gedenkformeln (»Den Opfern der Gewaltherrschaft«, »…haben nur ihre Pflicht getan«) verdeckte und so eine unangemessene Würdigung derselben darstellte – die einen erneut ausgrenzend, die anderen willig wieder integrierend. Bagatellisierende und entschuldende Verdrängung, so könnte also die Überschrift dieser Ablehnung offizieller und majoritärer Diskurse lauten.

Paradigmatisch für diese fortgesetzte scharfe Kritik stehen Klassiker der westdeutschen »Bewältigungs«-Publizistik wie *Die Unfähigkeit zu trauern* von Alexander und Margarete Mitscherlich (1967), Wolfgang Fritz Haugs *Der hilflose Antifaschismus* (1967), Jörg Friedrichs *Die kalte Amnestie* (1984) und *Die zweite Schuld* von Ralph Giordano (1987). In diesen und anderen wirkungsreichen Beiträgen zur historischen Selbstverständigung dominierte oft ein politisch-moralischer Diskurs, der die Mentalität und Politik des Vergessens attackierte; dass die öffentliche, auf Anerkennung der NS-Verbrechen und Einforderung politisch-kultureller und justizieller Konsequenzen zielende Auseinandersetzung am rechten Rand ohnehin auf Ablehnung traf, ist bekannt, sollte jedoch mitgedacht werden.[7] Die längst zu Referenzpunkten von

---

[7] Insofern stand die Zeit der »Vergangenheitsbewältigung« stets unter einer doppelten Kritik – seitens einer meist linksliberalen Deutungselite und seitens rechtskonservativer bis neonazistischer Kreise. Letztere war stets geprägt von der kategorischen Absage an jedes offene und selbstkritische

Intellektuellen, Wissenschaftlern, Künstlern und manchen Politikern avancierte Kritik zielte damit auf jenen Dreischritt von Verdrängen, Verleugnen und Derealisieren, wie er in der Bundesrepublik lange als Ausdruck der vorherrschenden Abwehr tieferer Auseinandersetzung mit Ursachen, Ausmaß und Folgen der NS-Verbrechen praktiziert wurde. Dabei übergingen Akteure dieses Diskurses oft das Außerordentliche der Herausforderung für die Nachkriegsgesellschaft und die junge Bundesrepublik und verkannten die tatsächlichen Leistungen im notorisch schwierigen Umgang mit Hitler und den NS-Verbrechen. Die so zwischen geschichtspolitischer Deutung und politischen Interventionen, zwischen Kritik des »Überbaus« und konkreten Politiken oszillierenden Konflikte bewegten sich meist in dem rhetorischen Spannungsfeld zwischen Dramatisierung und Normalisierung – der Vorwurf des Verleugnens, Verschweigens und Banalisierens löste beschwichtigende Verteidigungsformeln aus: Diese und jene Seite des Nationalsozialismus sei doch normal gewesen, mitunter: Deutschland habe weltweit einzigartige Vergangenheitsbewältigung geleistet und nun sei es genug mit dem Erinnern. Derlei Entdifferenzierungen evozierten dann ihrerseits wieder konträre Reflexe.

Insbesondere im Zuge des Generationenwechsels begann sich im Laufe der 1970er Jahre eine geschichtspolitische und -kulturelle Neuorientierung herauszukristallisieren. Sie mündete in jenen bis heute anhaltenden, sich jedoch mehrfach schon gewissermaßen häutenden (und längst nur als internationales Phänomen zu begreifenden) Erinnerungsboom – der Umschlag vom gesellschaftlich minoritären Projekt der Vergangenheitskritik hin zur nach und nach weitgehend konsensualen »Erinnerungskultur«.

Vergegenwärtigen der NS-Epoche; siehe etwa die programmatischen Schriften von Armin Mohler: Was die Deutschen fürchten. Stuttgart 1965; Ders.: Vergangenheitsbewältigung. Von der Läuterung zur Manipulation. Stuttgart 1968; Ders.: Vergangenheitsbewältigung. Oder wie man den Krieg nochmals verliert. Krefeld 1980; Ders.: Der Nasenring. Im Dickicht der Vergangenheitsbewältigung. Essen 1989. Dass diese Absage inzwischen im politischen Konservatismus jedenfalls öffentlich praktisch kaum mehr vertreten wird und so weitestgehend zur Dauerparanoia des Rechtsextremismus geschrumpft ist, ist ebenfalls Charakteristikum der neuen Konsensphase.

Motive, Inhalte, Schwerpunkte und Formen der Auseinandersetzung mit dem »Dritten Reich« veränderten sich nun grundlegend. Indikatoren sind die neuen Leitbegriffe »Erinnerung« und »Gedächtnis« ebenso wie »Erinnerungskultur«, die zu eingängigen, in Wissenschaft, Politik und Populärkultur rasch positiv besetzten Begriffen aufstiegen. Wo früher in Gedenkreden, in Medienbeiträgen und wissenschaftlichen Darstellungen mit hoher Wahrscheinlichkeit das Wort »Vergangenheitsbewältigung« fiel, fällt heute – fast so sicher wie das Amen in der Kirche – das Wort »Erinnerungskultur«. Hintergrund dieser Entwicklung ist insbesondere die große zeitliche Distanz zur nationalsozialistischen Epoche, wodurch einerseits die auf Kompensation und Strafverfolgung zielenden Handlungsfelder praktisch abgeschlossen sind, andererseits die Zeitgenossen der NS-Epoche weitgehend aus dem öffentlichen Leben verschwunden sind. Parallel dazu hat der mehrfache Generationenwandel längst andere Erfahrungen in den Vordergrund gedrängt. So ist die Vermittlung dieser Geschichte ganz auf die Produkte kultureller Wissensgenerierung angewiesen. Insofern ist die Durchsetzung des neuen Leitbegriffs »Erinnerungskultur« – theoretisch gesprochen – Ausdruck des Übergangs vom sozialen zum kulturellen Gedächtnis.[8]

Eine im Wortsinne herausragende Folge ist der sukzessive Neuzuschnitt des vorherrschenden Geschichtsbildes und der zugehörigen Erzähl- und Deutungsmuster auf ein »negatives Gedächtnis«, also auf ein Gedächtnis, das nicht eigene Siege und Niederlagen anderer hervorhebt, sondern eigene Verbrechen und deren Opfer.[9] Seither stehen die Opfer der nationalsozialistischen Verfolgungs- und Vernichtungspolitik nicht nur

---

[8]   Vgl. aus der breiten Literatur nur Aleida Assmann: Der lange Schatten der Vergangenheit. Erinnerungskultur und Geschichtspolitik. München 2006, hier bes. S. 21-61; Harald Schmid: Von der »Vergangenheitsbewältigung« zur »Erinnerungskultur«. Zum öffentlichen Umgang mit dem Nationalsozialismus seit Ende der 1970er Jahre. In: Gerhard Paul, Bernhard Schoßig (Hrsg.): Öffentliche Erinnerung und Medialisierung des Nationalsozialismus. Eine Bilanz der letzten dreißig Jahre. Göttingen 2010, S. 171-202.

[9]   Reinhart Koselleck: Formen und Traditionen des negativen Gedächtnisses. In: Volkhard Knigge, Norbert Frei (Hrsg.): Verbrechen erinnern. Die Auseinandersetzung mit Holocaust und Völkermord. München 2002, S. 21-32.

in symbolischer Auswahl und ritueller Sprachlosigkeit im Fokus der Öffentlichkeit, sondern wurden in ungezählten Geschichtsprojekten »von unten«, die teils auch staatlich finanziert wurden, überhaupt erst wahrgenommen und traten nach und nach ins breitere Geschichtsbewusstsein. Das öffentliche Geschichtsbild wandelte sich dabei, in mancher Hinsicht fundamental, und kehrte auf diesem Weg – begleitet von einer Welle empirisch gesättigter Täterforschung[10] – die vormalige Randstellung des Wissens um die Verfolgung und Ermordung von Juden, Sinti und Roma sowie Opfern der »Euthanasie« und NS-Justiz tendenziell um. Inzwischen muss man mitunter Sorge tragen, dass demgegenüber das Wissen etwa um den deutschen Widerstand, um das Verhalten von Institutionen wie der Kirchen oder die zentrale Bedeutung des Zweiten Weltkrieges ernsthaft an die Seite gedrängt werden könnte. So geht dieser Prozess einher mit Auf- und Abspaltungen des Gedächtnisses.[11] Jedenfalls neigte sich das mehrgleisige, eng mit den Erlebnisgenerationen und der Konfrontation mit deren Söhnen und Töchtern verbundene Projekt der »Vergangenheitsbewältigung« dabei seinem Ende zu. Das von der zweiten und dritten Generation getragene, sich von der einstmals konstitutiven intergenerationellen Auseinandersetzung lösende Folgeprojekt einer auf kulturelle Gedächtnisbildung zielenden Kultur des Erinnerns nahm Gestalt an.[12]

Wo zuvor scharfe Anklagen im Verein mit kategorischen Forderungen nach einer umfassenderen und gerechteren »Bewältigung« des Nationalsozialismus dominierten, wird nun, in der Wissenschaft ebenso wie der politisch-pädagogischen Geschichtsvermittlung, das Etikett »Erinnerung« großgeschrieben: flächendeckend vom lokalen Schülerprojekt über die Gedenkstättenförderung bis zum nationalen Großprojekt. Der politisch-kulturelle »Teppich« der »Erinnerungskultur«, von unterschiedlichsten Akteuren aus vielerlei Motiven und Interessen gewebt,

---

[10] Vgl. Peter Longerich: Tendenzen und Perspektiven der Täterforschung. In: Aus Politik und Zeitgeschichte, Heft 14-15 (2007), S. 3-7.

[11] Vgl. Dan Diner: Gegenläufige Gedächtnisse. Über Geltung und Wirkung des Holocaust. Göttingen 2007, S. 9.

[12] Vgl. Schmid: Von der »Vergangenheitsbewältigung« zur »Erinnerungskultur« (wie Anm. 8).

ist nicht verständlich ohne die vorgängige Kritik an dem Projekt »Vergangenheitsbewältigung«. In diesem Übergang spielten auch rasch einflussreiche zeithistorische und politikwissenschaftliche Studien eine wichtige Rolle, indem sie dazu beitrugen, den vormals bestimmenden politisch-moralisierenden Duktus mit empirisch fundierten Untersuchungen und spezifischen, bald zu Leitkonzepten aufsteigenden analytischen Ansätzen abzulösen.[13]

Mit Blick auf das ganze gesellschaftliche Feld des Umgangs mit dieser Vergangenheit lässt sich heute, sehr schematisch, formulieren: Wo Vergessen und Verdrängen, wo Beschweigen und Leugnen war, ist nun allseits Erinnern. Ob und wie dieses Erinnern eine ernsthafte Vergegenwärtigung von Auschwitz und eine tiefergehende Auseinandersetzung mit der Last und Aktualität desselben bedeutet – oder nur die Rhetorik einer gesellschaftlich und politisch durchgesetzten Norm –, ist jedoch eine ganz andere Frage. Jedenfalls ist die Erfahrung der »Vergangenheitsbewältigung« gleichsam als generationelles Wahrnehmungsmuster in dem Teppich aufgehoben, da prägende Deutungsstereotype, Konflikte, Akteure, Skandale aus jener Phase durch die öffentliche Geschichtsvermittlung tradiert werden. Kaum ein anderes Projekt symbolisiert diesen Übergang von minoritärer, sei es intellektueller oder zivilgesellschaftlicher, Kritik hin zu einem mit der Mehrheitsperspektive der Bevölkerung bestens vereinbarten Ansatz so deutlich wie Gunter Demnigs inzwischen europaweit verlegte »Stolpersteine«.[14] Auch der staatliche Umgang mit den Gedenkstätten seit den 1990er Jahren zeigt sinnfällig, wie sich ein zuvor »ungeliebtes Kind« (Wolfgang Benz) der

---

[13] Vgl. Peter Reichel: Politik mit der Erinnerung. Gedächtnisorte im Streit um die nationalsozialistische Vergangenheit. München/Wien 1995; Norbert Frei: Vergangenheitspolitik. Die Anfänge der Bundesrepublik und die NS-Vergangenheit. München 1996.

[14] Vgl. Harald Schmid: Stolpersteine und Erinnerungskultur – eine Zwischenbilanz. Eröffnungsvortrag zur Tagung »Stolpersteine – Irritationen der Erinnerung«, Hamburg 9./10.9.2011. http://kahh.de/images/Programm2011-2/Bil der_Internet/Stolpersteine/dr.%20harald%20schmid%20stolpersteine%20 und%20erinnerungskultur%20%20eine%20zwischenbilanz.pdf (letzter Zugriff: 29.3.2012).

NS-Aufarbeitung vom Rand ins Zentrum der politischen Kultur bewegte und binnen weniger Jahre allseits zu den unverzichtbaren Elementen des »Erinnerns« gezählt wurde.[15]

Diagnosen des Unbehagens

Heute, da »Erinnerungskultur« scheinbar allgegenwärtig ist, trifft sie nun ihrerseits auf Kritik. In einer Kombination von bilanzierenden Deutungen, kritischen Infragestellungen und polemischen Abrechnungen machen diese diagnostischen Bemühungen von sich reden. Im positiven Fall helfen sie uns, den Zeitenwandel besser zu verstehen; manchmal verraten sie freilich mehr über die erinnerungskulturellen Befindlichkeiten der Autoren als über die Empirie des Umgangs mit Geschichte. Eine der ersten größeren Arbeiten, die die neuen Vergangenheitsbedingungen reflektierte, war Michael Jeismanns Essay *Auf Wiedersehen Gestern*. Im Jahre 2001 publiziert, beschrieb er eindrücklich Zusammenhänge zwischen neuer Gegenwart und brüchig werdenden Geschichtsbildern: »Wir haben neue Erfahrungen gemacht und müssen dazu die Geschichte finden.« Auch konstatierte der Autor für seine Gegenwart eine zunehmende Ferne und Fremdheit der politischen Kultur der alten Bundesrepublik. Die Gefahr sei groß, so Jeismann, dass die Bundesrepublik sich als eine Gemeinschaft begreife, »die die Erinnerung ersetzt durch Kultus und Ritual und auf Traditionsbildung verzichtet«.[16]

---

[15] Vgl. etwa Jörg Skriebeleits exemplarische Fallstudie: Erinnerungsort Flossenbürg. Akteure, Zäsuren, Geschichtsbilder. Göttingen 2009; ferner die Übersichten bei Stefanie Endlich: Orte des Erinnerns – Mahnmale und Gedenkstätten. In: Reichel, Schmid, Steinbach (Hrsg.): Der Nationalsozialismus – Die zweite Geschichte (wie Anm. 4), S. 350-377; Harald Schmid: Mehr als »renovierte Überbleibsel alter Schrecken«? Geschichte und Bedeutung der Gedenkstätten zur Erinnerung an die nationalsozialistischen Verbrechen. In: Katja Köhr, Hauke Petersen, Karl Heinrich Pohl (Hrsg.): Gedenkstätten und Erinnerungskulturen in Schleswig-Holstein. Geschichte, Gegenwart und Zukunft. Berlin 2011, S. 25-53.

[16] Michael Jeismann: Auf Wiedersehen Gestern. Die deutsche Vergangenheit und die Politik von morgen. Stuttgart 2001, S. 13, 195.

Jüngst häufen sich nun insbesondere die Defizit-Diagnosen, die freilich unterschiedliche Aspekte des Umgangs mit der NS-Geschichte kritisieren. Auf der einen Seite gibt es nicht wenige, die ihrer Sorge ob einer politisch-moralischen »Relativierung« der Gewaltverbrechen des Nationalsozialismus Ausdruck verleihen. Es handelt sich hier um einen älteren argumentativen Topos, der bereits den etablierten negativen Leitstatus von Auschwitz, heute als »Holocaust« gleichzeitig global kodiert und mythologisiert, in der hiesigen politischen Kultur voraussetzt. Ging die Beunruhigung früher etwa von konservativen Geschichtsprojekten im Kontext der Regierung Kohl aus, so löste vor einigen Jahren vor allem die historische und geschichtspolitische Debatte um Vertreibung und Bombenkrieg entsprechende Aufmerksamkeit aus. Ein Movens vieler Kritiken ist in diesem Zusammenhang die Sorge, der mediale Fokus auf »Deutsche als Opfer« verdränge oder »relativiere« möglicherweise die mühsam erkämpfte breite Sensibilisierung für die Opfer von Deutschen während des Nationalsozialismus.

Auf der anderen Seite bilanzieren diverse Stimmen, mitunter auch selbstkritisch, gewissermaßen die Modi des öffentlichen Geschichtsverhältnisses. Der Sozialpsychologe Harald Welzer schreibt: »Vieles an der geschichts- und erinnerungskulturellen Praxis ist schal, petrifiziert, inhaltsleer.«[17] »Bei uns hat sich in den letzten Jahren die Beschwörung der Erinnerung zu einer unangreifbaren Pathosformel entwickelt«, argumentiert der Historiker Martin Sabrow. Er sieht die Konservierung eines »empörungsbereiten Gestus der Aufdeckung und Entlarvung« sowie ein

---

[17] Harald Welzer: Für eine Modernisierung der Erinnerungs- und Gedenkkultur. In: GedenkstättenRundbrief, Heft 8 (2011), Nr. 162, S. 3; siehe dazu die Erwiderungen von Habbo Knoch: Mehr Wissen und mehr Recht: Koordinaten einer zukünftigen Erinnerungskultur. In: Ebd., 10 (2011), Nr. 163, S. 3-11; Ulrike Schrader, Norbert Reichling: Modernisierung oder »Neuformatierung«? Was Gedenkstätten für ihre reflexive Weiterentwicklung (nicht) brauchen. In: Ebd., 12 (2011), Nr. 164, S. 3-7; Ingrid Schupetta: Holocaust – Sunny Side up? Eine Polemik auf Harald Welzer. http://www.gedenkstaettenforum.de/offenes-forum/offenes-forum/news/holocaust_sunny_side_up_eine_polemik_auf_harald_welzer_gedenkstaettenrundbrief_162, 22.10.2011 (letzter Zugriff: 29.3.2012).

opferzentriertes Geschichtsbewusstsein; dabei unterstreicht er die »liaison dangereuse« einer »Verschmelzung von Wissenschaft, Gedenkpolitik und Erinnerungskultur«. Letztere markiere auch den Wandel weg von der früheren, auf nationale »Helden« beschränkten Kultur des Erinnerns hin zu einer, die die »Opfer der Geschichte« in den Mittelpunkt stellt.[18]

Der Publizist Roger Willemsen hat just in einer Gedenkrede »das große Erinnern«, das sich einstelle, wenn »die deutsche NS-Vergangenheit Geburtstag hat«, infrage gestellt: »Die Gefahr besteht, dass gerade unsere Formen des Gedenkens sich vor das Denken geschoben haben und vor die Dinge, derer gedacht werden soll. Die Gefahr besteht, dass jene höhere Unverbindlichkeit, ›Vergangenheitsbewältigung‹ genannt, viel eher eine ›Verlegenheitsbewältigung‹ ist, die uns vor allem sagt: Alles ist gut, so lange Gedenkstunden abgehalten werden, isolierte, von aller Gegenwart befreite rhetorische Übungen mit eigenen pietätvollen Gattungsnormen.« In der Konsequenz dieser Deutung kritisiert Willemsen die Folgenlosigkeit der verbreiteten »Arbeit des Erinnerns« nach dem Motto »vages Erinnern, präzises Vergessen«. Dem hält er das Postulat entgegen: »Es gibt keine Tätigkeit, die den dubiosen Titel der ›Verarbeitung‹ erlaubte und nicht der eigenen Zeit lästig würde. (...) Sofern wir nicht bereit sind, unkommerzielle, aus dem Gedanken der Höherrangigkeit des Humanen gewonnene Entscheidungen zu treffen, haben wir dem Faschismus nichts entgegenzusetzen, und so lange wir ihm in der Gegenwart nichts entgegenzusetzen haben, haben wir nicht einmal ernsthaft, und das heißt auch schmerzhaft begonnen, ihn zu bewältigen, ja wir haben nicht einmal das Recht, den Gemeinplatz zu vertreiben, er lasse sich nicht bewältigen.«[19]

---

[18]   Martin Sabrow: Das Unbehagen an der Aufarbeitung. Zur Engführung von Wissenschaft, Moral und Politik in der Zeitgeschichte. In: Thomas Schaarschmidt (Hrsg.): Historisches Erinnern und Gedenken im Übergang vom 20. zum 21. Jahrhundert. Frankfurt am Main 2008, S. 11-20 (zit. nach der Kurzfassung in: Frankfurter Allgemeine Zeitung, 12. Januar 2009); Ders.: Den Zweiten Weltkrieg erinnern. In: Aus Politik und Zeitgeschichte 36-37 (2009), S. 14-21; Ders.: Erinnern heißt heute Zuhören (Interview). In: Das Parlament, 20. März 2006, S. 14.

[19]   Roger Willemsen: Vages Erinnern, präzises Vergessen. In: Ders.: Vages Erinnern, präzises Vergessen. Reden. Frankfurt am Main 2008, S. 32-49.

Normative Ansprüche, funktionale Einsichten, polemische Abgesänge – der erinnerungskulturelle Diskurs lässt sich schwerlich auf negative Stimmen reduzieren. Gleichwohl, die vormals für ein Bedürfnis klarer Gegensätze schier behagliche Gewissheit ob eines in diesem Kontext oft eher unwilligen staatlichen Akteurs hat sich gewandelt zu einem insbesondere unter themennah arbeitenden Wissenschaftlern und Vermittlungspraktikern manifesten Unbehagen im erinnerungskulturellen Konsens. So verwundert es nicht, wenn manche den »Ausweg aus dem Betroffenheitstaumel«, aus der »nur in bekenntnishafter Wiederholung um die monströse Unmenschlichkeit des NS-Regimes« kreisenden kollektiven Erinnerung in einem »reflexiven Umgang mit Motiven und Funktionen der Erinnerung« suchen.[20] Der Historiker und Gedenkstättenleiter Volkhard Knigge erkennt eine mehrfach problematische Entwicklung: einerseits weg von einer kritischen Gegenkultur hin zu einer affirmativen Staatskultur des Erinnerns, andererseits einen »leerlaufenden Erinnerungsimperativ«, der »ein vor-, wenn nicht antimodernes Konzept des Umgangs mit Vergangenheit vorantreibt«. Erinnerung werde »zumeist um ihre Ambivalenzen gebracht«, so Knigge, der auf den in Öffentlichkeit und Politik verbreiteten Authentizitätsglauben ebenso wie auf die »Verschleierung der Durchmachtung von Erinnerung und Erinnerungskultur« verweist. Seine in mehreren Texten formulierte Kritik kulminiert in einem Plädoyer für den »bewussten Abschied vom Erinnerungsparadigma« – zugunsten eines reflektierten Geschichtsbewusstseins als Voraussetzung für eine »Zivilgeschichte der Zukunft«.[21]

---

[20] Wilfried Ruff: Scham, Schuld und Trauer – Zum Umgang mit unserem Kriegs- und Nachkriegsleid. In: Franz Wellendorf, Thomas Wesle (Hrsg.): Über die (Un)Möglichkeit zu trauern. Stuttgart 2009, S. 308.

[21] Volkhard Knigge: Europäische Erinnerungskultur. Identitätspolitik oder kritisch-kommunikative historische Selbstvergewisserung? In: Kulturpolitische Gesellschaft (Hrsg.): kultur.macht.europa – europa.macht.kultur. Begründungen und Perspektiven europäischer Kulturpolitik. Dokumentation des vierten Kulturpolitischen Bundeskongresses am 7./8. Juni 2007 in Berlin, Essen und Bonn 2008, S.157; Ders.: Erinnerungskultur zwischen Vergangenheitsgerede, Geschichtspolitik und historischer Selbstreflexion. In: Manfred Grieger (Hrsg.): Die Zukunft der Erinnerung. Eine Wolfsburger Tagung. Wolfsburg 2008, S. 61-69; Ders.: Kritische Erinnerung der Erin-

Wo man auch hinblickt, im Mittelpunkt steht die Rede von und die Kritik der »Erinnerungskultur«. Auf diesen Referenzrahmen beziehen sich auch Ulrike Jureit und Christian Schneider. In ihrer Streitschrift *Gefühlte Opfer* umkreisen sie die »Gesamtkonfiguration« der von ihnen diagnostizierten »opferidentifizierten Erinnerungskultur« und widmen sich der »in eine erinnerungspolitische Sackgasse geratenen Gedenkkultur«. Jureit und Schneider meinen, »Opferidentifikation« und »Erlösungsversprechen« bestimmten den gegenwärtigen Vergangenheitsdiskurs ebenso wie ein bedenklich verkürztes Verständnis der Thesen der Mitscherlichs nach dem – von den beiden Autoren kreierten – Motto »Trauerarbeit macht frei«. Die Erinnerungskultur erscheint dabei gar, weberianisch aufgerüstet, als »stahlhartes Gehäuse normierten Gedenkens«. Als Lösung präsentiert das Autorenduo eine »weniger moralisierende, denn irritierende Erinnerung *nach vorn*« (Jureit) und die Befreiung des erinnerungspolitischen Diskurses »aus seiner von Über-Ich-Positionen bestimmten Form« (Schneider).[22]

Diese hier für den Diskurs eines Unbehagens stellvertretend nur angedeuteten Beiträge sind naturgemäß recht heterogen: mal polemisch zugespitzt, mal thematisch fokussiert auf einzelne Akteure oder Deutungsschemata, dann wieder den allgemeinen Horizont im Blick. Dabei ist nicht immer deutlich, welcher Maßstab das Urteilen bestimmt und worauf sich der Text bezieht. Das erleichtert nüchterne Repliken zwar nicht, ist aber üblich im Rahmen von identifikatorisch aufgeladenen Auseinandersetzungen um die deutsche Geschichte. Es macht schon

---

nerung. Zum Verhältnis von Geschichte und Gedächtnis. In: Norbert Frei (Hrsg.): Was heißt und zu welchem Ende studiert man Geschichte des 20. Jahrhunderts? Göttingen 2006, S. 71f.; Ders.: Zur Zukunft der Erinnerung. In: Aus Politik und Zeitgeschichte 25-26 (2010), S. 10, 12, 14.

22 Ulrike Jureit, Christian Schneider: Gefühlte Opfer. Illusionen der Vergangenheitsbewältigung. Stuttgart 2010, S. 10, 16, 35, 96, 137. Zur fachwissenschaftlichen Rezeption vgl. Helmut König: Die Erinnerungskultur und die Zeitläufte. In: Neue Zürcher Zeitung, 4. Oktober 2010; Cornelia Siebeck, in: H-Soz-u-Kult, 11. März 2011, http://hsozkult.geschichte.hu-berlin. de/rezensionen/2011-1-181M (letzter Zugriff 29.3.2012); Gerd Wiegel, in: Zeitschrift für Geschichtswissenschaft, 59 (2011) 2, S. 185-187.

einen – mitunter kardinalen – Unterschied aus, ob man sich über bestimmte umstrittene Erinnerungsprojekte und Akteure, über spezifische historische Deutungen und Geschichtsbilder in Medien, Literatur oder Wissenschaften kapriziert oder, gleichsam raunend, den ganzen Komplex selbstkritischer Vergangenheitsvergenwärtigung aufs Korn nimmt. Jedenfalls bedarf es der sorgsamen analytischen und deutungsbezogenen Unterscheidung des historischen, sozialen und politischen Ortes von Akteuren. Ob es nun um die Kontextualisierung von Äußerungen und Verhaltensweisen, um materielle oder sprachliche Vergangenheitsrelikte oder -symbole geht oder um politische Entscheidungen oder Formen öffentlichen Gedenkens: stets müssen unterschiedliche historische Handlungs- und aktuelle Erinnerungsgemeinschaften auf Identitätskonstruktionen verschiedener Generationen bezogen werden. Auch mit Blick auf die Opferdiskurse sind im deutschen Kontext drei Ausprägungen zu unterscheiden: NS-Verfolgungsopfer, »Deutsche als Opfer«, SED-Opfer. Schon daran kann man sehen, dass der Opferstatus – durchaus im Unterschied zur Jugendkultur, in der »Opfer« ein ausgrenzendes Schmähwort darstellt – so umkämpft wie begehrt ist.

»Erinnerungskultur« als normativer Anker und Fluchtpunkt

Diese Entwicklung hat eine durchaus ironische Seite: Just in dem historischen Moment, in dem »Erinnerungskultur« zum konsensualen, normativ hoch aufgeladenen terminus technicus des öffentlichen Geschichtsdiskurses wird, beginnen gleichsam die Abbrucharbeiten an demselben, in arbeitsteiligem und konfliktreichem Wirken errichteten »Gebäude«. Trifft Habbo Knochs Erwiderung auf die Beiträge Welzers und Jureit/Schneider zu, wonach sich hier ein »generationeller Ablösungsprozess« artikuliere und das »bundesrepublikanische Aufklärungsmilieu sich zusammen mit den Überlebenden als Erfahrungsraum aus der aktiven Erinnerungsarbeit (verabschiedet)«?[23]

Jede nähere Auseinandersetzung mit dem hier markierten Diskurs

---

[23] Knoch: Mehr Wissen und mehr Recht (wie Anm. 17), S. 3.

sollte sich diesem Fahnenwort unseres jüngeren Umgangs mit bewusst-seinsrelevanter Geschichte versichern, denn »Erinnerungskultur« ist Wort und Ort der neuen Identifikationen und Kritiken. Ende der 1980er Jahre begann die Karriere dieses Schlagworts. Gleichzeitig die kultur-wissenschaftliche Wende sowohl anzeigend als auch befördernd, trug es nicht wenig dazu bei, einem neuen Begreifen des öffentlichen Vergan-genheitsverhältnisses Bahn zu brechen – und sich gleichsam unter der Hand von Legenden aus der Phase der »Vergangenheitsbewältigung« abzugrenzen.[24] Rasch fand der Begriff Eingang in die Praxis von Wis-senschaft, Politik und Medien. Der Umstand, dass dies im Zusammen-hang mit emotionalisierenden Debatten um die Gegenwartsbedeutung der Geschichte des »Dritten Reiches« geschah, hatte eine engführende, nur langsam aufbrechende Kopplung der Semantik des Begriffs just an die Epoche des »Dritten Reiches« zur Folge.[25] Im wissenschaftlichen Feld formierte sich unter dem Signum »Gedächtnis und Erinnerung« ein interdisziplinäres und internationales Erkenntnisinteresse, in Deutsch-land rasch unterstützt insbesondere von dem DFG-Sonderforschungs-bereich »Erinnerungskulturen«, der an der Universität Gießen von 1997 bis 2008 gefördert wurde. Was im wissenschaftlichen Feld meist als wissenschaftliches Schlagwort verwendet oder als analytische Katego-rie entwickelt wurde, nahmen Akteure in Politik, Geschichtspraxis und künstlerischen Bereichen oft als Narrativ der positiven Selbstbeschrei-bung des eigenen respektive gesellschaftlichen Umgangs mit (national-sozialistischer) Vergangenheit auf.[26]

---

[24] Vgl. Joachim Perels: Der Mythos von der Vergangenheitsbewältigung. In: Die Zeit, 26. Januar 2006; Harald Welzer: Nervtötende Erzählungen. In: Frankfurter Rundschau, 7. Mai 2005.

[25] Darin spiegelt sich auch die Transformation der politischen Kultur von der »alten« zur vereinigten Bundesrepublik, in der die anfangs nach 1945/49 konstitutive historisch-politische Orientierung am Scheitern der ersten De-mokratie von Weimar nach und nach zugunsten der Verbrechensgeschich-te des Nationalsozialismus abgelöst wurde. Vgl. Andreas Wirsching: Vom »Lehrstück Weimar« zum Lehrstück Holocaust? In: Aus Politik und Zeitge-schichte 62 (2012) 1-3, S. 9-14.

[26] Für das Feld politischer und staatlicher Akteure sei hier beispielhaft nur ver-wiesen auf die Darlegungen des Bundestagspräsidenten Norbert Lammert:

Zum Paradigma gesellschaftlicher Geschichtsverständigung aufgestiegen, braucht so, wer heute »Erinnerungskultur« sagt, nicht mit
Widerspruch zu rechnen, die semantischen Implikationen sind rundum
positiv. Denn »der Begriff Erinnerungskultur (verfügt) in unserer Gesellschaft mittlerweile über einen (…) großen, in der politischen Öffentlichkeit positiv konnotierten Resonanzraum (…). ›Erinnerungskultur‹ ist politisch gewollt und zur Zeit sogar en vogue. In diesem Begriff
schwingt Empathie und Zuwendung mit. Wer sich als Geschichtsfor-
scher dem Minenfeld gesellschaftlicher Legitimationsstrategien und
-mythen mit Hilfe des Konzepts der ›Erinnerungskultur‹ verschreibt,
scheint damit schon per se über das ethische Kapital und die Sensibili-
tät zu verfügen, die an einem solchen Orte geboten zu sein scheint.«[27]
Ich halte dies für eine realitätsnahe Beschreibung, »Erinnerungskultur«
ist hoch aufgeladen, mithin überfrachtet: politisch, moralisch, historisch
und gegenwartsbezogen. Selten hat sich das Verstörende des Auschwitz-
Komplexes so störungsfrei im Medium des Anerkannten und Konsensuellen präsentiert wie im Modus der »Erinnerungskultur«. Geht hier
verunsichernde Verstörung in die so lange erhoffte beruhigende Versöhnung über, wird das Ungeheuerliche in der schieren Omnipräsenz von
»Erinnerung« verdeckt? Erinnerungskultur hat einen Zug ins Affirmative, sie ist immer mehr Teil des Problems, als dessen Lösung sie auftritt –
diese These kann, wie gezeigt, auf Gründe verweisen, sollte gleichwohl
aber die Thematisierungsleistungen dieses Handlungsfeldes und Refle-
xionspotenziale vieler ihrer Akteure nicht unterschätzen.[28]

Bikini-Verkäufer am FKK-Strand? Der Staat und die Erinnerungskultur. In:
Bernd Wagner (Hrsg.): Jahrbuch für Kulturpolitik 2009, Bd. 9: Erinnerungskulturen und Geschichtspolitik. Essen 2009, S. 33-39.

[27] Marko Dermantowsky: Geschichtskultur und Erinnerungskultur – zwei
Konzeptionen des einen Gegenstandes. Historischer Hintergrund und exem-
plarischer Vergleich. In: Geschichte, Politik und ihre Didaktik 33 (2005) 1-2,
S. 18.

[28] Beispielhaft sei hier nur verwiesen auf die abwägende Argumentation von
Jan Philipp Reemtsma im Interview mit Jan Feddersen und Stefan Reinecke:
Erinnerungskultur ist mehr als Camouflage. In: die tageszeitung, 14. April
2005.

Nicht nur im öffentlichen, medialen und politischen Vergangenheits-diskurs, auch in der Zeitgeschichte hat sich der Begriff inzwischen etablieren können.[29] Wissenschaftlich ist er jedoch aufgrund der spe-zifischen begrifflichen Ungenauigkeit und der normativen Aufladung problematisch. Präziser und fundierter wäre es, von »Geschichtskultur« zu reden, ein Begriff, der insbesondere seitens der Geschichtsdidaktik eine differenzierte Konzeptualisierung erfahren hat.[30] Denn der öffent-liche Umgang mit Vergangenheit kann in der Gegenwart nur auf Ge-schichte im Sinne aktueller Erzählungen, Vorstellungen und Bilder der Vergangenheit zielen. Da Vergangenheit per se abgeschlossen ist und es keinen unmittelbaren Zugriff auf diese Zeit, sondern nur individuell und kulturell vermittelte Zugänge gibt, kann ihre Vergegenwärtigung und – im Falle persönlicher Erfahrungen – Erinnerung nur eine jeweils konstruierte Geschichte zum Ergebnis haben.

Vor diesem Hintergrund erscheint es dann doch als nachgeborene Anmaßung oder zumindest Ungenauigkeit, von »Erinnerung« an Ereig-nisse zu sprechen, die sich weit vor der eigenen Geburt zutrugen. Mit

---

[29] Vgl. etwa Christoph Cornelißen: Erinnerungskulturen, Version: 1.0. In: Docupedia-Zeitgeschichte, 11. Februar 2010, URL: https://docupedia.de/ zg/Erinnerungskulturen?oldid=75513 (letzter Zugriff: 5.10.2011); Edgar Wolfrum: Erinnerungskultur und Geschichtspolitik als Forschungsfelder. Konzepte – Methoden – Themen. In: Jan Scheunemann (Hrsg.): Reforma-tion und Bauernkrieg. Erinnerungskultur und Geschichtspolitik im geteilten Deutschland. Leipzig 2010, S. 13-32; Astrid Erll: Kollektives Gedächtnis und Erinnerungskulturen. Eine Einführung. Stuttgart/Weimar, 2., aktualisier-te und erweiterte Auflage, 2011.

[30] Siehe etwa nur Vadim Oswalt, Hans-Jürgen Pandel (Hrsg.): Geschichts-kultur. Die Anwesenheit von Vergangenheit in der Gegenwart. Schwalbach am Taunus 2009; zur Genese vgl. Ulrich Raulff: Von der Kulturgeschichte zur Geschichtskultur. Eine wissenschaftsgeschichtliche Skizze. In: Klaus P. Hansen (Hrsg.): Kulturbegriff und Methode. Der stille Paradigmenwechsel in den Geisteswissenschaften. Eine Passauer Ringvorlesung. Tübingen 1993, S. 133-148; siehe auch Harald Schmid: Konstruktion, Bedeutung, Macht. Zum kulturwissenschaftlichen Profil einer Analyse von Geschichtspolitik. In: Horst-Alfred Heinrich, Michael Kohlstruck (Hrsg.): Geschichtspolitik und sozialwissenschaftliche Theorie. Stuttgart 2008, S. S. 79f.

diesem Label wird eigene historische Erfahrung suggeriert, wo es keine primäre subjektive Erinnerung gibt, sondern bestenfalls sekundäre, weil vermittelte Erfahrung anderer; präziser wäre von »Vergegenwärtigung« zu reden.[31] Gewiss, diese etablierte begriffliche Ungenauigkeit lässt sich auch verstehen als ein Symptom für den Willen, sich empathisch den Opfern nationalsozialistischer Verfolgungs- und Vernichtungspolitik an die Seite zu stellen und damit des Unwillens, sich als von dieser epochalen Erfahrung getrennte, aber darin verwurzelte nachgeborene Generation zu definieren. Vor allem aber ist die angesprochene Anmaßung ein Hinweis auf einen gesellschaftlich außerordentlich attraktiven »Pathos-Raum« (Peter Sloterdijk), dem sich nur schwer zu entziehen ist.

In weiter Ferne, so nah! Ein Ausblick

Im Jahre 1945 schrieb Karl Jaspers: »Hitler-Deutschland ist nicht unser Deutschland. Aber Deutschland hat dieses Regime hervorgebracht, hat es geduldet und hat, zu großen Teilen aktiv oder durch Furcht gezwungen, mitgemacht. Wir können uns nicht entziehen. Wir sind es selber und sind es doch gar nicht.«[32] Heute vermag Jaspers' Position eine neue Aktualität anzunehmen. Allerdings erschließt sich deren Relevanz nur, wenn man die Vergangenheitsdiskurse im dritten Jahrzehnt des vereinigten Deutschland nüchtern im Lichte der alles imprägnierenden großen Distanz zum Nationalsozialismus sieht: zeitlich, generationell und lebensweltlich. So gesehen ist das artikulierte Unbehagen in der Geschichtskultur nicht bloß eine Antwort auf die sich festsetzende Behaglichkeit des »Erinnerns«, sondern eine – je nach Autor/in unterschiedlich überzeugend akzentuierte und artikulierte – Reaktion auf diese Differenzerfahrung. Wim Wenders' Filmtitel *In weiter Ferne, so nah!*

---

[31] Zur Unterscheidung von »erfahrungsgesättigter Primärerinnerung« und vermittelter respektive angereicherter »Sekundärerinnerung« siehe Reinhard Koselleck: Gebrochene Erinnerung? In: Neue Zürcher Zeitung, 22. September 2001.

[32] Karl Jaspers: Antwort an Sigrid Undset (1945). In: Ders.: Lebensfragen der deutschen Politik. München 1963, S. 119.

(1993) erfasst dieses Spannungsverhältnis treffend: »Wir sind es selber und sind es doch gar nicht« bedeutet also, einerseits unsere kategorische Zeit- und Erfahrungsferne zur NS-Epoche zu begreifen und zu akzeptieren, andererseits sich als Bürger Deutschlands nicht aus der transgenerationellen Verantwortungs- und Haftungsgemeinschaft davonzustehlen sowie als Weltbürger den zivilisatorischen Zusammenbruch jener Jahre zu erkennen als ein Versagen von Staat, Organisationen und Einzelnen, das modellhaft für extrem destruktive und menschenfeindliche Entwicklungen moderner Gesellschaften steht.

Eine zentrale, bis heute nicht völlig überwundene Schwäche des historisch begründeten politischen Bewusstseins hierzulande resultiert aus dem negativ, durch kategorischen Bezug auf die NS-Geschichte gewonnenen Demokratieverständnis. Katastrophe und Verbrechen als Grundlage – das konnte nur zu einem Abwehrimpuls des »Nie wieder« führen, nicht aber im gleichen Maße zu einem selbstsicheren Demokratiebewusstsein. Die gegenwärtigen Diskussionen um Status und Entwicklung der »Erinnerungskultur« sind – auch – in diesem Kontext anzusiedeln und bilden einen Faktor bei der wichtigen Entwicklung vom negativen zum positiven Freiheits- und Demokratieverständnis. Ein gelasseneres, nicht nur ex negativo gewonnenes Selbst-, Geschichts- und Demokratiebild wird wohl am Ende dieses Weges stehen. Wird sich dabei auch jene Furcht und Angst abmildern oder auflösen, die seit 1945 deutsche Vergangenheitsverhältnisse prägte?

Nach dem Ende des Zweiten Weltkrieges war die Furcht vor der Schuld, die (auch) eine Furcht vor der Konfrontation mit Taten, Tätern und konkretem Wissen war, die dominante sozialpsychologische Basis des Umgangs mit der kollektiv nahen und biografisch lebendigen Vergangenheit. Der politisch-normative Konfrontationsmodus kristallisierte sich unter der Überschrift »Vergangenheitsbewältigung« heraus. Seit etwa zwei Dekaden hat sich nun die diffuse, aber handlungsleitende Angst vor dem Vergessen der nationalsozialistischen Verfolgungs- und Vernichtungsverbrechen in den Vordergrund des politisch relevanten Geschichtsbewusstseins geschoben. Unter dem Schlagwort der »Erinnerung« ist diese Sichtweise inzwischen öffentlich hegemonial geworden.

Wo die verschiedenen Ausdrucksformen des Unbehagens in der »Erinnerungskultur« dazu beitragen, diese charakteristische Signatur der Zeit konstruktiv zu durchleuchten, wo sie zeitgenössisch informiert nach Stand und Aussicht des »Bewusstseins eines verpflichtenden historisch-moralischen Erbes« (Jürgen Habermas) fragen, sind sie zu begrüßen. Nicht nur, weil derlei Kontroversen stets auch Umschlagplätze von Geschichtspolitik und -kultur sind, sondern weil sie auch eine Chance bieten, die in Deutschland sozusagen immergrüne Frage nach dem Grund und den Formen des Vergegenwärtigens dieser Vergangenheit aktuell zu diskutieren. Diese Selbstreflexion verstand sich angesichts der Zumutungen der nationalsozialistischen Geschichte noch nie von selbst, die Fluchtwege waren immer einfacher und naheliegender, und sie wird sich unter dem Einfluss der allseits brüchigen lebensweltlichen Bindungen an diese Vergangenheit immer weniger von selbst verstehen.

Wenn die Aufklärung und stetige Neuaneignung dieser Epoche in erster Linie einer selbst-, gegenwarts- und zivilisationskritischen Bewusstseinsbildung dient, dann begründet diese Perspektive auch eine spezifische Skepsis ebenso wie die fragile Hoffnung eines Lernens aus dieser Geschichte – und einen Maßstab zur Beurteilung der Entwicklungen im Komplex »Erinnerungskultur«. Wo die Akteure derselben – Politiker, Journalisten, Pädagogen, Künstler, Wissenschaftler, Publizisten, Verbandsfunktionäre – sich in Mythen einrichten, schlägt die Stunde der nüchternen Mythende(kon)struktion. Wenn nicht alles täuscht, gibt es hier künftig viel zu tun.

Claus Leggewie

Geschichtsbarkeit?

Das schwierige Verhältnis von Geschichtswissenschaft, Gericht und Gesetz

1946 rechnete der katholische Schriftsteller Reinhold Schneider unter der Überschrift »Der Mensch vor dem Gericht der Geschichte«[1] in einer Rede mit dem gottvergessenen Nationalsozialismus ab. Hitler gar nicht beim Namen nennend, hieß es über ihn und sein Regime: »Der Mächtige der abgelaufenen Stunde und seine Macht stehen ohne Zweifel in einer sehr tiefen Beziehung zur deutschen Geschichte. (…) Wenn wir Geschichte und Geistesgeschichte unseres Volkes unbestechlich durchforschen, werden wir unheimlich-gespenstischen Vorbereitern dieser nihilistischen und todessüchtigen Vergötzung der Macht und der ihr gemäßen Entwürdigung des Menschen an vielen Orten begegnen – aber auch Geistern, die ihnen widersprachen und zum Schaden aller nicht gehört wurden. Im großen Zusammenhang der Geschichte müssen wir für diese Erscheinung einstehen: so wie sie war, ist sie hier nur möglich gewesen; wollen wir sie überwinden, so müssen wir sie in unserer eigenen Geschichte bekämpfen, (…).«[2]

Seinerzeit, beim Kriegsverbrechertribunal in Nürnberg, und seither an vielen Orten irdischer Gerichtsbarkeit haben Täter und Zeugen vor Gericht gestanden; das hat zu jener erstaunlich nachhaltigen Ächtung des Nationalsozialismus beigetragen, zu der die meisten Deutschen unter dem Eindruck ihrer bedingungslosen Kapitulation zunächst kaum fähig waren. Ein Gericht bewertet in der Regel individuelle Verantwortung und bemisst diese in Schuld- und Freisprüchen, es soll dabei nicht

---

[1] Reinhold Schneider: Der Mensch vor dem Gericht der Geschichte. Baden-Baden 1946, S. 8f.

[2] Zit. nach Hans Maier: Reinhold Schneiders Leben und Werk. In: Stimmen der Zeit, Heft 7, Juli 2008, S. 451.

über historische Wahrheit und Erkenntnis befinden. Gleichwohl verhandelt ein Gericht stets etwas Vergangenes, die Bewertung von Verbrechen und Vergehen hat immer auch den Charakter einer Rekonstruktion historischer Umstände und Verursachungen, und es geht letztlich, wenn nicht um Wahrheit, immerhin um Klarheit. Da Richter, Staatsanwälte und Verteidiger in der Regel keine professionellen Geschichtswissenschaftler sind, ziehen sie – besonders, wo sie es mit Staatsverbrechen zu tun haben – deren Expertise als Sachverständige zu Rate. Und ob man es will oder nicht, sitzen sie dann in einem übertragenen Sinne auch über Geschichte zu Gericht.

Von der Hilfsfunktion der Historiografie bei der Wahrheitssuche, von ihrer literarischen Überbietung und jüngsten Eingriffen der Justiz in die Autonomie der (Geschichts-)Wissenschaft soll im Folgenden die Rede sein. Was kann die Geschichtswissenschaft zur juridischen Aufarbeitung vergangenen Unrechts beitragen, welche moralischen Urteile fällen Kinder über das Versagen ihrer Väter (und Mütter) in der Vergangenheit? Und wie wirkt eine Gesetzgebung, die Geschichte juridisch unter Kuratel stellt und Menschen mit einer unerwünschten Auffassung von Geschichte inkriminiert?

1. Historiker als Zeugen der Anklage

»Der Historiker als Richter – Der Richter als Historiker« war 1998 das Thema einer von dem Zeithistoriker Dirk van Laak geleiteten Sektion des Frankfurter Historikertages, die dem problematischen Verhältnis von Justiz und Historiografie nachgegangen ist. Die Ergebnisse dieser interdisziplinären Debatte[3] möchte ich zunächst kurz resümieren und ein wenig stärker systematisieren, wobei die Brisanz der Zusammenkunft nicht verschwiegen werden soll: Zur Eröffnung sprach Jutta Limbach, die damals amtierende Präsidentin des Bundesverfassungsgerichts,

---

[3] Vgl. Norbert Frei, Dirk van Laak, Michael Stolleis (Hrsg.): Geschichte vor Gericht. Historiker, Richter und die Suche nach Gerechtigkeit. München 2000.

den Festvortrag in der Paulskirche über Fakten und Fiktionen hielt die Schriftstellerin und Holocaust-Überlebende Ruth Klüger, und eine weitere zeitgeschichtliche Sektion war dem Thema »Deutsche Historiker im Nationalsozialismus« gewidmet. Dort ging es um die bis dahin eher kolportierte als durchgearbeitete Kooperation prominenter Nachkriegs-Akteure der Zunft (wie Werner Conze und Theodor Schieder) mit dem NS-Regime vor dem Hintergrund der generellen Hilfsfunktion der Geschichts- und Geisteswissenschaften bei der Konzipierung und Ausführung der Gewalt- und Ausrottungspolitik des »Dritten Reiches«.[4]

Man sprach in Frankfurt also auch in eigener Sache. Die hochproblematische Rolle der Justiz in der NS-Diktatur hatten Nachkriegshistoriker recht gut durchleuchtet und so erheblich zur Aufdeckung »furchtbarer Juristen« und Belasteter anderer Professionen der deutschen Elite beigetragen, doch ihre eigene Belastung hatten sie lange vertuscht und verharmlost. Damit trat der kritische und selbstreflexive Charakter dieser Beziehungsklärung zutage: Beide Professionen hatten ihre Interaktion bei der Aufarbeitung der NS-Vergangenheit im Schatten einer gemeinsamen Verstrickung in eben diese Vergangenheit zu (er)klären.

Inhaltlich zogen die Historiker und Juristen 1998 einen klaren Trennungsstrich zwischen den beiden Disziplinen beziehungsweise Professionen; sie strichen jedoch ihre durchgängige Arbeitsteilung als ebenso unvermeidbar wie zielführend heraus und durchleuchteten diese anhand einzelner Fallbeispiele kritisch. Beginnen wir mit den Gemeinsamkeiten: Beide Professionen beziehen sich durchgängig auf vergangene, in die Gegenwart ragende, zum Teil auch ganz vergessene Ereignisse. Beide fällen im direkten oder metaphorischen Sinne Urteile über sie, beide tragen damit zur Strukturierung des kollektiven Gedächtnisses einer Gesellschaft beziehungsweise Nation bei. Beide sind mit »Fällen« konfrontiert, in denen sie ermitteln und Wesentliches vom Unwesentlichen scheiden müssen. Der Rechtshistoriker Michael Stolleis hat diese Parallelität der Konvergenzen plastisch herausgearbeitet: »Gewisse

---

4   Vgl. Winfried Schulze, Otto Gerhard Oexle (Hrsg.): Deutsche Historiker im Nationalsozialismus. Frankfurt am Main 1999. Vgl. auch den Sammelband von Rüdiger Hohls und Konrad H. Jarausch: Versäumte Fragen. Deutsche Historiker im Schatten des Nationalsozialismus. München 2000.

Partien der Geschichtserzählung sind ›unstreitig‹. Sie werden für ›Wahrheit‹ genommen, obwohl alle Beteiligten wissen, dass es ›die Wahrheit‹ nicht gibt, sondern nur Berichte. Wo diese Berichte aber übereinstimmen, nennen wir diesen Teil ›Wahrheit‹. Dann wird das Streitige sortiert. Worauf es nicht ankommt, wird ausgeschieden (erfahrungsgemäß wird auch um Nebensächliches gestritten). Der Rest des Streitigen wird dann verteilt. Der Richter fragt nach der Beweislast: Wer muss welche Behauptung beweisen?«[5] Von diesem Sortiervorgang können Historiker übrigens etwas lernen.

Nach der Feststellung und Bewertung von Sachverhalten erlauben beide Professionen eine Revision, also eine durch neue, unzureichend berücksichtigte oder anders bewertete Fakten angeregte Neufassung des einmal ergangenen Urteils. Während die Methodik der Ermittlungen gewisse Berührungspunkte aufweist, bestehen gewichtige Differenzen zwischen der Quellenkritik eines Historikers und der Forensik in der Strafaufklärung.

Beide Professionen treffen aufeinander beziehungsweise kooperieren vor allem dort, wo es um die Klärung respektive die Bestrafung von Staats- und Kriegsverbrechen geht. Hier kommen die erwähnten Problematiken ins Spiel, die beide Fächer und Fachgemeinschaften betreffen – die schiefe Ebene einer politischen Justiz und die Gefahr der Instrumentalisierung und Klitterung von Geschichtsschreibung für politische Zwecke. Beide beruhen nicht nur im deutschen Fall letztlich auf der überkommenen Nähe zum Staat, die Geschichts- wie Rechtswissenschaften bis 1945 und zum Teil darüber hinaus an den Tag gelegt und gepflegt haben: hier die bereitwillige Indienststellung für Ziele politischer, vor allem staatlich-nationalistischer Identitätsbildung, dort die Interpretation und Ausgestaltung von Rechtsprechung und Strafverfolgung in Namen nicht des Volkes, sondern oftmals der Staatsgewalt gegen die Bevölkerung.

Genau wegen dieser Staatsnähe und vor allem wegen der geleisteten Beihilfe zu abominablen Staatsverbrechen wuchs die Bereitschaft

---

5   Michael Stolleis: Der Historiker als Richter – der Richter als Historiker. In: Frei, van Laak, Stolleis (Hrsg.): Geschichte vor Gericht (wie Anm. 3), S. 175.

speziell seit Ende der 1950er Jahre, bei der Verfolgung und Bestrafung eng zusammenzuwirken. Unter dem Rubrum »Aufarbeitung der Vergangenheit« kam es zu einer gelegentlichen Symbiose zwischen Staatsanwaltschaften und Gerichten auf der einen, der Zeitgeschichtsschreibung und Institutionen der Politischen Bildung auf der anderen Seite. Namhafte Historiker und nennenswerte Teile der Zunft fertigten Gutachten an, sie traten als Sachverständige vor Gericht auf und richteten ihre Forschung gezielt auf die »Ermittlung« von NS-Straftaten ein.[6] Dieser historisch eminente, aber ebenso exzeptionelle Zugriff gab ein Beispiel für andere Schauplätze von Regierungskriminalität in der ganzen Welt; seit den 1970er Jahren wächst die generelle Bereitschaft zur völkerrechtlichen Ahndung von Verbrechen gegen die Menschlichkeit, bei der immer wieder Historiker hilfreich eingreifen, sei es vor Gericht, sei es vor Wahrheitskommissionen, in Medien oder im Histotainment.

Dabei wurden wieder die Unterschiede der Herangehensweisen und die Notwendigkeit zur Abgrenzung zwischen den beiden Professionen deutlich. Die wichtigste Differenz besteht wohl darin, dass der Historiker ein Ermittler, aber auch ein Autor ist. Er mag den Anspruch haben zu zeigen, wie es wirklich gewesen ist (darunter etwa auch, wie sich jemand konkret schuldig gemacht hat), gleichwohl erzählt er eine (faktisch möglichst stichhaltige) Geschichte, legt also nur eine mögliche Wahrheit offen und zeigt damit wenigstens implizit, dass es auch anders hätte kommen können. So fällt der Historiker eben kein Urteil; er erzählt eine Geschichte und richtet nicht über Personen. Von der Ermittlung historischer Fakten bis zu ihrer plausibilisierenden Darstellung in Geschichten vollzieht sich ein Akt der verstehenden Deutung und Historisierung von Vergangenheit, nicht – wie im Fall eines Gerichtsprozesses – ihrer stückweisen Vergegenwärtigung im Abgleich mit strafrechtlich

---

6   Irmtrud Wojak: Die Verschmelzung von Geschichte und Kriminologie. Historische Gutachten im ersten Frankfurter Auschwitz-Prozeß. In: Frei, van Laak, Stolleis (Hrsg.): Geschichte vor Gericht (wie Anm. 3), S. 29-45; Michael Wildt: Differierende Wahrheiten. Historiker und Staatsanwälte als Ermittler von NS-Verbrechen. In: Ebd., S. 46-59; Dieter Gosewinkel: Politische Ahndung an den Grenzen des Justizstaats. Die Geschichte der nationalsozialistischen Justiz im Deutschen Richtergesetz von 1961. In: Ebd., S. 60-71.

relevanten Normen. Die Organe der Rechtspflege sind an Sanktionen interessiert, ihnen geht es um das Recht und höchstens abgeleitet um historische Gerechtigkeit. Das macht, wie vor allem Henry Rousso an-hand der Vorladung französischer Historiker im Prozess gegen Maurice Papon gezeigt hat[7], Einlassungen von Geschichtswissenschaftlern zum historischen Kontext eines bestimmten, individuellen Tatvorwurfs so prekär. Denn nolens volens ordnen sie ein, relativieren und »verstehen«, was ein Gericht und insbesondere Tatopfer, die sich durch diese Einfüh-lung betrogen fühlen, als Apologetik begreifen können.

Wollte man die Wesensunterschiede zwischen einer Geschichtserzäh-lung und einem Gerichtsurteil auf zwei Punkte zuspitzen, dann wäre der erste die Notwendigkeit einer individuellen Zurechnung von Schuld auf eine Person und Tat, der zweite die strikte Mündlichkeit einer dialogisch angelegten Gerichtsverhandlung, demgegenüber die historische Ab-handlung Individuelles kontextualisiert und vor allem auf der Grundlage schriftlicher, infolgedessen monologischer Quellen und Darstellungen verfährt. Richter ziehen genau den Schlussstrich, den Historiker immer wieder hinausschieben, oder, wie es Carlo Ginzburg treffend formuliert hat: »Ein Historiker hat das Recht, dort ein Problem auszumachen, wo ein Richter auf ›Einstellung des Verfahrens‹ befinden würde«.[8] Über-schneidungen und Unterschiede hat schließlich Michael Wildt im Blick auf die Shoah benannt: »Was Historiker von Staatsanwälten lernen kön-nen, ist die Präzision der Beschreibung des Ereignisses. Was sie nur in Abgrenzung zum Diskurs erforschen können, ist der Kontext des Mords,

---

7   Henry Rousso: Justiz, Geschichte und Erinnerung in Frankreich. Überlegun-gen zum Papon-Prozeß. In: Frei, van Laak, Stolleis (Hrsg.): Geschichte vor Gericht (wie Anm. 3), S. 141-163. Der Prozess gegen Maurice Papon begann am 8. Oktober 1997. Papon wurde am 2. April 1998 wegen der Mitwirkung an Verbrechen gegen die Menschheit verurteilt, da ihm die Mitwirkung an der Deportation von Juden nach Auschwitz nachgewiesen worden war. Vgl. dazu: Thomas Vormbaum (Hrsg.): Vichy vor Gericht. Der Papon-Prozeß. Die deutsche Presseberichterstattung über den Prozeß gegen Maurice Papon vor dem Schwurgericht in Bordeaux. Juristische Zeitgeschichte, Abteilung 5, Bd. 3. Berlin 2000.

8   Carlo Ginzburg: Der Richter und der Historiker. Überlegungen zum Fall Sofri. Berlin 1991, S. 30.

die Bereitschaft so vieler, den Mord zu begehen, die Billigung der Mörder durch die Gesellschaft, das Mit-Tun von Hunderttausenden.«[9]

2. Geschichte als Gericht: Moralische Urteile Nachlebender

Dieses Mit-Tun Hunderttausender ist nun freilich für die Nachlebenden eine moralische Katastrophe, die nicht nur nach Sühne und Recht, sondern auch nach Rache und Gerechtigkeit ruft. Ein großer Teil der historischen Inszenierungen in und durch Medien reagiert vor allem auf diesen ebenso verständlichen wie problematischen Impuls. Nur wenige Historiker haben es geschafft, ihre Ermittlung *sine ira et studio* mit einem »großen Narrativ« zu verbinden, das diese Sehnsucht nach historischer Gerechtigkeit zufrieden stellt.

Zwei Beispiele des Scheiterns dieser Bemühungen von Nonkonformisten, die typischerweise Randfiguren in der zünftigen Geschichtswissenschaft geblieben sind, seien exemplarisch herausgestellt: Ernst Nolte und Götz Aly.[10] Noltes (Jahrgang 1923) großer Wurf war die 1963 veröffentlichte vergleichende Studie zum »Faschismus in seiner Epoche«, die wichtigsten Beiträge von Aly (Jahrgang 1947) waren Studien zur Euthanasie und zur NS-Vernichtungspolitik in den 1980er Jahren. Aly ist der klassische Ermittler, der seine Erkenntnisse »groß« rahmt und ausschweifend interpretiert, Nolte der »philosophische Geschichtsschreiber«, der einen ebenso großen Bogen entwirft und ihn gerne mit Trouvaillen aus der Ideengeschichte stützt. Die Kernfrage beider deutscher Historiker könnte mit dem letzten Buchtitel von Aly überschrieben sein: »Warum die Deutschen? Warum die Juden?«[11], womit die tatsächliche oder vermeintliche Singularität des Holocaust angesprochen ist.

---

[9] Wildt: Differierende Wahrheiten (wie Anm. 6), S. 57.

[10] Um Missverständnissen vorzubeugen, ist damit ausdrücklich nicht gesagt, letzterer sei auf dem Weg zu ersterem. Und beide verdienen Respekt für große Geschichtswerke zum Nationalsozialismus, die in der Zunft weder möglich waren noch angemessen rezipiert wurden.

[11] Götz Aly: Warum die Deutschen? Warum die Juden? Frankfurt am Main 2011.

Noltes Lebenswerk sollte dem Nachweis dienen, dass der Nationalsozialismus als Variante des europäischen Faschismus diesen Ausnahmestatus nie besessen habe; zu ihm habe es ein historisch-kausales Prius gegeben, nämlich den Bolschewismus. Mit ihm hätten die Faschisten in der Schlachtordnung eines »europäischen Bürgerkriegs« (und des globalen, seit 1917 anhaltenden Ost-West-Konflikts) die totalitäre Frontstellung gegen den Liberalismus geteilt. Speziell in seinem an den Geschichtsrevisionismus und offenen Antisemitismus heranreichenden Spätwerk suggeriert Nolte immer wieder, Hitler habe nachvollziehbare Gründe für seinen Judenhass reklamieren können, nämlich Handlungsweisen und Denkschemata der Juden selbst. So sehr sich Nolte mit solchen Positionen verstiegen und, trotz FU-Lehrstuhl und ordentlichem Emeritus-Dasein, in einer Art Märtyrer-und Eremitendasein verkrochen hat, so sehr darf man ihm (wenn auch gewiss nicht als erstem und einzigem) zugutehalten, dass er das Tabu gelockert hat, das früher auf dem Vergleich totalitärer Weltanschauungen und Imperien ruhte. Der Vergleich – wohlgemerkt, nicht die Gleichsetzung – von Nationalsozialismus und Bolschewismus ist erst am Ende des 20. Jahrhunderts salonfähig und operativ geworden. Doch bei dem Versuch, hier »Gerechtigkeit« walten zu lassen (namentlich für die Deutschen und ihre »Vergangenheit, die nicht vergeht«), ist Nolte mit den historischen Fakten ebenso in Konflikt geraten wie mit den rechtlichen Normen einer Betrachtung und Analyse problematischer Vergangenheit.

Auch Götz Aly startete seine (außeruniversitäre) Historikerkarriere mit einer grundstürzenden Relativierung der Einzigartigkeit des Judenmordes, den er nicht – wie das Gros der Historiker – auf Intentionen Hitlers und/oder der NSDAP zurückführte, sondern auf den bürokratischen Industrialismus der deutschen Gesellschaft, dessen Rechenhaftigkeit und Normalisierungswahn sozusagen in alle Richtungen ausschlagen konnte, auf die Juden genau wie auf Behinderte, »Asoziale« und Ethnien vor allem im Osten. Die deutschen Eliten, allen voran aus der medizinischen Profession, fungierten als die willigen Vollstrecker. In diesem Zusammenhang wurde auch aus der Shoah die Variante eines im 20. Jahrhundert üblich gewordenen »Bevölkerungstransfers«.

In seinem späteren Werk konzentrierte sich Aly bei der Frage »Warum die Deutschen?« dann auf mentale und ideologische Phänomene, namentlich auf den im nationalsozialistischen Volksstaat institutionalisierten Neid gegen die gebildeteren und wohlhabenderen Juden, die systematisch ausgeplündert und beseitigt wurden. Der Volksstaat gilt dem stets auf Kontinuitäten erpichten Autor als Vorläufer des heutigen Wohlfahrtstaates; interessant ist, dass er für diese Kollektivmentalität wiederum egalitaristische und kollektivistische Ideologien verantwortlich machte, also solche, die nicht zuletzt die sozialistische Bewegung imprägniert hatten. Auch hier also »feindliche Nähe«?

Biografische Motive, die ich keinesfalls überbewerten möchte, könnten zur Radikalität dieser Positionen beigetragen haben. Götz Aly führt in seinem letzten Buch Positionen seiner eigenen Familie vor, in der Polemik *Unser Kampf*[12] rechnet er mit seiner Vergangenheit als Linksradikaler in den späten 1960er Jahren ab. »1968« standen Nolte und Aly auf gegenüberliegenden Seiten der Barrikade; der Ordinarius war abgestoßen von den »SA-Methoden« des rebellierenden akademischen Nachwuchses, dessen Intoleranz und Gewaltneigung Aly nachträglich als »unser 1933« tituliert. Diese Selbstbezichtigung ringt subjektiv wieder um Gerechtigkeit und Gutmachung; allerdings wächst hier der Zeitzeuge mit dem Historiker in einer Person zusammen. Umso schlimmer für die Fakten[13] – *und* die Moral von der Geschicht'.

Angesichts dieses Scheiterns, historische Gerechtigkeit und Recht in Einklang zu bringen, bleibt es wohl der Literatur überlassen, in der

---

[12] Ders.: Unser Kampf: 1968 – ein irritierter Blick zurück. Frankfurt am Main 2008.

[13] Ich nehme es durchaus sportlich, wenn Götz Aly in seiner 68er-Abrechnung nicht nur meinen Vater Otto Leggewie mit »lockerer Schlaghand« und Doktortitel ausstattet (die er beide zum damaligen Zeitpunkt nicht besaß), sondern meine Formulierung von der »glücklich gescheiterten Revolution« verwendet, ohne mich zu zitieren. Wichtiger ist ja, dass mein Vater als Schuldirektor tatsächlich nichts gegen das Jeanstragen ausrichten konnte und Aly die dreifache Dialektik begreift. Nur der Ordnung halber also: Claus Leggewie: Der Mythos des Neuanfangs. Gründungsetappen der Bundesrepublik Deutschland: 1949 – 1968 – 1989. In: Helmut Berding (Hrsg.): Mythos und Nation. Studien zur Entwicklung des kollektiven Bewusstseins in der Neuzeit. Frankfurt am Main 1996, S. 275 ff.

Tradition der Odyssee und Ilias und formal an den modernen Roman anknüpfend große Geschichtsgemälde auszumalen. Ein jüngstes Beispiel
ist *Zone*, der fulminante, alle Genres (und Interpunktionen) sprengende
Roman des französischen Schriftstellers Mathias Enard. Es handelt sich
um eine solche postmoderne Ilias, deren Thema die Gewaltgeschichte
des 20. Jahrhunderts ist, an diversen Schauplätzen rund ums Mittelmeer,
das die Serben einen »blauen Friedhof« nennen. Der Protagonist des
Romans, Francis Servain Mirković, Sohn eines französischen Algerien-
kämpfers und einer kroatischen Nationalistin, ist ein unklar beauftragter
Geheimdienstler, der auf einer Zugfahrt von Mailand nach Rom Bericht
erstattet und am Ende der Bahnreise im Vatikan tabula rasa machen und
seinen Dienst quittieren möchte. Die Zone ist die mythologische, historische und aktuelle Vergangenheit des Mittelmeerraums, die nicht
vergehen will. Gerechtigkeit gibt es her ebenso wenig wie das Recht –
Mirkovic fährt nach Rom, nicht nach Den Haag.

Bei diesem Versuch kam mir übrigens weniger das ganz anders gelagerte Buch *Die Wohlgesinnten*[14] von Jonathan Littell in den Sinn als
ein gewisser Mâitre Vergès. Jacques Vergès, Jahrgang 1925, ist bekannt
geworden als Verteidiger so unterschiedlicher Angeklagter wie Djamila
Bouhired, der 1957 zum Tode verurteilten Kämpferin der algerischen
Befreiungsbewegung FLN, und Klaus Barbie, dem 1984 angeklagten
ehemaligen Gestapo-Chef von Lyon; den Titel des »Anwalts des Teu-
fels« erwarb er sich in der Presse mit (zum Teil abgelehnten) Man-
datsübernahmen für den wegen Völkermord angeklagten serbischen
Präsidenten Slobodan Milošević, den Top-Terroristen »Carlos« Illich
Ramírez Sánchez, den irakischen Diktator Saddam Hussein, den Ex-
Kommunisten und Holocaust-Leugner Roger Garaudy, den ehedem an
der Spitze der Roten Khmer stehenden Staatspräsidenten Khieu Sam-
phan sowie diverse schwarzafrikanische Potentaten. Man könnte diesen Aufmarsch schauriger Monster der Zeitgeschichte für die Marotte
eines exzentrischen Advokaten oder sogar der noblen Intuition zugu-
te halten, auch Diktatoren und Folterer verdienten Verteidigung. Doch
verfolgt Vergès seit seinem Eintreten für die algerische FLN die klare

---

[14] Jonathan Littell: Die Wohlgesinnten. Berlin 2008.

politische Zielsetzung, den westlichen Kolonialismus mit juristischen Mitteln – unter anderem in solchen medial auffälligen Prozessen – anzugreifen; im Visier hat er auch den Staat Israel. Dem antikolonialen und antizionistischen Motiv entsprang die Verteidigung genozidaler Akte im besetzten Frankreich ebenso wie in verschiedenen südlichen Regionen der Welt nach 1945. Deren Erörterung vor Gericht dürfte stets das Ziel gehabt haben, den westlichen Kolonial- und Imperialmächten einen Spiegel vorzuhalten und ihnen jedes Recht abzusprechen, über Völkermordakte zu urteilen, derer sie sich doch selbst schuldig gemacht hatten – wenn sie mit den Nazis kollaborieren, wenn sie Menschenrechtsverletzungen Israels übersehen, wenn sie Menschenrechte in Südostasien reklamieren, das sie mit Krieg und Terror überzogen haben.

Die Pointe bei der Verteidigung Klaus Barbies war, die an seinen Opfern begangenen Taten in Akten der französischen Armee und Gendarmerie gegen algerische Zivilisten zu spiegeln. Dazu hatte er 1957 die Verteidigung einer FLN-Aktivistin übernommen, die bezichtigt war, in einem Café eine Bombe gelegt und zahlreiche Todesopfer verursacht zu haben, und im Gefängnis gefoltert wurde. In dieser »tiers-mondistischen« Perspektive verschwinden dann konsequent alle Grausamkeiten und genozidalen Taten, die (ehemals) unterdrückte Gesellschaften selbst verübt haben. Es geht hier also erneut nicht um die Ermittlung von Straftatbeständen gleich welcher Provenienz, sondern um historische Gerechtigkeit für die »Verdammten dieser Erde« (Frantz Fanon). Dem wütenden Achill klebt Blut an den Händen.

3. Transnationale politische Identität durch Geschichtskonflikte

Der retrospektive Blick in die europäische Geschichte des 20. Jahrhunderts kommt der Beschreibung eines Schlachtfeldes gleich. Ungeheuerliche Kriegsverbrechen, Völkermorde und Vertreibungen werfen lange Schatten bis in die Gegenwart, und die national geprägten Erinnerungskulturen sind bislang nicht zu einem gemeinsamen europäischen Geschichtsbewusstsein verwachsen. Die Erinnerung der Europäer ist doppelt geteilt: *shared* im Sinne einer gemeinsamen Leidenserfahrung, aber *divided* dank oft noch starr gegeneinander gerichteter Leidensbewältigung. Doch nicht Konsens durch oberflächliche Gedenkrituale oder abschließende Gerichtsurteile, nur schmerzhaft ausgetragene Geschichtskonflikte – so die abschließende These – können eine transnationale politische Identität nach innen und außen wachsen lassen. Das dürfte für die Integration Europas kaum weniger relevant sein als der gemeinsame Markt, die Reisefreiheit und der Euro. Und nichts spricht für eine summarische Amnestie um des lieben Friedens willen und oder für die Verordnung kollektiver Amnesie.

Hier ist es nun erneut zu einer untunlichen Verquickung zwischen historischem Gerechtigkeitsgefühl und Strafjustiz beziehungsweise Gesetzgebung gekommen. Die Europäische Union ist bekanntlich eine große Harmonisierungsmaschine. Sie standardisiert zum Beispiel Energienetze, aber auch den Krümmungswinkel von Gurken, und damit läuft sie Gefahr, in Vorgänge einzugreifen, die besser subsidiär geregelt blieben. Dazu gehört der Rahmenbeschluss des EU-Rats vom November 2008 zur Harmonisierung der Strafgesetze gegen Rassismus und Fremdenfeindlichkeit, darunter »das öffentliche Billigen, Leugnen oder gröbliche Verharmlosen von Völkermord«. Der Versuchung, daraus eine gemeinsame Geschichtspolitik zu stricken, hat sie jüngst aber widerstanden. In einem Report an Parlament und Rat von Ende Dezember 2010 (COM(2010) 783 final) listet die Kommission eine ganze Reihe unterschiedlicher Memorialregimes in den Mitgliedsländern auf, schlägt diese aber nicht über einen geschichtspolitischen Leisten.

Im April 2009 hatte das Europäische Parlament jedoch in einer Entschließung bekräftigt, »dass Europa erst dann vereint sein wird, wenn es imstande ist, zu einer gemeinsamen Sicht seiner Geschichte zu gelangen, Nazismus, Stalinismus und faschistische sowie kommunistische Regime als gemeinsames Erbe anerkennt und eine ehrliche und tiefgreifende Debatte über deren Verbrechen im vergangenen Jahrhundert führt«. Solche Sätze wären vor der Osterweiterung der Union undenkbar gewesen. Noch im Jahr 2000 hatten europäische Politiker im denkwürdigen *Stockholm International Forum on the Holocaust* das singuläre Menschheitsverbrechen des Mordes an den europäischen

Juden ins Zentrum der kollektiven Erinnerung und auch der heutigen Bekämpfung von Rassismus und Diskriminierung gerückt. Zahlreiche europäische Nationen haben den 27. Januar, den Tag der Befreiung des Vernichtungslagers Auschwitz, zum offiziellen Gedenktag erhoben, »Auschwitz« wurde eine Art negativer Gründungsmythos des postfaschistischen Europa, und in vielen Ländern ist die Leugnung des Holocaust gesetzlich verboten.

So verständlich dies im Blick auf den Schutz der Überlebenden und des Totengedenkens gewesen sein mag, so problematisch ist ein strafrechtliches Verbot der »Auschwitz-Lüge«. Die einschlägigen Tatbestände des deutschen Volksverhetzungsparagraphen stellen, obgleich vom Bundesverfassungsgericht in ständiger Rechtsprechung abgesegnet, eine Verkürzung der Meinungsfreiheit dar; selbst die ehemaligen Verfassungsrichter Hoffmann-Riem und Hassemer würden das Verbot der Holocaustleugnung lieber streichen.[15] Eine solche Liberalisierung des Strafrechts ist überfällig: Die repressive Erzwingung eines amtlichen Geschichtsbildes, gleichsam der Kurzschluss von Gewaltmonopol und Geschichtsmonopol, ist eher ein Kennzeichen totalitärer Staaten. Und es war der Fluch der gut(gemeinten) Tat, dass nach »deutscher DIN-Norm« (Timothy Garton Ash) andere Länder, etwa Frankreich 1990, die Leugnung des Holocaust unter Strafe gestellt haben.

Es war absehbar, dass die Länder Ostmitteleuropas, 1990 aus einer sechzigjährigen sowjetischen Okkupation entlassen, dem negativen Gründungsmythos Holocaust ohnehin weniger abgewinnen konnten als der Übertragung des Leugnungsverbots auf die kommunistischen Verbrechen, die unter dem Namen GULag rubriziert werden. Die lettische Politikerin Sandra Kalniete erklärte 2004 beide totalitäre Systeme für »gleichermaßen verbrecherisch«, was im Baltikum und in Polen, aber auch in Südosteuropa mehrheitlich so gesehen wird. In der Tschechischen Republik wird in schöner Äquidistanz mit Gefängnis von sechs

---

Vgl. Milosz Matuschek: »Ich würde die Holocaustleugnung nicht unter Strafe stellen«. Die Holocaust-Lüge und die Strafbarkeit. In: Süddeutsche Zeitung, 14. Juli 2008, http://www.sueddeutsche.de/kultur/die-holocaust-luege-und-die-strafbarkeit-ich-wuerde-die-holocaustleugnung-nicht-unter-strafe-stellen-1.195680 (letzter Zugriff: 1.2.2012).

Monaten bis drei Jahren bestraft, wer »den Nazi- oder kommunistischen Genozid öffentlich verneint, in Zweifel zieht, billigt oder zu rechtfertigen sucht, oder ebenso andere Verbrechen der Nazis oder Kommunisten«. Wenn die Leugnung des Holocaust nun in ganz Europa unter Strafe stehen soll, ruft das logischerweise Forderungen hervor, mit den Verbrechen Stalins und seiner Genossen nicht anders zu verfahren.

2007 trug der Rat der Europäischen Union der Kommission zu untersuchen auf, »ob ein *zusätzliches Instrument* benötigt wird, um das öffentliche Billigen, Leugnen oder gröbliche Verharmlosen von Völkermord, Verbrechen gegen die Menschlichkeit und Kriegsverbrechen mit unter Strafe zu stellen, wenn sich die genannten Straftaten gegen eine Gruppe von Personen richten, die sich durch *andere Kriterien* definieren als durch Rasse, Hautfarbe, Religion, Abstammung oder nationale und ethnische Herkunft, wie etwa sozialer Status oder politische Verbindungen«.[16] Während unter westeuropäischen Historikern und Gedenkstättenleitern diesbezüglich eher Zurückhaltung herrscht (siehe oben den »Fall Nolte«), haben jüngst die in Yale respektive Stanford lehrenden Zeithistoriker Timothy Snyder[17] und Norman Naimark[18] die Notwendigkeit »anderer Kriterien« und »zusätzlicher Instrumente« herausgestrichen. Für sie besteht erstens eine signifikante Lücke in der Genozid-Definition der Vereinten Nationen von 1948, aus der – seinerzeit auf sowjetisches Drängen! – die Massenverfolgung auf Grund des »sozialen Status und der politischen Verbindungen« (heute Soziozid genannt) bewusst getilgt wurde. Ein Beispiel dafür ist, dass in der Ukraine unter der Präsidentschaft Viktor Jutschtschenkos 2006 die vom Stalin-Regime verursachte Hungerkatastrophe, der sogenannte Holodomor, in den Jahren 1932/33 gesetzlich als Völkermord an der ukrainischen Nation tituliert wurde.

---

[16] Bericht der Kommission an das europäische Parlament und den Rat. Maßnahmen zum Gedenken an die Verbrechen totalitärer Regime in Europa (KOM/2010/0783 endg.), http://eur-lex.europa.eu/LexUriServ/LexUriServ. do?uri=COM:2010:0783:FIN:DE:HTML (letzter Zugriff: 27.3.2012).

[17] Timothy Snyder: Bloodlands: Europa zwischen Hitler und Stalin. München, 3. Auflage, 2011.

[18] Norman M. Naimark: Stalin und der Genozid. Berlin 2010.

Zweitens macht die faktische Arbeitsteilung zwischen Nazideutschland und Sowjetrussland in den parallel oder sukzessive besetzten Gebieten Osteuropas den 23. August (1939), also jenen Tag, an dem das Deutsche Reich und die Sowjetunion den »Hitler-Stalin-Pakt« mit dem geheimen Zusatzprotokoll geschlossen haben, als weiteren europäischen Gedenktag plausibel – und entwertet den in Osteuropa verordneten Gedenktag des 9. Mai (1945), an dem diese Region vom Nazi-Regime befreit wurde, um auf Jahrzehnte unter eine »rote« Besatzung zu fallen. Diese Revision provoziert wiederum scharfe Reaktionen in Russland, wo der 9. Mai als Sieges-Feiertag hochgehalten wird. Im Mai 2009 ordnete Russlands Präsident Dmitrij Medvedev die Bildung einer Kommission »zur Verhinderung von Versuchen der Geschichtsfälschung zum Nachteil der Interessen Russlands«[19] an, womit nichts anderes gemeint ist als der Schutz eines unreflektierten Gedenkens an den »Großen Vaterländischen Krieg«, das zunehmend mit blanker Stalin-Apologie verbunden ist.

Vom Verbot der Holocaustleugnung sind Analogieschlüsse auf andere Völkermorde, vor allem an den Armeniern 1915-1917, gezogen worden, die in vielen Parlamenten zu Leugnungsverboten und etwa in der Schweiz und Frankreich zu Strafverfolgungen und Prozessen geführt haben. Die Anerkennung des Armenier-Genozids, der nicht nur von der offiziellen Türkei weiterhin als kriegsbedingtes Massaker abgetan wird, wird als eine Art informelles Beitrittskriterium in die Europäische Union behandelt. Enttäuschend war die Reaktion der Türkei, wo § 301, der die »Beleidigung des Türkentums«[20] (also die unverblümte Rede vom Völkermord an den Armenien) unter Strafe stellt, nur unwesentlich modifiziert wurde.

Auch Kolonialverbrechen der europäischen Mächte werden aufgrund der hohen Opferzahlen und ihrer Systematik in der postkolo-

---

[19] Das Gesetz wird dokumentiert und kommentiert in der Zeitschrift Osteuropa (inklusive einer Stellungnahme der Gesellschaft MEMORIAL: Russland kämpft. Gesetz und Kommission gegen Geschichtsfälscher, Ausgabe 7-8 (2009), S. 273-278.

[20] Vgl. Seyhan Bayraktar: Politik und Erinnerung. Der Diskurs über den Armeniermord in der Türkei zwischen Nationalismus und Europäisierung. Bielefeld 2010.

nialen Geschichtsschreibung mit der Shoah verglichen. In Frankreich verabschiedete das Parlament im Mai 2001 auf Initiative der aus Guyana stammenden Abgeordneten Christine Taubira ein Gesetz, mit dem der Sklavenhandel als Verbrechen gegen die Menschlichkeit eingestuft wurde. Darauf stützte sich eine Klage gegen den Historiker Olivier Pétré-Grenouilleau, der in seinem (kritischen) Buch über die Sklaverei diese nicht einfach als Völkermord einstufen wollte. Auch dazu gab es einen spiegelbildlichen Effekt, nämlich eine Parlamentsinitiative von 2005, auch die vermeintlich »positiven Seiten« des Kolonialismus zu würdigen; geblieben von diesem Weißwaschungsversuch ist nach Historiker-Protesten das Verbot jeder Beleidigung oder Diffamierung von Personen, die an der Seite Frankreichs in den Kolonien gekämpft haben.

Über tausend französische Wissenschaftler haben seinerzeit vehement in einem Appell »Liberté pour l'histoire!« gegen jedwedes Geschichtsgesetz protestiert, gleichgültig, ob es eine bestimmte Auffassung sanktionieren oder vorschreiben will. Sie halten die Meinungs- und Wissenschaftsfreiheit hoch, wie nun auch die EU-Kommission in dem erwähnten Bericht, wonach »offizielle politische Auslegungen historischer Fakten nicht durch Mehrheitsbeschlüsse von Parlamenten aufgezwungen werden sollten« und »kein Parlament mit Rechtsvorschriften die Vergangenheit bewerten kann«.[21] Die Kommission unterstützt den 23. August als europaweiten Feiertag und damit ein durchgängig und ausgewogen antitotalitäres Geschichtsbewusstsein, verzichtet aber auf jedwede »Harmonisierung« oder gar strafrechtliche Sanktionierung falscher oder kränkender Sichtweisen der Vergangenheit.

Deren Widerlegung bleibt Angelegenheit der Fachleute und des öffentlichen Streits. Für die paneuropäische Aufarbeitung soll, so die Kommission, das Motto gelten: »Eure Vergangenheit ist unsere Vergangenheit!« Es geht, anders gesagt, um einen Pluralismus der Erinnerungspolitik, den die jeweiligen Zivilgesellschaften mit sich selbst

---

[21] Europas Gewissen und der Totalitarismus. Entschließung des Europäischen Parlaments vom 2. April 2009 zum Gewissen Europas und zum Totalitarismus (2010/C 137 E/05). In: Amtsblatt der Europäischen Union, 27. Mai 2010, http://eur-lex.europa.eu/LexUriServ/LexUriServ.do?uri=OJ:C:2010:1 37E:0025:0027:DE:PDF (letzter Zugriff: 27.3.2012).

und untereinander ausmachen. Sogar der Absturz der polnischen Regierungsmaschine auf dem Weg zum Gedenken in Katyn, mit einem guten Teil der heutigen Elite an Bord, hatte unverhofft positive Folgen, indem man in Russland das Massaker an der früheren polnischen Militär-Elite ehrlicher und freimütiger diskutiert und in Polen der eigene Anteil am Holocaust und die Last der Vertreibung der Deutschen nicht länger aus dem kollektiven Gedächtnis abzuspalten ist.

Aus drei verschiedenen, eher assoziativ verknüpften Blickwinkeln wurde hier das Verhältnis von professioneller Geschichtsschreibung, moralischer Beurteilung historischer Ereignisse und der strafrechtlichen Verurteilung vergangener Verbrechen beziehungsweise deren Bewertung durch die Nachwelt behandelt. Im Zentrum stand die vielschichtige Kategorie der Urteilsbildung. Daraus ergeben sich wechselseitige und wohl unaufhebbare Spannungen zwischen Wissenschaft, Moralordnung und Rechtssystem, die in modernen Gesellschaften nach unterschiedlichen Kodierungen funktionieren. Die methodengeleitete Rekonstruktion von Vergangenheit impliziert die größtmögliche Freiheit bei der Wahl der Methoden der Wahrheitssuche und erlaubt »alles« zu sagen. Die moralische Ordnung ist von höherer Empfindlichkeit gegenüber möglichen Verstrickungen der Zeitzeugen und Nachlebenden gekennzeichnet, die es – unter genereller Wahrung des Rechts auf Meinungsfreiheit – zu respektieren gilt. Das Rechtssystem hat sich sowohl auf die Wahrung dieser Freiheitsrechte wie auf den Schutz der Persönlichkeitsrechte gegen Beleidigung und Verhetzung wie auf die Verfolgung und Verurteilung individuell zurechenbarer Straftaten zu konzentrieren. Schon innerhalb der Subsysteme kann das zu Reibungen führen, erst recht zwischen ihnen. Freie Gesellschaften werden diese Spannung aushalten müssen.

Jens Kroh

Das erweiterte Europa auf dem Weg zu einem gemeinsamen Gedächtnis?

Die Stockholmer »Holocaust-Konferenz« und ihre Bedeutung für die europäische Erinnerung

Bis in die späten 1980er Jahre kam dem Holocaust in den Erinnerungs-kulturen der meisten europäischen Länder allenfalls eine marginale Be-deutung zu. Die systematische Ermordung sechs Millionen europäischer Juden war sowohl gegenüber der Erinnerung bedeutsamer nationaler Ereignisse und Herrscher als auch gegenüber national konfigurierten Erzählungen des Zweiten Weltkriegs politisch und gesellschaftlich nachrangig.[1] Im Laufe der 1990er Jahre veränderte sich diese komme-morative Konstellation grundlegend: Der Holocaust wurde mehr und mehr zu einem international bedeutsamen Referenzpunkt.[2] Einen vor-läufigen Höhepunkt dieser Entwicklung stellt die Stockholmer »Holo-caust-Konferenz« dar: Vom 26. bis zum 28. Januar 2000 kamen 600 Delegierte und mehr als zwanzig Staats- und Regierungschefs in die schwedische Hauptstadt, wobei Präsidenten und Premierminister nord-ost-, mittelost- und südosteuropäischer Staaten ebenso zahlreich vertre-ten waren wie ihre Amtskollegen aus den westeuropäischen Demokra-tien.[3] Daniel Levy und Natan Sznaider deuten die erste große politische

---

[1] Vgl. insbes. Monika Flacke (Hrsg.): Mythen der Nationen. 1945 – Arena der Erinnerungen. Mainz 2004.

[2] Die wichtigsten Etappen und Events dieser vor allem für die euro-atlantische Welt charakteristischen »Universalisierung« des Holocausts zeichnen Daniel Levy und Natan Sznaider in ihrem viel rezipierten Werk *Erinnerung im glo-balen Zeitalter. Der Holocaust* (Frankfurt am Main 2001) nach.

[3] An der Konferenz nahmen die Präsidenten oder Premierminister folgender Länder des ehemaligen Ostblocks teil: Bulgarien, Lettland, Litauen, Polen, Slowakei, Tschechische Republik und Ukraine. Außerdem waren neben

Veranstaltung des 21. Jahrhunderts daher als »Basis eines (offiziellen) europäischen Gedächtnisses«[4].

Doch inwiefern trifft das Urteil der beiden Soziologen zu: Befindet sich Europa tatsächlich auf dem Weg zu einem gemeinsamen Gedächtnis, das auf dem Holocaust basiert? Dieser Beitrag wird zunächst skizzieren, wie und weshalb der Holocaust mehr als ein halbes Jahrhundert nach Ende des Zweiten Weltkriegs auf die Agenda der internationalen Politik gelangte, wobei der Fokus auf der europäischen Dimension dieser internationalen Entwicklung liegt. Im Anschluss werden einige geschichtspolitische Impulse erläutert, die in Stockholm ihren Ausgangspunkt hatten und die mit Blick auf die Emergenz einer europäischen Erinnerungskultur von Bedeutung sind.[5]

Internationale Restitutionsdebatten und schwedische Geschichtspolitik: Die Vorgeschichte der Stockholmer »Holocaust-Konferenz«

Mit dem Zusammenbruch des sowjetischen Herrschaftssystems und des Ostblocks stellte sich Anfang der 1990er Jahre auf internationaler Ebene erneut die Frage, wie Juden, Jüdinnen und jüdische Gemeinden, aber auch ehemalige ZwangsarbeiterInnen für das ihnen zugefügte Leid und

---

führenden Politikern der vormalig jugoslawischen Republiken Mazedonien und Slowenien sowie dem gastgebenden schwedischen Ministerpräsidenten Göran Persson die Staats- oder Regierungschefs aus Argentinien, Dänemark, Deutschland, Finnland, Frankreich, Island, Israel, Italien, den Niederlanden, Norwegen und Österreich vertreten. Für die vollständige Dokumentation der Konferenz vgl.: www.humanrights.gov.se/stockholmforum/2000/conference_2000.html (letzter Zugriff: 23.12.2011).

[4]   Levy, Sznaider: Erinnerung im globalen Zeitalter (wie Anm. 2), S. 211.

[5]   Die Grundlage dieses Beitrags bildet die Dissertationsschrift des Verfassers (Transnationale Erinnerung. Der Holocaust im Fokus geschichtspolitischer Initiativen. Frankfurt am Main 2008), auf die im Folgenden hingewiesen wird, wenn hier nur eine verkürzte Darstellung relevanter Ereignisse und Entwicklungen möglich ist.

für ihre materiellen Verluste entschädigt werden können. Denn einerseits blieben im Rahmen der von der Bundesrepublik Deutschland in den 1950er und 1960er Jahren geschlossenen internationalen Verträge und Abkommen viele Opfer aus mittel- und osteuropäischen Staaten von vorneherein unberücksichtigt.[6] Andererseits war das zunächst von Deutschen unter nationalsozialistischer Herrschaft und Besatzung geraubte Eigentum oft von den kommunistischen Diktaturen verstaatlicht worden, weshalb die öffentliche Artikulation etwaiger Ansprüche erst mit großer zeitlicher Verzögerung im Zuge der Demokratisierung Mittel- und Osteuropas möglich wurde. Neben der »World Jewish Restitution Organization« war in diesem Politikfeld von Beginn an auch die US-Regierung aktiv, die mit Stuart Eizenstat einen »Sonderbeauftragten für Vermögensrückgabe in Mittel- und Osteuropa« einsetzte und den Beitrittswunsch der jungen Demokratien in internationale Organisationen an die Lösung der offenen Restitutionsangelegenheiten knüpfte.[7]

Mitte der 1990er Jahre rückte darüber hinaus das Geschäftsgebaren eidgenössischer Banken in den Mittelpunkt des vergangenheitspolitischen Interesses. Nachdem 1995 die Existenz sogenannter »nachrichtenloser Konten«[8] bekannt geworden war und ein Jahr später das Thema »Raubgold«[9] auf die internationale Agenda gelangte, wurde die

---

6   Vgl. Hans Günter Hockerts, Claudia Moisel, Tobias Winstel (Hrsg.): Grenzen der Wiedergutmachung. Die Entschädigung für NS-Verfolgte in West- und Osteuropa 1945-2000. Göttingen 2006.

7   Vgl. Stuart Eizenstat: Unvollkommene Gerechtigkeit. Der Streit um die Entschädigung der Opfer von Zwangsarbeit und Enteignung. München 2003, S. 39-45.

8   Im konkreten Fall meint der Begriff »nachrichtenlose Konten« Einlagen von Juden bei Schweizer Geldhäusern, auf die sie (wegen ihrer Ermordung durch Deutsche und deren Kollaborateure) nach Kriegsende nicht mehr zugreifen konnten. Viele Schweizer Banken hatten Verwandten und Nachkommen von Holocaust-Opfern bis zuletzt den Zugang zum familiären Vermögen mit Verweis auf das Bankgeheimnis verweigert.

9   Als »Raubgold« werden nicht nur Goldbestände bezeichnet, die aus eroberten Staaten stammten, sondern auch eingeschmolzenes Zahngold und Schmuck von Opfern der NS-Vernichtungspolitik. Große Teile dieses Raubgoldes wurden von der Schweizerischen Nationalbank gegen Devisen ge-

Brisanz der offensichtlich unzureichenden Vergangenheitsaufarbeitung immer deutlicher: Neben der imageschädigenden Skandalisierung in den Medien und der Androhung juristischer Sanktionen durch OpfervertreterInnen sind in diesem Kontext die ökonomischen Folgen von Boykottaufrufen und milliardenschweren Entschädigungsvereinbarungen zu nennen. Der im Mai 1997 veröffentlichte »Eizenstat-Report« verstärkte den internationalen Druck auf die Schweiz und thematisierte außerdem das Fehlverhalten weiterer Staaten (darunter Schweden).[10] Von der internationalen Dimension des Themas zeugen unter anderem die Londoner Nazi-Gold-Konferenz (2. bis 4. Dezember 1997) und die Washingtoner Konferenz über geraubte Vermögenswerte (30. November bis 3. Dezember 1998).[11] Deutlich wurde, dass die Aufarbeitung der Vergangenheit am Ende des 20. Jahrhunderts – unabhängig vom Ausmaß der historischen Verstrickung mit der Mordpolitik des »Dritten Reiches« – in- und außerhalb Europas zur Pflicht geworden war.

Parallel zu diesen *vergangenheitspolitischen* Entwicklungen lässt sich ein starkes *geschichtspolitisches* Engagement des schwedischen Premierministers Göran Persson beobachten.[12] Im November 1997 rief

---

tauscht, die dem »Dritten Reich« wiederum den Kauf kriegswichtiger Güter aus weiteren »neutralen« Staaten (wie Schweden, Portugal oder Spanien) ermöglichten.

[10] Vgl. U.S. and Allied Efforts To Recover and Restore Golde and Other Assets Stolen or Hidden by Germany During World War II. Preliminary Study, Washington 1997; www.state.gov/www/regions/eur/ngrpt.pdf (letzter Zugriff: 23.12.2011).

[11] An den Konferenzen nahmen jeweils mehr als vierzig Staaten teil, wobei neben den USA mit Argentinien, Australien, Brasilien, Israel, Kanada und Uruguay auch mehrere nicht-europäische Delegationen in London und Washington vertreten waren. Für eine knappe Zusammenfassung der Inhalte und Merkmale der beiden Konferenzen vgl. Kroh: Transnationale Erinnerung (wie Anm. 5), S. 90-93, 103-110.

[12] Zur Verwendung der Begriffe »Vergangenheitspolitik« und »Geschichtspolitik« in diesem Beitrag: Während unter »Vergangenheitspolitik« in Anlehnung an Norbert Frei zeitlich begrenzte Maßnahmen zur Überwindung einer diktatorischen Vergangenheit (zum Beispiel Entschädigung von Opfern, strafrechtliche Verfolgung von Tätern, aber auch Amnestien) verstanden

er nach Konsultation des israelischen Historikers Yehuda Bauer eine landesweite Informationskampagne zum Holocaust (»Levande Historia«, deutsch: »Lebendige Geschichte«) ins Leben. Sie umfasste unter anderem die Einrichtung eines jährlichen Holocaust-Gedenktages, die kostenlose Distribution eines Buches zum Holocaust an alle interessierten Haushalte[13], verschiedene Projekte zur verstärkten schulischen Auseinandersetzung mit dem Mord an den europäischen Juden sowie die Gründung eines nationalen Forschungs- und Erziehungszentrums zum Thema Holocaust und Genozid. Persson, der seinerzeit auch der Sozialdemokratischen Arbeiterpartei vorsaß, begründete seine Initiative offiziell mit dem Anstieg rechtsextremer Gewalt in Schweden und der Veröffentlichung einer Umfrage, in der das mangelnde Wissen vieler Jugendlicher über den Holocaust deutlich geworden war.[14] Darüber hinaus wurde aber über weitere Motive spekuliert. So wollen Max Liljefors und Ulf Zander für »Levande Historia« stärker den europäischen Kontext berücksichtigt wissen: »Nach einer deutlichen schwedischen Distanzierung von Europa und dem Zweiten Weltkrieg, die die offizielle Politik der Nachkriegszeit bis in die 90er Jahre hinein prägte, bietet die Förderung einer neuen Sicht des Weltkrieges dem Land die Möglichkeit, sich stärker in die europäische Zusammenarbeit und die gemeinsame Geschichte einzugliedern.«[15]

Manche internationale Zeitung deutete das Engagement des schwe-

---

werden, bezieht sich der von Edgar Wolfrum geprägte Begriff »Geschichtspolitik« eher auf symbolische Geschichtsbezüge (Gedenktage usw.). In der Praxis gehen vergangenheits- und geschichtspolitische Maßnahmen oft miteinander einher. Die beiden Begriffe dienen daher vorrangig als analytische Kategorien zur Erfassung des (politischen) Rekurses auf Vergangenheiten.

[13] Es handelt sich um das in der Zwischenzeit auch in deutscher Sprache erhältliche Buch *Om detta må ni berätta – En bok om Förintelsen i Europa 1933-1945* (*Erzählt es Euren Kindern. Ein Buch über den Holocaust in Europa 1933 bis 1945*), das in Schweden eine Auflage von einer Million erreichte und dort damit das nach der Bibel am weitesten verbreitete Buch ist.

[14] Ausführlicher zu Inhalten und Motiven seiner Initiative: Kroh: Transnationale Erinnerung (wie Anm. 5), S. 84-90.

[15] Max Liljefors, Ulf Zander: Der Zweite Weltkrieg und die schwedische Utopie. In: Monika Flacke (Hrsg.): Mythen der Nationen. (wie Anm. 1) S. 569-587.

dischen Regierungschefs hingegen als Reaktion auf antizipierte internationale Sanktionen und damit als Strategie, eine öffentliche Verurteilung, wie sie die Schweiz erfuhr, zu vermeiden.[16] Für diese Lesart
spricht, dass sich Göran Persson sehr schnell um eine Internationali-
sierung seiner in Schweden populären Initiative bemühte und persönliche Briefe an den britischen Premier Tony Blair und US-Präsident Bill
Clinton verfasste, worin er eine intergouvernementale Zusammenarbeit
im Bereich der »Holocaust-Education« anregte. Als Ergebnis seiner
Initiative fand – allerdings ohne die genannten Regierungschefs – am
7. Mai 1998 das »Stockholm Meeting on the Holocaust« statt, das als
Geburtsstunde der »Task Force for International Cooperation on Holocaust Education, Remembrance, and Research« (ITF) gilt.[17] Das diplo-
matisch-wissenschaftliche Netzwerk ITF diente der atlantischen Allianz
und speziell den USA vor allem in den Anfangsjahren als Instrument zur
Verbreitung ihrer kulturellen Leitvorstellungen, wie der »Special Envoy
for Holocaust Issues« im US-Außenministerium, Randolph Bell, bei
einer Pressekonferenz ausführt: »We wanted to call your attention to the
plenary meeting of our Task Force next week because it's part and par-
cel of the creation of a community of values in the Euro-Atlantic world.
(…). When I say creation of a community of values, we have in each of
the seven NATO candidate-countries and in Central and Eastern Europe,
more broadly, made clear that when you do business in an institution
like NATO, you do it by appealing to the cooperation of your friends and
allies on the basis of shared goals and values. And we have stressed that
this is a practical, as well as a moral issue.«[18]

Demnach konnten zahlreiche Staaten aus dem ehemaligen Ostblock,
die sich um die Jahrtausendwende um eine Aufnahme in die NATO
und um einen EU-Beitritt bemühten, mit ihrem Engagement in der ITF
zeigen, dass sie zentrale Werte der westlichen Wertegemeinschaft teilen.

---

[16] Vgl. unter anderem Neue Züricher Zeitung, 15. September 1998, S. 15: *Pädagogische Wünsche – Auseinandersetzung mit dem Thema Holocaust.*

[17] Vgl. www.holocausttaskforce.org/about-the-itf/timeline-of-the-itf.html (letzter Zugriff: 23.12.2011).

[18] Vgl. sein Statement bei einer Pressekonferenz am 8. Mai 2003; http://2002-
2009-fpc.state.gov/20414.htm (letzter Zugriff: 23.12.2011).

In der Folge wuchs die ITF auf 28 Mitgliedstaaten (Stand Juli 2011) an. Dieses Wachstum ist wiederum eng mit der Stockholmer »Holocaust-Konferenz« verbunden, die der ITF eine wichtige Plattform bot, um sich einer größeren Öffentlichkeit zu präsentieren.

Geschichtspolitisches Symbol mit Modellcharakter: Die Stockholmer »Holocaust-Konferenz«

Ungeachtet der Ende des 20. Jahrhunderts gewachsenen Bedeutung des Holocausts in der internationalen Politik erscheint die Zahl der Staats- und Regierungschefs, die nach Stockholm gekommen war, ungewöhnlich hoch. Denn bei den Konferenzen in London und Washington hatten sich die meisten Regierungen noch mit der Entsendung von DiplomatInnen und VertreterInnen aus thematisch relevanten Ministerien begnügt. Wieso also reiste beinahe die komplette europäische Polit-Prominenz zu Beginn des 21. Jahrhunderts nach Stockholm, um sich mit den Themen Holocaust-Erinnerung und -Aufklärung auseinanderzusetzen? Zwei Gründe sind in diesem Zusammenhang zu nennen: Erstens hatten die OrganisatorInnen in ihren Einladungsschreiben frühzeitig mit dem Kommen von US-Präsident Bill Clinton (der letztlich aber der Konferenz fernblieb) sowie der Zusage weiterer Politiker aus den EU-Ländern geworben; die öffentlichkeitswirksame Teilnahme an der Konferenz stellte für viele PolitikerInnen demnach eine Frage des Prestiges dar.[19] Zweitens waren die in Stockholm verhandelten Themen nicht so brisant wie die um eine Lösung des restitutionspolitischen »unfinished business« bemühten Vorgängerkonferenzen, da nunmehr eine zukunftsorientierte Auseinandersetzung mit dem Holocaust auf der Agenda stand.

Ebenso interessant wie die Motive für eine Teilnahme an der Konferenz sind die Redebeiträge der europäischen PolitikerInnen. Zwar betonen einige Kommentatoren die Uniformität der Statements, die im

---

[19] Zur Einladungsphase und inhaltlichen Grundausrichtung der Konferenz vgl. Kroh: Transnationale Erinnerung (wie Anm. 5), S. 116-121.

Rahmen der Stockholmer »Gemeinschaftszeremonie«[20] verlesen wurden, allerdings trifft dieses Urteil vor allem auf die Dominanz eines opferidentifizierten Narrativs zu, in dem die konkreten Täter eher selten angesprochen werden. Darüber hinaus lassen sich teilweise jedoch erhebliche inhaltliche Differenzen feststellen: Während die sozialdemokratischen und sozialistischen Redner aus den seinerzeit fünfzehn EU-Staaten die Jahre 1933 bis 1945 eher mit Blick auf eigene Verantwortlichkeiten und Versäumnisse deuteten, tendierten mehrere Staats- und Regierungschefs aus den seinerzeitigen EU-Kandidatenländern dazu, den eigenen Opferstatus hervorzuheben, negative Aspekte der nationalen Vergangenheit auszublenden und/oder die eigene Geschichte zu glorifizieren.[21]

Die Rede von Andrius Kubilius[22] ist für die Kombination aus fragwürdiger historischer Darstellung und exkulpierender Geschichtsdeutung exemplarisch. So beschrieb er das Vorkriegs-Litauen als sicheren Zufluchtsort für jüdische Einwohner, während die Aktivitäten des faschistischen Kampfbundes »Eiserner Wolf« in der Zwischenkriegszeit verschwiegen werden und die Kollaboration eine schicksalhafte Randnotiz bleibt: »Before World War II the Jewish community in Lithuania was the happiest one in Europe during the prewar period: there were no Jewish pogroms, no hail of anti-Semitic abuse in the press, and their culture and social activities flourished. I am hurt and ashamed to hear that sometimes Lithuania is mentioned in the foreign press in relation with the tragedy of Jewish people during World War II. At that time Lithuania was nothing more but a geographical notion. Unfortunately, during

---

20 Michael Jeismann: Auf Wiedersehen Gestern. Die deutsche Vergangenheit und die Politik von morgen. Stuttgart/München 2010, S. 145.

21 Mit Martin Sabrow kann hier von einem Gegensatz zwischen »Distanzkultur« und »Stolzkultur« gesprochen werden, wobei viele Redner aus den mittel- und osteuropäischen Staaten bei der »Holocaust-Konferenz« eine opferidentifizierte Stolzkultur an den Tag legten, in der sie den nationalen Beitrag bei der Rettung von Juden und Jüdinnen in den Vordergrund stellten.

22 Kubilius ist Mitglied der »Vaterlandsunion (Konservative, politische Gefangene und Deportierte, christliche Demokraten)«, die seit den Europawahlen 2004 Mitglied der »Europäischen Volkspartei« (EVP) ist.

those hard times certain Hitler's holocaust policy executors turned up in our society and collaborated with Nazi occupants.«[23]

Das eigene Opfertum stand auch im Mittelpunkt der Rede des mazedonischen Regierungschefs Ljubčo Georgievski[24], der die historische Schicksalsgemeinschaft von Mazedoniern und Juden herausarbeitete und dabei implizit die Spezifität der industriell betriebenen Vernichtung der europäischen Juden relativierte: »A very small number of nations in the world have so a tragic history as it is the case with the Macedonian and the Jewish people. It has been noted in history that the Macedonians and the Jews were persecuted not once from their homes, denied their rights, removed from their lands, subjugated and destroyed.«[25]

Viktor Juschtschenko, der spätere Protagonist der »Orangenen Revolution«, stellte seinerseits eine Verbindung zu den ukrainischen Opfern des »Holodomor« her: »Today's forum inspired me of another important idea – (an) analogical commemorative forum on the victims of mass artificial famines in Ukraine under Stalin's era.«[26]

Wenngleich sich die PolitikerInnen aus »Geschichtsregionen« (Stefan Troebst) mit »doppelter Vergangenheit« in ihren Reden bei der »Holocaust-Konferenz« überwiegend mit dem Holocaust auseinandersetzten und derartige Analogien eher vermieden, sind die dortigen Erinnerungskulturen damals wie heute von der Fokussierung auf stalinistische und kommunistische Verbrechen geprägt.

Ungeachtet der unterschiedlichen erinnerungskulturellen Praxis in

---

[23] Ders.: Message by the Prime Minister of the Republic of Lithuania at the Plenary Session, 27. Januar 2000. In: Regeringskansliet (Hrsg.): The Stockholm International Forum on the Holocaust. A Conference on Education, Remembrance and Research. Proceedings. Stockholm 2000, S. 77-78.

[24] Georgievski ist Mitglied der national-konservativen »VMRO-DPMNE« (»Innere Mazedonische Revolutionäre Organisation – Demokratische Partei Mazedoniens für die Nationale Einheit«).

[25] Ders.: Message by the President of the Government of the Republic of Macedonia at the Closing Plenary Session, 28. Januar 2000. In: Regeringskansliet (Hrsg.): The Stockholm International Forum on the Holocaust (wie Anm. 23), S. 86-88.

[26] Ders.: Message by the Prime Minister of Ukraine at the Plenary Session, 27. Januar 2000. In: Ebd., S. 75-76.

Ost und West wurde zum Abschluss der Konferenz eine gemeinsame, allerdings rechtlich nicht bindende Erklärung verabschiedet, die dazu dienen sollte, die universale Bedeutung der Ermordung der europäischen Juden als internationale Norm festzuschreiben. Die sogenannte »Stockholmer Deklaration«, die maßgeblich von Yehuda Bauer, dem wissenschaftlichen Berater der Konferenzorganisatoren, erarbeitet wurde und die auf der Singularitätsthese fußt, rief zur Öffnung relevanter Archive und zur Einrichtung eines jährlichen Holocaust-Gedenktages auf. Gleichzeitig stellte sie den Bezug zur Gegenwart her, indem sie die Verantwortung der Völkergemeinschaft hervorhob, aktuelle und zukünftige Formen von »Völkermord, ethnischer Säuberung, Rassismus, Antisemitismus und Ausländerfeindlichkeit« zu bekämpfen.[27]

Ein Anwendungsfall für diesen Appell hatte sich bereits bei Beginn der »Holocaust-Konferenz« abgezeichnet, als der Kanzlerkandidat der Österreichischen Volkspartei (ÖVP), Wolfgang Schüssel, am 25. Januar 2000 Gespräche über eine Regierungsbildung mit der von Jörg Haider geführten rechtspopulistischen Freiheitlichen Österreichischen Volkspartei (FPÖ) aufnahm. Da die ÖVP hinter der Sozialdemokratischen Partei Österreichs (SPÖ) und der FPÖ nur drittstärkste Fraktion im Nationalrat war, befürchteten Kritiker, dass die ÖVP dem Rechtspopulisten Haider, der im Laufe seiner politischen Karriere wiederholt durch die Relativierung des NS-Regimes aufgefallen war, als Steigbügelhalter auf dem Weg zur Macht dienen sollte. Nachdem die Regierungsbildung trotz massiver Proteste in Österreich und im Ausland erfolgt war, wurde das EU-Mitglied Österreich von den vierzehn anderen der seinerzeit fünfzehn EU-Staaten in einem bis heute einmaligen Akt diplomatisch sanktioniert.[28] Zwar ging es einigen Politikern vermutlich vorrangig

---

[27] Erklärung des Stockholmer Internationalen Forums über den Holocaust, 2000; www.holocausttaskforce.org/about-the-itf/stockholm-declaration.html ?lang=de (letzter Zugriff: 23.12.2011).

[28] Die von Februar bis September 2000 anhaltenden diplomatischen Sanktionen umfassten die Einfrierung der bilateralen Kontakte zu Österreich. Außerdem sollten österreichische Kandidaturen für die Besetzung von Ämtern in internationalen Organisationen nicht unterstützt werden. Neben der »EU der 14« griffen allerdings auch Argentinien, Kanada, Israel und die USA zu

darum, den auch in ihren Ländern aufstrebenden rechtspopulistischen Bewegungen zu demonstrieren, dass sie auf Dauer als nicht koalitionsfähig gelten. Gleichzeitig aber kann der Boykott, der bereits in Stockholm erwogen worden war,[29] als Signal an die mittel- und osteuropäischen EU-Bewerber gesehen werden, die Europäische Union nicht nur als ökonomischen Markt, sondern auch als Wertegemeinschaft zu verstehen, deren negativer Referenzpunkt der Holocaust ist. Die bei der Konferenz formulierten geschichtspolitischen Absichtsbekundungen waren demnach für die Staats- und Regierungschefs aus der »EU der 14« keine bloßen Lippenbekenntnisse: Der »Geist von Stockholm« fungierte vielmehr als Richtschnur für politische Entscheidungen, wobei weder zuvor noch danach eine derartige normativ begründete »europäische Innenpolitik« in der EU eine Mehrheit fand.[30]

Die Stockholmer »Holocaust-Konferenz« hat weiterhin erheblich dazu beigetragen, dass die ITF als relevanter internationaler Akteur wahrgenommen worden ist. Dies drückt sich unter anderem darin aus, dass zahlreiche Staaten bei der Konferenz ihren Wunsch nach einer

---

ähnlichen politischen Maßnahmen. Für eine ausführlichere Beschreibung der Vorgänge rund um die internationale Ächtung der österreichischen Regierung vgl. Kroh: Transnationale Erinnerung (wie Anm. 5), S. 165-177.

[29] So räumte der französische Konferenzteilnehmer Pierre Moscovici (von Juni 2004 bis Juni 2007 Vize-Präsident des Europäischen Parlaments) ein, dass er Lionel Jospin während des »Holocaust-Forums« vorgeschlagen habe, gegen die beginnenden Koalitionsverhandlungen von ÖVP und FPÖ zu protestieren. Dieser habe ebenso unverzüglich zugestimmt wie Jacques Chirac; vgl. Jean Quatremer: En Europe, silence et indifférence. In: Libération, 13. Mai 2006.

[30] 1994 (und auch 2001) bildete beispielsweise die »Forza Italia« unter Vorsitz von Silvio Berlusconi eine Regierungskoalition mit der »Lega Nord« und der aus der neofaschistischen »Movimento Sociale Italiano« hervorgegangenen »Alleanza Nazionale«. Aktuelle Fälle aus der jüngeren Vergangenheit, die bei einer ausreichend großen Zahl an BefürworterInnen ebenfalls zu einer Sanktionierung hätten führen können, waren das restriktive Mediengesetz der Regierung Viktor Orbán in Ungarn und die Abschiebung von Roma und Sinti durch die Regierung von Nicolas Sarkozy in die EU-Mitgliedstaaten Rumänien und Bulgarien.

Mitgliedschaft in der ITF bekundeten. Faktisch hat sie seit Januar 2000 nicht nur neunzehn neue Mitgliedstaaten, sondern auch rund hundert neue Delegierte aus ganz Europa hinzugewonnen. Diesen Delegierten – es handelt sich in der Mehrzahl um MitarbeiterInnen relevanter Museen, Universitätsinstitute und Gedenkstätten – eröffnet die ITF einen permanenten Kommunikationsraum, der zur weltweiten Vernetzung genutzt werden kann. Die in verschiedenen Arbeitsgruppen tätigen ExpertInnen sind wiederum an den von der ITF organisierten und finanzierten Weiterbildungsseminaren für LehrerInnen ebenso beteiligt wie an der Vergabe von Druckkostenzuschüssen für die Übersetzung wichtiger Bücher zum Holocaust. Bis 2008 hatte die ITF insgesamt 221 Projekte unterstützt. Mit solchen Projekten und der Erstellung gemeinsamer Leitfäden (»How to teach?«, »What to teach?«, »Why to teach?«) trägt die ITF zu einer partiellen Synchronisierung und Standardisierung nationaler Erinnerungskulturen in Hinblick auf die Erinnerung des Holocaust bei.[31] Insofern kann die ITF als mittel- und langfristig tätige Agentur zur Umsetzung der Ziele der »Stockholmer Erklärung« verstanden werden.

Schließlich lassen sich die Auswirkungen der Stockholmer »Holocaust-Konferenz« auch daran ablesen, dass diverse geschichtspolitische Resolutionen neueren Datums implizit wie explizit auf die »Stockholmer Deklaration« verweisen. So forderte etwa die OSZE ihre Mitgliedstaaten 2003 dazu auf, der ITF beizutreten und die in Stockholm verabschiedete Erklärung umzusetzen.[32] Auch das Europäische Parlament bezog sich in seiner »Entschließung zum Gedenken an den Holocaust

---

[31] Ausführlicher dazu Jens Kroh: Erinnerungskultureller Akteur und geschichtspolitisches Netzwerk. Die »Task Force for International Cooperation on Holocaust Education, Remembrance and Research«. In: Jan Eckel, Claudia Moisel (Hrsg.): Universalisierung des Holocaust? Erinnerungskultur und Geschichtspolitik in internationaler Perspektive. Göttingen 2008, S. 156-173.

[32] OSZE: Entschließung über die Bekämpfung des Antisemitismus im 21. Jahrhundert. In: Rotterdamer Erklärung der Parlamentarischen Versammlung der OSZE und auf der zwölften Jahrestagung verabschiedete Entschließungen, 5. bis 9. Juli 2003, S. 31-32; www.oscepa.org/publications/all-documents/cat_view/97-all-documents/1-publications/4-declarations/33-2003-rotterdam-declaration (letzter Zugriff: 23.12.2011).

sowie zu Rassismus und Antisemitismus«[33] auf die »Stockholmer Deklaration«, nachdem es bereits im März 2000 einen entsprechenden Beschluss gefasst hatte.[34]

Seit 2005 diente die »Stockholmer Erklärung« den europäischen Institutionen dagegen immer seltener als direkte Referenz. Stattdessen rückten zunehmend stalinistische Verbrechen und die Verurteilung des Kommunismus in das Visier von EU-Parlament und Europarat, wobei die mit »Stockholm« verknüpfte Erkenntnis, dass Erinnerung nicht nur auf der nationalen Ebene von Seiten der Politik gestaltet werden kann, sondern auch auf europäischer Ebene, die jüngeren geschichtspolitischen Interventionen vermutlich wesentlich begünstigt hat. Den Auftakt machte dabei die Parlamentarische Versammlung des Europarates, die – in unmittelbarer zeitlicher Nähe zum Auschwitz-Gedenktag – am 25. Januar 2006 eine Resolution zur »Notwendigkeit der internationalen Verurteilung von Verbrechen totalitärer kommunistischer Regime« debattierte und verabschiedete.[35] Die Erklärung zielte darauf ab, den Kommunismus in Europa zu ächten und das Leid der Opfer anzuerkennen, wobei eine auf Stéphane Courtois und dessen »Schwarzbuch des Kommunismus« basierende totalitarismustheoretische Perspektive zur Geltung kam.[36]

---

[33] Europäisches Parlament: Entschließung des Europäischen Parlaments zum Gedenken an den Holocaust sowie zu Antisemitismus und Rassismus, 27. Januar 2005 (P6_TA(2005)0018); http://www.europarl.europa.eu/sides/getDoc. do?pubRef=-//EP//TEXT+TA+P6-TA-2005-0018+0+DOC+XML+V0//DE (letzter Zugriff: 27.3.2012).

[34] Vgl. für eine detaillierte Analyse der Karriere der Stockholmer Erklärung: Harald Schmid: Europäisierung des Auschwitzgedenkens? Zum Aufstieg des 27. Januar 1945 als »Holocaustgedenktag« in Europa. In: Eckel, Moisel (Hrsg.): Universalisierung des Holocaust? (wie Anm. 31), S. 189.

[35] »Entschließung 1481 (2006) betr. die Notwendigkeit der internationalen Verurteilung von Verbrechen totalitärer kommunistischer Regime«; www.coe. int/t/d/Com/Dossiers/PV-Sitzungen/2006-01/Entschl1481_kommunist.asp (letzter Zugriff: 23.12.2011).

[36] Vgl. Katrin Hammerstein, Birgit Hofmann: Europäische »Interventionen«. Resolutionen und Initiativen zum Umgang mit diktatorischer Vergangenheit. In: Katrin Hammerstein, Ulrich Mählert, Julie Trappe, Edgar Wolfrum

Explizit auf diese Erklärung des Europarats verweist wiederum die »Erklärung des Europäischen Parlaments zur Ausrufung des 23. August zum Europäischen Gedenktag an die Opfer von Stalinismus und Nazismus«[37]. Sie nimmt den Jahrestag des Hitler-Stalin-Paktes (im Dokument: Molotow-Ribbentrop-Pakt) als Ausgangspunkt, um »die im Rahmen der stalinistischen und nazistischen Aggressionen vorgenommenen Massenverschleppungen, Morde und Versklavungen« zu verurteilen und ein »Europa der Opfer«[38] zu konstruieren. Diese Perspektive findet schließlich vollends ihren Ausdruck in der »Entschließung des Europäischen Parlaments vom 2. April 2009 zum Gewissen Europas und zum Totalitarismus«[39]. Hierin wird zwar pflichtschuldig auf den »einzigartigen Charakter« des Holocausts hingewiesen. Faktisch aber wird die Singularität des Massenmords an den europäischen Juden in Frage gestellt, wenn er ohne jede historische Differenzierung in einem Atemzug mit Stalinismus, Holodomor, Franquismus und Srebrenica aufgeführt und diese Perspektive damit gerechtfertigt wird, dass »es vom Blickwinkel der Opfer aus unwesentlich ist, welches Regime sie aus welchem Grund auch immer ihrer Freiheit beraubte und sie foltern oder ermorden ließ«.[40]

(Hrsg.): Aufarbeitung der Diktatur – Diktat der Aufarbeitung? Normierungsprozesse beim Umgang mit diktatorischer Vergangenheit. Göttingen 2008, S. 196-202.

[37] P6_TA(2008)0439; www.europarl.europa.eu/sides/getDoc.do?pubRef=-//EP//TEXT+TA+P6-TA-2008-0439+0+DOC+XML+V0//DE (letzter Zugriff: 23.12.2011).

[38] Hammerstein, Hofmann: Europäische »Interventionen« (wie Anm. 36), S. 203.

[39] P6_TA(2009)0213; www.europarl.europa.eu/sides/getDoc.do?pubRef=-//EP//TEXT+TA+P6-TA-2009-0213+0+DOC+XML+V0//DE (letzter Zugriff: 23.12.2011).

[40] Ebd.

Fazit

»Stockholm« markierte den sichtbaren Höhepunkt der Formation eines auf dem Holocaust basierenden offiziellen europäischen Gedächtnisses. Während die ITF noch heute auf die Aufrechterhaltung und Weiterentwicklung des bei der Konferenz proklamierten Geschichtsverständnisses hinwirkt, bemühte sich das EU-Parlament zuletzt darum, die konkurrierenden Gedächtnisse in Europa mit Hilfe einer opferidentifizierten und totalitarismustheoretischen Perspektive zu versöhnen.[41] So sehr sich diese beiden geschichtspolitischen Programme inhaltlich und von ihrer Zielsetzung her unterscheiden, so sehr ähneln sich ihre Prämissen. Sie fußen auf dem in und nach Stockholm vor Augen geführten Exempel, dass ein europäisches Gedächtnis von politischer Seite gestaltet werden kann – sei es durch internationale Kooperation oder sei es durch supranationale Dezision und Deliberation. Insofern kann die Stockholmer Deklaration als funktionales Vorbild für die geschichtspolitischen Entschließungen von Europarat und EU-Parlament gedeutet werden.

Ungeachtet der konstatierten Unterschiede lässt sich im erweiterten Europa in den vergangenen Jahren eine zunehmende »Kultur der Selbstviktimisierung«[42] beobachten. Anders als noch zum Ende des 20. Jahrhunderts stellt das »Schuldgedächtnis« nicht mehr die »transnationale Signatur der Erinnerungskulturen in Europa«[43] dar. Das europäische Gedächtnis – oder genauer: die nationalen und geschichts-

---

[41] Zur Diversifizierung des Gedächtnisses in Europa vgl. insbesondere Stefan Troebst: Jalta versus Stalingrad, GULag versus Holocaust. Konfligierende Erinnerungskulturen im größeren Europa. In: Berliner Journal für Soziologie 15 (2005), Heft 3, S. 381-400. Für einen Überblick über aktuelle »Hot Spots« der europäischen Erinnerung vgl. Claus Leggewie, Anne Lang: Der Kampf um die europäische Erinnerung. Ein Schlachtfeld wird besichtigt. München 2011.

[42] Diese Konjunktur der Betonung »eigener Opfer« äußert sich in Deutschland etwa in den Plänen für ein Ausstellungs- und Dokumentationszentrum zu Flucht und Vertreibung. Weitere Beispiele unter vielen sind auf europäischer Ebene das »Haus des Terrors« in Budapest, das »Museum des Warschauer Aufstandes« oder das »Okkupationsmuseum« in Tallinn.

[43] Heidemarie Uhl: Schuldgedächtnis und Erinnerungsbegehren. Thesen zur europäischen Erinnerungskultur. In: Transit 35 (2008), S. 10.

regionalen Gedächtnisse in Europa – sind in der Zwischenzeit auf die Kategorie »Opfer« umgestellt worden, wobei es fast unerheblich zu sein scheint, ob es sich dabei um *echte* oder »*gefühlte* Opfer«[44] handelt. Insofern überrascht es auch nicht, dass die EU bei der Frage nach eigenen Täterschaften zurückhaltend bleibt. Das Gedenken an das »europäische Projekt« Kolonialismus jedenfalls wird vorrangig noch im nationalen Rahmen debattiert.[45]

---

[44] Ulrike Jureit, Christian Schneider: Gefühlte Opfer. Illusionen der Vergangenheitsbewältigung. Stuttgart 2010.

[45] Vgl. Andreas Eckert: Der Kolonialismus im europäischen Gedächtnis. In: Aus Politik und Zeitgeschichte 1-2 (2008), Europäische Nationalgeschichten, S. 31-38.

Astrid Messerschmidt

Besetzen – Distanzieren – Globalisieren

Ambivalente pädagogische Erinnerungspraktiken in der Migrationsgesellschaft

Wie die Beziehungen zur Zeitgeschichte sich gestalten, hängt in hohem Maß davon ab, wie über Geschichte kommuniziert wird und welche Eindrücke und Gefühle diese Kommunikation hinterlässt. Geschichtswissen wie auch Haltungen zum Holocaust und der nationalsozialistischen Politik und Gesellschaft sind von diesen kommunikativen Erfahrungen beeinflusst, an denen die Bildungsinstitutionen wesentlichen Anteil haben. Schließlich hat sich in der Bundesrepublik seit den 1970er Jahren die bildungspolitische Überzeugung entwickelt, Wissensvermittlung über die NS-Verbrechen verbindlich im Schulunterricht zu verankern. Erfahrungen schulischer Thematisierungen gehören deshalb für die nach 1970 Geborenen zu einem Bestandteil ihres Verhältnisses zum Nationalsozialismus. Die Auseinandersetzung mit dem Holocaust ist zu einem verpflichtenden Gegenstand in Schule und außerschulischer Bildungsarbeit avanciert.[1] In der außerschulischen politischen Bildung, wie sie sich im Lauf der 1960er Jahre in der Bundesrepublik etabliert hat, gehört die Auseinandersetzung mit der Politik, die zu Auschwitz führte, sowie mit deren Verdrängung und Aufarbeitung von Anfang an zum Themenrepertoire.[2] Eine besondere Rolle spielen dabei die Gedenkstätten der ehemaligen Konzentrationslager und andere Gedenkorte. Die Geschichtsbilder des pädagogischen Personals und dessen persönlich-

---

[1] Vgl. Annegret Ehmann: Holocaust in Politik und Bildung. In: Fritz Bauer Institut (Hrsg.): Grenzenlose Vorurteile. Jahrbuch 2002 zur Geschichte und Wirkung des Holocaust. Frankfurt am Main und New York 2002, S. 41-67.

[2] Vgl. Paul Ciupke, Norbert Reichling: »Unbewältigte Vergangenheit« als Bildungsangebot. Das Thema »Nationalsozialismus« in der westdeutschen Erwachsenenbildung 1946-1989. Frankfurt am Main 1996.

217

biografische Beziehungen zur Vergangenheit beeinflussen, wie sich SchülerInnen und andere Lernende heute erinnern. Weil institutionalisierte Pädagogik einen machtvollen Anteil an der gesellschaftlichen Erinnerungspraxis hat, geht der folgende Beitrag auf pädagogische Besetzungen der NS-Geschichte ein und stellt dar, inwiefern die Perspektiven der dritten und vierten Generationen nach 1945 davon beeinflusst sind. Problematisiert wird eine distanzierende Form der Erinnerung, die das Unbehagen an der Beziehung zur Täterschaft verallgemeinert. In der Entwicklung des Erinnerungsdiskurses hat sich eine die Herkunftsunterschiede übergreifende Abwehr der Erinnerung eingestellt. Wie kann eine migrationsgesellschaftliche Erinnerungsbildung zu einer den Holocaust nicht relativierenden Aufarbeitung beitragen und für gegenwärtige Instrumentalisierungen erinnerter Verbrechensgeschichte sensibilisieren?

Besetzen – pädagogische Aneignungen

Innerhalb einer Landschaft von Bildungskonzepten, die auf positive Selbstbilder ausgerichtet sind, erweist sich das Feld der historisch-politischen Bildung als ausgesprochen spannungsreich. Geht es doch hier ganz wesentlich um eine Verbrechensgeschichte, nämlich um die Auseinandersetzung mit Bedingungen und Folgen der nationalsozialistischen Massenverbrechen. Dabei bewegt sich die auf den Nationalsozialismus bezogene Bildungsarbeit immer in zwei Dimensionen der Geschichtsaufarbeitung: einerseits sollen historische Kenntnisse über die NS-Zeit vermittelt werden, andererseits ist jede Bildungsveranstaltung in diesem Feld mit der Geschichte der erinnernden Aufarbeitung nach 1945 konfrontiert und hat sich auf die Nachwirkungen des Nationalsozialismus in der Gegenwart zu beziehen. Junge Erwachsene und Jugendliche bringen ihre eigenen zeitgeschichtlichen Erfahrungen ein, und dabei geht es vor allem darum, wie die Vermittlung des Holocaust von ihnen selbst erlebt worden ist, wie also das, was PädagogInnen ihnen an Geschichtswissen und Geschichtsbewusstsein nahe bringen wollten, bei ihnen angekommen ist. Im Vordergrund stehen dabei schulische Erfahrungen, da die Schule mit ihren Bewertungs- und Kontrollstrukturen von den

SchülerInnen als machtvoll erlebt wird und in der Lage ist, Themen so zu besetzen, dass sie auch nach Abschluss der schulischen Laufbahn als Schulthemen erscheinen und die Gefühle evozieren, die in der schulischen Situation dominant gewesen sind.

Der Erziehungswissenschaftler Micha Brumlik fasst das Problem einer pädagogischen Vermittlung des Holocaust im Kontext schulischen Lernens als Paradoxalität, weil mit dem Gegenstand des nationalsozialistischen Massenmordes das Unterrichten auf das »Ununterrichtbare« stößt.[3] Den Lernenden begegnet eine extreme Erfahrung, die sich nicht in Worte fassen, darstellen oder verstehen lässt, eine »Fremdheitserfahrung«, über die nicht aufgeklärt werden kann.[4] Wenn aber Unterricht sich »vor allem im Modus der Selbstvergewisserung bewegt«, dann lässt er genau diese Fremdheit nicht zu. Die Bildungschance, die in der Erfahrung stecken kann, etwas unterrichten zu wollen, das sich dem Unterrichtbaren entzieht, wird vergeben. Um sie aufzugreifen, müssten Lehrende ihren eigenen Verunsicherungen im Zugang zu dem Gegenstand nachgehen und genau diese mit den Lernenden thematisieren. Die pädagogischen Herausforderungen im Umgang mit dem Nationalsozialismus im Geschichtsunterricht machen die Erziehungswissenschaftler Wolfgang Meseth, Matthias Proske und Frank-Olaf Radtke an der »besonderen Widrigkeit des Gegenstandes« fest und an der »Verknüpfung mit moralischen Erziehungszielen«.[5] Sie plädieren dafür, »überhöhte Erziehungsansprüche« zurückzunehmen und sich klar zu machen, nicht »direkt und kausal auf die moralischen Verhaltensdispositionen der Schüler einwirken zu können«.[6] Zugleich sprechen sie sich für eine gewisse Gelassenheit aus, da Schüler und Lehrer »über ein nicht unerhebliches Maß an *awareness* bezogen auf den Gegenstand Nationalsozialismus

---

[3]   Micha Brumlik: Das Unterrichten des Ununterrichtbaren. In: Ders.: Aus Katastrophen lernen? Grundlagen zeitgeschichtlicher Bildung in menschenrechtlicher Absicht. Berlin/Wien 2004, S. 127.

[4]   Ebd., S. 129.

[5]   Wolfgang Meseth, Matthias Proske, Frank-Olaf Radtke: Nationalsozialismus und Holocaust im Geschichtsunterricht. In: Dies. (Hrsg.): Schule und Nationalsozialismus. Frankfurt am Main/New York 2004, S. 133.

[6]   Ebd., S. 142.

und Holocaust verfügen«.[7] Lehrende können nicht kontrollieren, inwiefern die Lernenden die gewünschten Bewertungen der Geschichte übernehmen.[8] Sie können auch den Gegenstand nicht glätten, nicht handhabbar und lehrbar machen. Diese Schwierigkeiten sichtbar zu machen, betrachte ich als einen Ansatz im pädagogischen Umgang mit dem Nationalsozialismus. Daraus kann eine Lehr-Lernbeziehung entstehen, die den historischen Gegenstand als einen gemeinsam zu reflektierenden und nicht als einen von den Lehrenden bereits erfolgreich aufgearbeiteten repräsentiert. Die Auseinandersetzung mit dem Nationalsozialismus bezieht sich auf ein Geschehen, mit dem keiner der Beteiligten fertig werden kann.

In jenen Teilen der dritten und vierten Generation nach 1945, die in einer Beziehung zur Täter-, Mittäter- und Zuschauergesellschaft des Nationalsozialismus stehen, hat sich der Eindruck verfestigt, bei der Geschichtsaufarbeitung handele es sich um eine etablierte Veranstaltung, von der mehr gesellschaftliche Selbstbestätigung als Kritik ausgeht. Insbesondere die pädagogische Erinnerungsarbeit im schulischen Kontext betrachten viele als eine Maßnahme überzeugter PädagogInnen, die ihren SchülerInnen eine übereinstimmende moralische Verurteilung der Geschehnisse abverlangen. Dieser Eindruck verselbstständigt sich zunehmend, löst sich von konkreten Erfahrungen ab und wird zu einer geteilten Auffassung, unabhängig von familiären Beziehungen zu Tätern, Mittätern und Zuschauern im NS. Die Abwehr, die sich dagegen richtet, von oben herab belehrt zu werden, wendet sich gegen die Auseinandersetzung mit dem historischen Gegenstand selbst, der als etwas erscheint, das mit einem selbst wenig zu tun hat. Diese abwehrende Haltung bestätigt wiederum die Lehrenden in ihrem Selbstbild, auf der Seite der Aufklärer zu stehen, die gegen Widerstände für die Sache der Erinnerung eintreten. Auf beiden Seiten wird somit eine Auseinandersetzung mit der Art und Weise der Vermittlung vermieden. Der Erziehungswissenschaftler Horst Rumpf tritt für einen pädagogischen Weg »von der Belehrung zur Aufmerksamkeit« ein, auf dem die »Unruheherde des Denkens«

---

[7] Ebd., S. 143, Hervorhebung im Original.
[8] Vgl. ebd., S. 141.

nicht zugeschüttet werden.[9] Unruheherde lassen sich nicht kontrollieren, und der Anspruch, das Denken in vertretbare Bahnen zu lenken, wird in pädagogischen Handlungszusammenhängen, die immer durch Hierarchien gekennzeichnet sind, eher zu Schweigen und Rückzug führen als zu einer Einstellungsveränderung. Die Unruhe bleibt aber aus, wenn der Holocaust als Belehrungsgegenstand in ein einheitliches Narrativ gefasst wird, innerhalb dessen diejenigen, die darüber sprechen, sich selbst als geschichtsbewusst repräsentieren können. Der Holocaust wird so funktionalisiert für eine Selbstbestätigung moralischer Überlegenheit. Aus einer zutiefst verunsichernden Geschichte entsteht eine Erzählung der Selbstvergewisserung. Die Wahrnehmung, moralisierend belehrt worden zu sein, ist innerhalb der dritten Generation derart dominant geworden, dass sich darüber situativ ein generationeller Konsens eingestellt hat, wenn es um das Geschichtsverhältnis zu den NS-Verbrechen geht. Wird die Lernsituation, in der das Thema auftaucht, in einem Gefälle von Wissenden und Unwissenden wahrgenommen, kommt es zu Artikulationen dieses abwehrenden Konsenses. Es handelt sich dabei weniger um eine bewusste Weigerung, sich mit der Thematik zu befassen. Vielmehr äußert sich in der Abwehr gegen eine moralisierende Vermittlung ein Unbehagen im Verhältnis zu den Vermittelnden. Dabei verstärkt die hierarchische Struktur der Schule auf der Seite der Lernenden den Eindruck, als defizitär und aufklärungsbedürftig zu gelten. Im Verhältnis zu einer Verbrechensgeschichte wird dies als besonders problematisch erlebt. Es entwickelt sich eine Befürchtung, unter Verdacht zu stehen. Auch wenn die Vermittlung von Wissen und Haltungen zum Nationalsozialismus in der Schule unterschiedlich erlebt worden ist, funktioniert dieser situationsbezogene Konsens immer wieder, wird aber relativiert, wenn nach den eigenen Erfahrungen mit der Geschichtsvermittlung gefragt wird. Wenn SchülerInnen und Studierende erleben, dass sie ernst genommen werden mit ihren Eindrücken beim Umgang mit der Geschichte, brechen reservierte Haltungen meistens auf und es kann zu einer offenen Debatte über unterschiedliche Geschichtsbeziehungen kommen.

---

[9] Vgl. Horst Rumpf: Von der Belehrung zur Aufmerksamkeit. Zur Leistungsfähigkeit des Schulfachs Geschichte. In: Meseth, Proske, Radtke (Hrsg.): Schule und Nationalsozialismus (wie Anm. 5), S. 152f.

Pädagogische Thematisierungen von Geschichte sind in mehrfacher Hinsicht kontextualisiert – hinsichtlich der institutionellen Bedingungen und hinsichtlich der Interaktionen in den jeweiligen Lerngruppen. »Pädagogen stehen in der Behandlung des Themas Holocaust immer wieder vor der Entscheidung zwischen der Option historische Aufklärung und anderen, den aktuellen Beziehungen und Dynamiken in der Lerngruppe geschuldeten Anliegen.«[10] Sich auf die Dynamiken der Gruppen einzulassen, ist anspruchsvoll und erfordert ein hohes Maß sowohl an historischem Wissen wie an Selbstreflexion hinsichtlich des persönlichen Verhältnisses zum historischen Gegenstand. Es ergibt sich eine nicht aufzulösende Spannung zwischen der Verpflichtung gegenüber der Bedeutung des Gegenstandes und dem Ernstnehmen der Teilnehmenden, ihrer Fragen, Geschichtsbilder und Vorstellungen. Zur Klärung schwieriger Situationen kann beitragen, das Gesagte in den Zusammenhang gesellschaftlicher und zunehmend international geführter Geschichtsdiskurse zu stellen und damit zu verdeutlichen, dass es sich nicht lediglich um persönliche Ansichten, sondern zugleich um Wiederholungen von in der Öffentlichkeit präsenten Auffassungen handelt.[11] Das Allgemeine der Situation wird damit sichtbar und die Reaktionen müssen nicht in persönlichen Bezichtigungen stecken bleiben, die meist nur zum Rückzug aus der Debatte führen. Wenn Teilnehmende in Lernprozessen sich mit ihren Erwartungen ernst genommen fühlen, ergibt sich zumindest die Chance einer Verständigung. Es kann dann wenigstens verdeutlicht werden, wo die Unterschiede in den Sichtweisen auf die Geschichte liegen, um Impulse zu geben, über die eigene Sicht nachzudenken. Grenzen liegen sicher dort, wo manifeste Leugnungen historischer Tatsachen

---

[10] Bernd Fechler: Zwischen Tradierung und Konfliktvermittlung. Über den Umgang mit »problematischen« Aneignungsformen der NS-Geschichte in multikulturellen Schulklassen. Ein Praxisbericht. In: Bernd Fechler, Gottfried Kößler, Till Lieberz-Groß (Hrsg.): »Erziehung nach Auschwitz« in der multikulturellen Gesellschaft. Pädagogische und soziologische Annäherungen. Weinheim/München 2000, S. 226.

[11] »Alle Akteure bewegen sich in einem komplizierten Geflecht von Diskursen, von reziproken Handlungserwartungen, Projektionen und anderen Einflüssen, die sich einer rationalen Steuerbarkeit weitgehend entziehen« (ebd.).

erfolgen. Während dies eher selten vorzukommen scheint, sind Relativierungen äußerst populär. Gerade deshalb sind Diskussionen, in denen die Redeweisen nicht vorgeschrieben sind und die eine große Offenheit riskieren, Gratwanderungen – Abstürze nicht ausgeschlossen. Weil das so ist, ergibt sich auch in der pädagogischen Reflexion über diese Prozesse die Notwendigkeit, die Gefahr eigener Relativierungen innerhalb des Fachdiskurses zu benennen und sich der eigenen Position im Eintreten für eine »angemessene Tradierung von Haltungen und Wissensbeständen zum Holocaust« zu vergewissern.[12] Von pädagogischer Seite deutlich zu machen, dass man selbst um diese Position ringt und warum sie einem wichtig ist, kann die Lernenden herausfordern, sich selbst dazu in Beziehung zu setzen. Auch sie können sich dann nicht mehr auf eine distanzierte Position zurückziehen – sei es als Provokateure oder Skeptiker. Für mich liegt darin die Möglichkeit, Bildungsprozesse in geschichtlichen Nachwirkungen als etwas zu erfahren, das mich persönlich angeht. Dabei liegt es in der Verantwortung der pädagogisch Handelnden selbst, die persönliche Beziehung zum Gegenstand erfahrbar zu machen, indem sie ihre eigene Auseinandersetzung als unabgeschlossenen und unzureichenden Prozess repräsentieren.

Distanzieren – »Nie wieder!« als Minimalkonsens?

In den vergangenen Jahrzehnten ist in der pädagogischen Aufarbeitung der NS-Verbrechen immer wieder der erste Satz aus Adornos berühmtem Rundfunkvortrag »Erziehung nach Auschwitz« von 1966 zitiert worden. Adorno formuliert in diesem Vortrag einen pädagogischen Imperativ: »Die Forderung, dass Auschwitz nicht noch einmal sei, ist die allererste an Erziehung. Sie geht so sehr jeglicher anderen voran, dass ich weder glaube, sie begründen zu müssen noch zu sollen.«[13] Solange Adornos Ausführungen in der Rezeption auf den allerersten Satz

---

[12]   Ebd., S. 226.

[13]   Theodor W. Adorno: Erziehung nach Auschwitz. In: Ders.: Erziehung zur Mündigkeit. Vorträge und Gespräche mit Hellmut Becker 1959-1969. Frankfurt am Main 1971, S. 88.

reduziert werden, bleibt die Selbstverunsicherung, die Adorno hier formuliert, ausgeblendet, wodurch ein Anknüpfungspunkt für das eigene
Denken verloren geht.

Im zweiten Satz macht Adorno darauf aufmerksam, dass eine Begründung den Anlass der Forderung verstellen würde und insistiert deshalb
auf der Nichtbegründung. Darin kommt eine Haltung zum Ausdruck, die
nicht beansprucht, die moralischen Probleme klären zu können, die in
dem Gegenstand selbst liegen, der Anlass für eine kritische Pädagogik
wie auch für die Weigerung der Begründung derselben ist. Denn diese
kritische Pädagogik zielt auf die Befähigung zu kritischer Selbstreflexion, durch die kein der Kritik entzogener gesicherter Standpunkt einzunehmen ist, die sich aber auch nicht darin einrichten kann, unfähig zur
Kritik unhaltbarer und nicht zu begründender Verhältnisse zu sein. Bei
Adorno bleibt der viel zitierte Imperativ nicht unbeschadet stehen, sondern wird gegen sich selbst gewendet. Denn Auschwitz war der Rückfall
in die Barbarei,[14] und wenn diese Barbarei im Zivilisationsprozess selbst
angelegt ist, »dann hat es etwas Desparates, dagegen aufzubegehren«.[15]
Dieses Desparaten muss man sich bewusst sein, wenn davon die Rede
ist, die Wiederkehr von Auschwitz zu verhindern. Ohne dieses Bewusst-
sein wird das »Verhindern von Auschwitz« zu einer »idealistischen
Phrase«.[16] Adornos pädagogischer Imperativ ist nicht zu trennen vom
Bewusstsein der Verzweiflung, eines tiefgreifenden Zweifels an Sinn.
Die pädagogische Reflexion kann vor diesem Hintergrund nicht der
Vergewisserung des praktischen Sinns von Erziehung dienen, sondern
erfolgt als Ausdruck einer Verstörung und steht einer optimistischen
Erziehungsauffassung entgegen bei gleichzeitigem Festhalten am Bil-
dungsanspruch.[17]

---

[14] »Man spricht vom drohenden Rückfall in die Barbarei. Aber er droht nicht,
sondern Auschwitz *war* er; Barbarei besteht fort, solange die Bedingungen, die
Auschwitz zeitigten, wesentlich fortdauern« (ebd., Hervorhebung vom Autor).

[15] Ebd.

[16] »Die Besinnung darauf, wie die Wiederkehr von Auschwitz zu verhindern
sei, wird verdüstert davon, dass man dieses Desparaten sich bewusst sein
muss, wenn man nicht der idealistischen Phrase verfallen will« (ebd.).

[17] Vgl. Astrid Messerschmidt: Bildung als Kritik der Erinnerung. Lernprozesse

Wie Wolfgang Meseth im Rahmen einer Analyse der Rezeptions-
geschichte des Vortrags feststellt, wurde stattdessen eine Erziehung
im Horizont der Katastrophe von Auschwitz zur moralisch unangreifbaren Begründung pädagogischen Handelns. Auschwitz wurde zum
normativen Bezugspunkt einer Pädagogik, die sich auf das Verhindern
eines zweiten Auschwitz ausrichtete und daraus ihre Legitimation bezog.[18] Im »pädagogischen Zugriff auf das Argument ›Auschwitz‹«[19]
sieht Meseth eine Grundfigur pädagogischen Denkens, in der soziale
und politische Probleme durch Individualisierung der Ursachen pädagogisch zugänglich gemacht werden. Erst durch diese Zugänglichkeit
wird es überhaupt möglich, aus dem Geschehen, das mit dem Namen
Auschwitz verbunden ist und dessen Dimension eine über Generationen
reichende Aufarbeitung notwendig gemacht hat, Konsequenzen für er-
zieherisches Handeln abzuleiten. In diesem individualisierenden Zugriff
auf die Frage der Ursachen des Geschehens kommt eine Geschichtssicht
zum Ausdruck, in der die Entstehungsgeschichte der Ausgrenzungs- und
Vernichtungspolitik sozialpsychologisch verengt wird. Es handelt sich
um eine Form pädagogischer Aneignung von Geschichte, die der politischen Komplexität von Ursachen und Wirkungen nicht gerecht werden
kann. Ohne den Bezug auf die Selbstzweifel hinsichtlich des Sinns von
Erziehung erweist sich der erste Satz aus Adornos berühmtem Vortrag
als pädagogisch verbraucht, weil er benutzt worden ist, um sich einer
moralisch sicheren Position zu vergewissern – und genau diese Position
kann es in den Nachwirkungen des Nationalsozialismus nicht geben.

In seinem Plädoyer für eine »anamnetische Kultur« begreift der Theologe Johann Baptist Metz Erinnerung als andauernde Beunruhigung in
der Gegenwart und kontrastiert diese einer »kulturellen Amnesie«, die er

---

in Geschlechterdiskursen zum Holocaust-Gedächtnis. Frankfurt am Main
2003, S. 128ff.

[18] Vgl. Wolfgang Meseth: Theodor W. Adornos »Erziehung nach Auschwitz«:
Ein pädagogisches Programm und seine Wirkung. In: Fechler, Kößler, Lieberz-Groß (Hrsg.): »Erziehung nach Auschwitz« in der multikulturellen Gesellschaft (wie Anm. 8), S. 19f.

[19] Ebd.

als »Stillstellung des Schmerzes der Erinnerung« definiert.[20] Von dieser Erinnerung geht eine Störung in den Kontinuitäten der Gegenwart aus. Die in der Bundesrepublik etablierten Erinnerungspraktiken scheitern gegenüber diesem Anspruch, wenn sie der moralischen Selbstbestätigung und zivilisatorischen Selbstvergewisserung des Erinnerungskollektivs dienen und dadurch eher der Amnesie als der Anamnese zuarbeiten. Die Historikerin Ulrike Jureit plädiert für Irritationen in der Praxis des Erinnerns und wendet sich gegen die Tendenz, sich der Ambivalenz des Holocaust-Gedenkens zu entledigen, indem man sich selbst auf der moralisch richtigen Seite definiert. Sie wendet sich damit gegen die Tendenzen einer erlösungsorientierten Erinnerungspraxis und ihre »identifikatorischen Verleugnungspotentiale«.[21] Für die intergenerationellen Beziehungen im Umgang mit Erinnerung wirkt der Erlösungswunsch fatal, denn er bedient das bei den jüngeren Generationen entstandene Entlastungsbedürfnis, wenn auch unter anderen Vorzeichen.

Gerade das Bemühen um eine besondere Nähe zu den Opfern neigt dazu, sich von dem Verbrechen des Holocaust besonders deutlich zu distanzieren, also das auf Abstand zu halten, was zu erinnern beansprucht wird. Die Bildungsarbeit zum Nationalsozialismus konzentriert sich in den Gesellschaften von Österreich und Deutschland, die beide untrennbar mit den TäterInnen der NS-Massenverbrechen verbunden sind, bis heute stark auf das Verhältnis zu den Opfern. Pädagogisch erwünscht ist die Entwicklung von Empathie gegenüber den verfolgten Gruppen und davon ausgehend eine eindeutige Distanzierung von den TäterInnen. Bestätigt wird damit das Selbstbild einer fundamentalen Unverbundenheit

---

[20] Johann Baptist Metz: Das humane Gedächtnis zu schärfen. Überlegungen eines Theologen im Zeitalter kultureller Amnesie. In: Sönke Abeldt, Walter Bauer, Gesa Heinrichs, Thorsten Knauth, Martina Koch, Holger Tiedemann (Hrsg.): »...was es bedeutet, verletzbarer Mensch zu sein«. Erziehungswissenschaft im Gespräch mit Theologie, Philosophie und Gesellschaftstheorie. Mainz 2000, S. 138.

[21] Ulrike Jureit: Opferidentifikation und Erlösungshoffnung: Beobachtungen im erinnerungspolitischen Rampenlicht. In: Ulrike Jureit, Christian Schneider: Gefühlte Opfer. Illusionen der Vergangenheitsbewältigung. Stuttgart 2010, S. 52.

mit den Tätern, wodurch der erinnerungskulturell bedeutsame Schritt, eigene Beziehungen zu den Welt- und Menschenbildern der Täter zu reflektieren, vermieden werden kann. Diese von Täterschaft distanzierte Form opferzentrierten Erinnerns entspricht dem von Christian Schneider herausgearbeiteten »Wunsch, unschuldig zu sein«,[22] den er den jungen Deutschen im Gefolge der aus dem Exil zurückgekehrten Vertreter der Kritischen Theorie bescheinigt. Dieser Wunsch ist fatalerweise an die dritte Generation weiter übermittelt worden, die ihn für sich aneignet und dabei verformt zu dem Wunsch, nicht mehr beschuldigt zu werden. Die Unterscheidung von Schuld für das Geschehene und Verantwortung für die Erinnerung gelingt kaum. Vielmehr begegnet einem bei vielen, die der dritten Generation zuzuordnen sind, eine Fixierung auf das Schuldmotiv. Die Behauptung, beschuldigt zu werden, wird untermauert von Erzählungen über Auslandsaufenthalte in Ländern, wo man »als Nazi« beschimpft worden ist. Mit solchen Geschichten kann fast sicher rechnen, wer mit Angehörigen der dritten Generation in der deutschen Mehrheitsgesellschaft an dem Thema Holocaust-Erinnerung arbeitet. Zwar wollen sie sich erinnern und sind nach wie vor an der Auseinandersetzung mit der NS-Geschichte interessiert, aber die Fiktion des Beschuldigtwerdens verstellt den Zugang zu einer Auseinandersetzung, die es ermöglicht, einen eigenen Bezug zur Geschichte zu entwickeln.[23] Zugleich aktualisiert sich in der Schuldstilisierung ein gängiges Motiv bundesdeutscher Erinnerungsdiskurse – die Opfer-Täter-Umkehr. Man stellt sich als Opfer einer grundlosen Beschuldigung dar, empfindet dies als Dauerbelastung und weist mit der Schuldzurückweisung gleich die ganze Erinnerungsaufgabe als Zumutung zurück. Die Reflexion von Täterschaft wird dabei ersetzt von der Zurückweisung jeder Täterbeziehung. Die von Christian Schneider in Teilen der zweiten Generation in der Bundesrepublik diagnostizierte »Opferidentifikation« verwandelt sich in Teilen der dritten Generation zu einer offensiven Distanzierung von Täterschaft.

---

[22] Christian Schneider: Besichtigung eines ideologisierten Affekts: Trauer als zentrale Metapher deutscher Erinnerungspolitik. In: Ebd., S. 122.

[23] Vgl. Astrid Messerschmidt: Zwischen Schuldprojektion und Moralisierungsabwehr. Beobachtungen in der dritten Generation nach dem Holocaust. In: Außerschulische Bildung Nr. 1 (2005), S. 35-41.

Globalisieren –
migrationsgesellschaftliche Erinnerungspraktiken

Beziehungen zur Geschichte des Nationalsozialismus werden unter Studierenden, mit denen ich in der Bundesrepublik und in Österreich zum Problem des zeitgeschichtlichen Erinnerns gearbeitet habe, zunehmend in Form einer geteilten Generationenerfahrung geäußert. Das betrifft insbesondere die Behauptung, beschuldigt zu werden, die übergreifend beansprucht wird, ganz unabhängig davon, welche nationalen Herkunftshintergründe die Studierenden haben. Darin artikulieren sich Angehörige einer Generation, die nationale Herkunftshintergründe relativiert, weil Migration und Interkulturalität zu ihren alltäglichen Erfahrungen gehören. Sie weisen die von ihnen erlebte und gedeutete Form der geschichtlichen Aufarbeitung zurück. Zugleich grenzen sie dabei implizit Perspektiven der Nachkommen von Opfern und Verfolgten aus, da diese innerhalb des Konsenses zu Unrecht Beschuldigter keinen Platz haben. Die Opferidentifizierung der Vorgängergeneration wird aus meiner Sicht nicht ungebrochen fortgesetzt. Eher findet eine Verschiebung der Kategorie des Opfers statt, indem beansprucht wird, selbst mit andauernden Zuordnungen zu einem Täterkollektiv konfrontiert zu sein und darunter zu leiden. Bei der Wir-Konstruktion, die hier zum Ausdruck gebracht wird, handelt es sich offensichtlich nicht mehr um ein nationales »Wir«, sondern eher um die Artikulation eines situativ eingenommenen generationellen Konsenses. Beobachtbar ist diese eher reservierte Haltung gegenüber der Thematisierung des Nationalsozialismus in Bildungsinstitutionen als eine spontane Reaktion. Nach meinem Eindruck dient diese dazu, eine Vereinnahmung unter ein nationales Schuldnarrativ zu verhindern, noch ehe dieses Narrativ überhaupt artikuliert worden ist. In der jüngeren Generation wird mit dieser übergreifenden Projektion, für die deutsche Geschichte zu Unrecht beschuldigt zu werden, auf eine problematische Weise die postnationale Konstellation realisiert. Geteilt wird eine Reserviertheit gegenüber der Thematik Zweiter Weltkrieg und Nationalsozialismus, die vorwiegend mit schlechten Erfahrungen unterrichtsbezogener Geschichtsvermittlung begründet wird. Umso mehr kommt es darauf an, die Art und

Weise der Vermittlung selbst kritisch zu reflektieren und einen Diskurs darüber anzuregen, wie Geschichte in Bildungszusammenhängen kommuniziert wird. Gelernt wird offensichtlich weniger aus der Geschichte, sondern vielmehr aus dem Umgang mit der Geschichte. Zu diesem Umgang gehört die hegemoniale Tendenz, eine Generationenkonstellation herauszubilden, die zwar geeignet ist, die nationale Verengung von Erinnerung aufzubrechen, die aber zugleich Ausgrenzungen reproduziert, indem sie Erfahrungen der Nachkommen von Überlebenden unausgesprochen wegfallen lässt und sich auf eine postnationale Perspektive derer verständigt, die in keinem Schuldzusammenhang stehen wollen und die Zumutung der Verantwortung zurückweisen, auch wenn letztere von persönlicher Schuld unterschieden wird. Vor diesem Hintergrund erweist sich die migrationsgesellschaftliche Öffnung der Erinnerungsarbeit als ausgesprochen ambivalent. Sie steht vor einer doppelten Aufgabe: einerseits die national exklusive Besetzung von Erinnerung zu überwinden und andererseits dabei nicht das Bedürfnis nach kollektiver Entlastung von einer historischen Verantwortung zu bedienen. Nicht zuletzt aufgrund der materiellen Folgen der NS-Massenverbrechen steht Deutschland in einem besonderen Verantwortungszusammenhang, der alle in dieser Gesellschaft lebenden BürgerInnen betrifft. Wie diese Verantwortung erinnerungskulturell und staatspolitisch wahrgenommen wird, ist eine Angelegenheit, die alle angeht und die für alle zugänglich sein sollte. Soll diese Verantwortung nicht verengt werden auf diejenigen, die sich in einer abstammungsbezogenen, familiengeschichtlichen Beziehung zum Nationalsozialismus befinden, dann bedarf es einer öffnenden erinnerungskulturellen Arbeit. In der Migrationsgesellschaft sollte die Beteiligung an historischer Verantwortung und Aufarbeitung aller Gesellschaftsmitglieder gefördert werden. Dies kann dadurch ermöglicht werden, dass das Geschichtsverhältnis nicht auf die persönlich-biografische Beziehung zu den historischen AkteurInnen reduziert wird, sondern auch abstraktere Beziehungen zulässt. Eine Verantwortungsübernahme in einem staatsbürgerlichen Sinn verlangt kein bestimmtes emotionales Verhältnis zur Geschichte, sondern lässt dieses offen und überlässt es den Einzelnen, das für sich zu gestalten.

Wird das Geschichtsverhältnis zu einem Problem nationaler Identität gemacht, begünstigt dies eine Selbstbezüglichkeit, wie sie bisher die bundesdeutschen Erinnerungspraktiken dominiert. Anstatt eines Verlustes zu gedenken, wird die historische Beschädigung des Deutschseins beklagt. Zugleich wird in dieser selbstbezüglichen, aber keineswegs selbstreflexiven Tendenz die innere Heterogenität der Nation mit ihren vielfältigen Zugehörigkeiten verdrängt. Erinnerung erscheint als etwas, das »den Deutschen« gehört, weshalb die in den letzten Jahren intensiv geführte Auseinandersetzung um die Erinnerungskultur nur von wenigen auf die Diskussion um die Einwanderungsgesellschaft bezogen worden ist.[24] MigrantInnen haben im Zusammenhang der Auseinandersetzung mit dem Nationalsozialismus oft erlebt, dass ihnen ein Desinteresse unterstellt und ihnen das Gefühl vermittelt wurde, dies sei ein deutsches Thema, das nichts mit denen zu tun habe, die keine »echten« Deutschen sind. Damit wird zum einen ein völkisches Selbstbild innerer nationaler Homogenität gepflegt. Zum anderen wird die Beschäftigung mit dem Nationalsozialismus zu einem nationalen Projekt erklärt, wodurch die europäische und globale Bedeutung der Verbrechensgeschichte des Nationalsozialismus und ihrer Folgen für Menschen auf der ganzen Welt ausgeblendet werden. Implizit steckt in der Vorstellung, die Auseinandersetzung mit dem Nationalsozialismus ginge nur Menschen deutscher Abstammung etwas an, auch die Ausblendung der Geschichten von Verfolgten und Opfern, die unausgesprochen außerhalb des deutschen Erinnerungskollektivs positioniert werden.

In der pädagogischen Erinnerungsarbeit zum Nationalsozialismus wird gegenwärtig der Kontext der Einwanderungsgesellschaft breiter diskutiert. Dabei steht die pädagogische Auseinandersetzung in der Gefahr, die Unterschiede, auf die sie eingehen will, erst durch andauernde Unterscheidungen hervorzubringen und festzuschreiben. Für die Zugänge zur Zeitgeschichte mit ihrem zentralen Gegenstand Nationalsozialismus wird zwar einerseits festgestellt, »dass sich Jugendliche

---

[24] Vgl. Viola Georgi: Wem gehört deutsche Geschichte? Bikulturelle Jugendliche und die Geschichte des Nationalsozialismus. In: Fechler, Kößler, Lieberz-Groß (Hrsg.): »Erziehung nach Auschwitz« in der multikulturellen Gesellschaft (wie Anm. 8), S. 141-162.

mit und ohne Migrationshintergrund in ihren Repräsentationen der NS-Vergangenheit manchmal nicht unterscheiden« und dass der »Migrationshintergrund« keineswegs immer eine Rolle spielt. Dennoch wird die dualistische Unterscheidung immer wieder verwendet, wenn beispielsweise das Geschichtswissen von »deutsche(n) Jugendliche(n) ohne Migrationshintergrund« mit jenem von »Jugendlichen in Deutschland mit Migrationshintergrund« verglichen wird.[25] Migration wird zu einem Kriterium für die Wahl von Zielgruppen pädagogischer Forschung bei gleichzeitiger kritischer Reflexion der Migrationskategorie. Relativiert wird die Unterscheidungskategorie »Migrationshintergrund« davon, dass Jugendliche die Repräsentationen der NS-Geschichte im gleichen Land erleben, wenn auch mit unterschiedlichen Herkunfts- und Familiengeschichten als Ausgangspunkten. Insofern kann es nicht um ein Entweder-Oder gehen. Weder eine Ignoranz gegenüber dem Migrationsaspekt, noch dessen identitäre Aufladung entsprechen den gesellschaftlich-kulturellen Gegebenheiten. Anzustreben ist eher eine Kontextualisierung von Migration im Zusammenhang vielfältiger Differenzen und Zugehörigkeiten innerhalb eines gesellschaftlichen Raumes, in dem Geschichte repräsentiert wird.[26]

Vor dem Hintergrund der NS-Verbrechensgeschichte kann es keine ungebrochene Identifikation mit der deutschen nationalen Zugehörigkeit geben. Dies gilt nicht nur für Migrationsdeutsche, sondern auch für die Nachkommen der TäterInnen-, MittäterInnen- und Zuschauergeneration. Die Erwartung einer vollständigen Identifikation mit der deutschen Gesellschaft ignoriert die historischen Gegebenheiten. Solange Bekenntnisse zu einem ungebrochenen »Deutschsein« verlangt werden, wird sowohl die innere Heterogenität dieser Gesellschaft verdrängt, als

---

[25] Carlos Kölbl: Mit und ohne Migrationshintergrund. Zum Geschichtsbewusstsein Jugendlicher in der Einwanderungsgesellschaft. In: Viola B. Georgi, Rainer Ohliger (Hrsg.): Crossover Geschichte. Historisches Bewusstsein Jugendlicher in der Einwanderungsgesellschaft. Hamburg 2009, S. 70.

[26] Vgl. Astrid Messerschmidt: Involviertes Erinnern. Migrationsgesellschaftliche Bildungsprozesse in den Nachwirkungen des Nationalsozialismus. In: Till Hilmar (Hrsg.): Ort – Subjekt – Verbrechen. Koordinaten historisch-politischer Bildungsarbeit zum Nationalsozialismus. Wien 2010, S. 277-299.

auch ein »Wir-Phantasma« etabliert, dem ein »imaginäres ›Nicht-Wir‹« gegenüber gestellt wird.[27] Gegenüber diesem »Ganz-oder-gar-nicht-Prinzip«[28] eröffnen Ansätze multiperspektivischer Erinnerungsarbeit die Möglichkeit einer zeitgeschichtlich reflektierten Positionierung, die keine Identifikation verlangt. Projekte von Erinnerungsarbeit, die sich auf die Einwanderungsgesellschaft einlassen und die vorhandenen vielfältigen Zugehörigkeiten ernst nehmen, verdeutlichen, dass die Geschichte der NS-Massenverbrechen alle angeht.

Das europäische Ausmaß und die globalen Folgen der NS-Verbrechen sind wesentliche Bestandteile einer Gedenkpraxis, die nationale Selbstbestätigungen vermeidet und sich auf die Gegenwart europäischer Migrationsgesellschaften einlässt. Es handelt sich um Gesellschaften vielfältiger Zugehörigkeiten, wodurch sich verschiedene Beziehungen zur Geschichte ergeben haben. In der außerschulischen Erinnerungs-bildungsarbeit, im Geschichtsunterricht und in akademischen Lehrver-anstaltungen artikulieren Teilnehmende, SchülerInnen und Studierende ihre Geschichtsbeziehungen vor dem Hintergrund ihrer Familienge-schichten aus ganz unterschiedlichen Perspektiven: Es handelt sich um Geschichten von Partisanenerfahrungen, Geschichten von Überleben-den des Holocaust, Erfahrungen aus Polen, Rumänien, Tschechien, die mich als Pädagogin und Wissenschaftlerin herausfordern, andere Geschichtsbezüge herzustellen, als sie in der deutschen Mehrheitsge-sellschaft repräsentiert sind, und mich auf die Gegenwart der Migrati-onsgesesellschaft einzulassen. Aus meiner Sicht hängt die Zukunft der Erinnerung davon ab, wie es gelingt, diese vielfältigen Beziehungen je-weils zum Ausdruck kommen zu lassen, ihnen Raum zu geben und viele Gelegenheiten zu schaffen, um sie zu reflektieren. Von der Intensität der Reflexion hängt es ab, inwiefern bei allen migrationsgesellschaftlichen und europäischen Differenzierungen von Erinnerung die spezifisch deutsche Verantwortung für die Folgen der massenhaften Verbrechen wahrgenommen und für wichtig genommen wird.

---

[27] Olaf Stuve: Kein Wir, kein Nicht-Wir. Intersektionalität in der politischen Bildung. In: Dirk Lange, Ayça Polat (Hrsg.): Unsere Wirklichkeit ist anders. Migration und Alltag. Bonn 2009, S. 258.

[28] Ebd.

Wie zeitgeschichtliche Multiperspektivität in der Praxis erfahren werden kann, haben Studierende im Masterstudiengang »Interkulturelle Bildung, Migration und Mehrsprachigkeit« an der Pädagogischen Hochschule Karlsruhe in einer Gruppendiskussion ausprobiert. Auf die Fragen »Welches zeitgeschichtliche Ereignis ist für Sie biografisch von zentraler Bedeutung gewesen, was hat Sie zeitgeschichtlich besonders beschäftigt?« haben sie die folgenden geschichtlichen Vorgänge genannt: die Anschläge auf das World Trade Center und das Pentagon am 11. September 2001, den Mauerfall 1989, das Ende der Sowjetunion, den Zweiten Weltkrieg, die Studentenbewegung 1968, die Atomreaktorkatastrophe im sowjetischen Tschernobyl 1986, die Kriege im Irak und in Afghanistan nach 2001, den Bosnienkrieg 1992-1995, den aktuellen Bürgerkrieg in der Elfenbeinküste, die Bürgerkriege und Kämpfe gegen Diktaturen in Lateinamerika in den 1980er Jahren, den Nationalsozialismus als schulischen Lerngegenstand, den Feiertag am 9. Mai, mit dem in der Sowjetunion und im postsowjetischen Kontext an den Sieg über das NS-Regime und an das Ende des Zweiten Weltkriegs erinnert wurde beziehungsweise wird, die Türkische Staatsgründung 1923, den RAF-Terrorismus und seine Folgen.

Die Aufzählung ist biografisch bedingt und bezieht sich auf die Zusammensetzung der Studiengruppe, die zugleich in der Art und Weise dieser Aufzählung eine Tendenz repräsentiert, die den Nationalsozialismus als einen Zusammenhang unter vielen einordnet und die Beziehung dazu bemerkenswerterweise in erster Linie mit der Institution Schule verbindet. Dabei kommt es implizit zu Relativierungen des Holocaust, ohne dass dies immer bewusst beabsichtigt ist. Um aus diesem unreflektierten Nebeneinander keine Gleichsetzungen entstehen zu lassen, sollten Kenntnisse über die Charakteristika der systematischen Verfolgung und Ermordung der europäischen Juden vermittelt werden, die nicht einfach vorausgesetzt werden können. Gerade weil die meisten AbsolventInnen des deutschen Schulsystems den Eindruck haben, sie seien andauernd mit der Thematik konfrontiert gewesen, hat sich häufig kein differenzierteres Wissen heraus gebildet, sondern eher eine Vorstellung von etwas zutiefst Schrecklichem und Verwerflichem. Was diesen Verbrechenszusammenhang von anderen Massenverbrechen der Moderne unterscheidet, geht aber erst aus der Diskussion über Ausmaß, Praxis der Durchführung und ideologische Begründung der Shoah hervor. Dabei kommt einer Auseinandersetzung mit der ideologischen Struktur des Antisemitismus besondere Relevanz zu, um sowohl die rassistische Reinheitsideologie des NS-Antisemitismus einordnen zu können als auch neuere Formen eines Antisemitismus nach Auschwitz wahrzunehmen. Nicht nur der Bedarf an Differenzierungen ist groß, sondern ebenso das Interesse daran. In dem Überdruss, der sich gegen die Vermittlung des Schreckens richtet, artikuliert sich zugleich der Wunsch nach differenzierterem Wissen.

Die schulische Bearbeitung hat entscheidenden Einfluss auf die Bereitschaft der Studierenden, sich heute mit dem Nationalsozialismus auseinanderzusetzen. Die institutionelle Einfärbung jeder Thematisierung des Holocaust mit schulischen Erfahrungen der Leistungskontrollen und der sozialen Erwünschtheit einer unzweifelhaften Verurteilung der Verbrechen trägt bei den jungen Erwachsenen zur Reserviertheit bei und verstärkt die Tendenz einer relativierenden Einordnung. Das Nebeneinander mit anderen Ereignissen lässt den Nationalsozialismus als einen Zusammenhang von vielen erscheinen. Für eine migrationsgesellschaftliche Erinnerungsarbeit kommt es daher zunehmend darauf an, Vergleiche zuzulassen und dabei Kriterien für Unterscheidungen anzubieten. Mit dem Ansatz des unterscheidenden Vergleichens wird eine Gratwanderung versucht zwischen der Würdigung vielfältiger Bezüge zu zeitgeschichtlichen Erfahrungszusammenhängen einer Generation, die nach 1990 politisch sozialisiert worden ist und einer Verdeutlichung der spezifischen Geschichte und der singulären Bedeutung des Massenmordes an den europäischen Juden.

Weder Distanzierung noch Identifizierung

Weder eine Distanzierung von den Tätern noch eine Identifizierung mit den Opfern ist für eine kritische Erinnerungsarbeit geeignet. Vielmehr kann der zeitliche Abstand zum Nationalsozialismus als Chance für eine Erinnerungsbildung aufgenommen werden, die sich auf die Verunsicherung einlässt, die von der Tatsache des Holocaust ausgeht. Das bedeutet, sich von dem Wunsch nach einer unmittelbaren Beziehung zu den Opfern wie auch von dem Wunsch nach einer eindeutigen Abgrenzung von den Tätern zu verabschieden und das »Bild von der Geschichte und unseres nachträglichen Anteils an ihr«[29] selbst zum Gegenstand erinnernder Aufarbeitung zu machen. Die Arbeit der dritten und vierten Generation nach 1945 besteht nicht mehr in erster Linie darin, Erinnerung einzuklagen, sondern kritische Interventionen im Erinnerungsdiskurs zu leisten. Ihr zentrales Thema wird die Kritik an den Instrumentalisierungen der Erinnerung – sei es für ein nationales Selbstbild kollektiver Anständigkeit – sei es für ein anti-nationales Selbstbild radikaler Aufgeklärtheit.

Zu beobachten sind derzeit multiple Instrumentalisierungen: Von links etwa positionieren sich antifaschistisch orientierte Kreise, die häufig auch antistaatlich auftreten und den Holocaust für ihre eigene Staatsfeindschaft beanspruchen; von Seiten Minderheitenangehöriger kommt es zu Opferkonkurrenzen, wenn eigene Diskriminierungserfahrungen gegen die Erinnerung an die NS-Opfer in Stellung gebracht werden; von staatlicher Seite wird die Erinnerung an den Holocaust als Fortschrittserzählung instrumentalisiert für ein demokratisches Selbstbild auf der Grundlage erfolgreicher Aufarbeitungsprozesse.[30] Der aus rechtskonservativen Kreisen seit 1945 kontinuierlich artikulierte Wunsch nach einem Schlussstrich taucht heute weniger ungebrochen auf, sondern transformiert sich in Formen gedenkpolitischer Neutralisierungen, wie beispielsweise

---

[29] Schneider: Besichtigung eines ideologisierten Affekts (wie Anm. 22), S. 209.

[30] Für das erinnerungspädagogische Feld der KZ-Gedenkstätten beobachtet Verena Haug diese Tendenz und problematisiert die heutigen gesellschaftlichen Erwartungen an Gedenkstätten, die zu »staatstragenden Lernorten« geworden sind – bei gleichzeitig unzureichender finanzieller Ausstattung des pädagogischen Bereichs. Unter der positiven Entwicklung, durch die das Gedenken an den historischen Orten zu einem Bestandteil der politischen Kultur in der Bundesrepublik avanciert ist, sieht Haug eine »Leerstelle der Auseinandersetzung mit deutscher Schuld und Verantwortung« (Verena Haug: Staatstragende Lernorte. Zur gesellschaftlichen Rolle der NS-Gedenkstätten heute. In: Barbara Thimm, Gottfried Kößler, Susanne Ulrich [Hrsg.]: Verunsichernde Orte. Selbstverständnis und Weiterbildung in der Gedenkstättenpädagogik. Frankfurt am Main 2010, S. 35).

bei der Einführung eines »Europäischen Gedenktages an die Opfer von Stalinismus und Nazismus«.[31] Die Historikerin Heidemarie Uhl sieht in der Einführung dieses Gedenktages eine »Antithese« zum 27. Januar, dem internationalen Gedenktag an die Befreiung von Auschwitz.[32] Statt einer zeitgemäßen Europäisierung des Holocaustgedenkens zuzuarbeiten, wird eine Sichtweise befördert, die von der Auseinandersetzung mit den Beziehungen zur Täterschaft entlastet. Als Täter erscheinen lediglich übermächtige Unterdrücker. Neben der unangemessenen Gleichsetzung von NS-Verbrechen und stalinistischen Verbrechen, wird damit ein Angebot gemacht, sich europaweit als Opfer zu betrachten.

Diese unvollständige Aufzählung enthält eine Menge Herausforderungen für die Zukunft einer instrumentalisierungskritischen Erinnerungsarbeit. Diese sollte sich jedoch nicht nur mit den Instrumentalisierungen derer befassen, von denen man sich leicht distanzieren kann, sondern auch versuchen, eigene problematische Aneignungen zu reflektieren. Dazu gehört die kritische Reflexion von Botschaften der Aufarbeitung, die an eine bessere Zukunft appellieren, wie beispielsweise anlässlich des Gedenktages siebzig Jahre nach der Wannseekonferenz am 20. Januar 2012. In der Rede des Bundespräsidenten in der Gedenkstätte Haus der Wannseekonferenz findet sich die Formulierung, »dass Terror und mörderischer Hass auf Fremde und Fremdes in Deutschland nie mehr Platz haben«.[33] Bezogen war diese Aussage auf die aktuellen Gewalttaten einer neonazistischen Gruppe gegen Personen, die als MigrantInnen betrachtet werden, weshalb die Formulierung »Fremde und

---

[31] Im Sommer 2009 erklärte die OSZE-Versammlung den 23. August – den Tag, an dem der sogenannte »Hitler-Stalin-Pakt« geschlossen wurde – zum »Tag der Erinnerung an die Opfer des Nationalsozialismus und des Stalinismus«. Hintergrund dafür war der Antrag der »Union für ein Europa der Nationen«, einer nationalkonservativen Fraktion des EU-Parlaments (www.politischebildung.com/pdf/32_g6.pdf).

[32] Heidemarie Uhl: Neuer Gedenktag, Verfälschung der Geschichte? (http://science.orf.at/science/uhl/156602).

[33] http://www.tagesspiegel.de/politik/gedenkstunde-zur-wannsee-konferenz-wulff-gedenkt-der-opfer-des-holocausts/6090184.html (letzter Zugriff: 27.3.2012).

Fremdes« in zweifacher Hinsicht problematisch wird: Sowohl die europäischen Juden, auf die sich die Beschlüsse der Wannseekonferenz bezogen, werden allesamt zu Fremden erklärt, als auch die Opfer heutiger rechtsextrem motivierter Gewalttaten. Im Bemühen um ein angemessenes und zugleich für die Gegenwart relevantes Gedenken reproduziert sich ein Gesellschaftsbild, das jüdische und migrantische Zugehörigkeiten ausgrenzt.

Erst die Auseinandersetzung mit den Gesellschaftsbildern und Selbstbildern, die im öffentlichen Gedenken zum Ausdruck kommen, ermöglicht einen aktualisierenden Zugang zur Erinnerung. Was bedeutet die Erinnerung an staatlich legitimierte Gewalt in einer demokratischen Gesellschaft, die Derartiges ausschließt? Solange die Opfer des Holocaust als Fremde angesehen werden, an die man sich anständigerweise erinnert, setzen sich ideologische Muster des Nationalsozialismus in der Gegenwart fort, allerdings unter völlig anderen Vorzeichen. Nicht eine Wiederholung des Geschehenen ist zu befürchten, jedenfalls nicht unter dem gegenwärtigen Staatswesen. Problematisch bleibt eher die Neigung, mit demonstrativen Distanzierungen vom Nationalsozialismus alles für überwunden zu halten, was die heutige Gesellschaft damit in Verbindung bringen könnte. Mit dem verständlichen Wunsch, sich von den Verbrechern zu distanzieren, soll eine Nähe zu den Opfern demonstriert werden, die aber wiederum auf Abstand gehalten werden, solange sie als nichtzugehörig adressiert werden.

Christian Schneiders Aufforderung zu einer »Selbstreflexion im verlorenen Anderen« [34] betrachte ich als Anstoß, sich mit der Beziehung zu den Opfern der NS-Verbrechen auseinanderzusetzen und diese Beziehung als fragil und gefährdet wahrzunehmen. Die Kategorie des »Anderen« wirkt in dieser Formulierung sehr verletzbar, weil sie angeeignet werden kann, um das Bild von sich selbst zu verbessern. Sich dieser Gefahr bewusst zu sein, macht einen wesentlichen Anspruch an eine Praxis der Selbstreflexion aus, die sich darin realisiert, Kritik zu üben an jeder Form der Vereinnahmung der Opfer des Holocaust.

---

[34] Schneider: Besichtigung eines ideologisierten Affekts (wie Anm. 22), S. 195.

Autorinnen und Autoren

Gudrun Brockhaus, Dr. phil., Diplom-Psychologin und Diplom-Soziologin, arbeitet als Psychoanalytikerin in freier Praxis, München

Hermann Düringer, Pfr. Dr. theol., Direktor der Evangelischen Akademie Arnoldshain (Evangelische Akademie in Hessen und Nassau)

Margrit Frölich, Dr. phil., Studienleiterin an der Evangelischen Akademie Arnoldshain (Evangelische Akademie in Hessen und Nassau)

Ulrike Jureit, Dr. phil., Historikerin, Wissenschaftliche Mitarbeiterin am Hamburger Institut für Sozialforschung

Werner Konitzer, Dr. phil. habil., apl. Professor für Philosophie an der Europa-Universität Viadrina in Frankfurt (Oder) und wissenschaftlicher Mitarbeiter und stellv. Direktor (Forschung) des Fritz Bauer Instituts Frankfurt am Main

Johann Kreuzer, Dr. phil., Professor für Geschichte der Philosophie und Leiter der Adorno-Forschungsstelle an der Carl von Ossietzky Universität Oldenburg

Jens Kroh, Dr. rer. soc., Sozialwissenschaftler, Koordinator des Projekts »SPREAD. Scenarios of Perception and Reaction to Adaptation« am Kulturwissenschaftlichen Institut Essen

Claus Leggewie, Dr. phil., Professor für Politikwissenschaft an der Justus-Liebig-Universität Giessen und Direktor des Kulturwissenschaftlichen Instituts Essen

Astrid Messerschmidt, Dr. phil. habil., Professorin für Interkulturelle Pädagogik/Lebenslange Bildung am Institut für Bildungswissenschaft der Pädagogischen Hochschule Karlsruhe

Jörn Rüsen, Dr. Dr. h.c., Professor emeritus für Allgemeine Geschichte und Geschichtskultur an der Universität Witten/Herdecke, Präsident a.d. und Senior Fellow am Kulturwissenschaftlichen Institut Essen

Martin Sabrow, Dr. phil. habil., Professor für Neuste Geschichte und Zeitgeschichte an der Humboldt Univcrsität zu Beilin, Direktor des Zentrums für Zeithistorische Forschung in Potsdam

Harald Schmid, Dr. phil., Politikwissenschaftler und Zeithistoriker, Wissenschaftlicher Mitarbeiter am Historischen Seminar der Christian-Albrechts-Universität zu Kiel sowie der Bürgerstiftung Schleswig Holsteinische Gedenkstätten

Christian Schneider, Dr. phil. habil, Soziologe und Forschungsanalytiker, Frankfurt am Main

Helga Krohn
»Es war richtig‚wieder anzufangen«
Juden in Frankfurt am Main seit 1945

Erst Jahrzehnte nach der Vertreibung und Vernichtung in der NS-Zeit wagten Juden, ihre Zukunft in Deutschland wieder als gesichert anzusehen. Frankfurts jüdischer Gemeinde und ihren einflussreichen Persönlichkeiten kam eine besondere Rolle beim Wiederbeginn zu. Reichhaltig illustriert und mit Auszügen aus Erinnerungen und Interviews versehen, wendet sich Krohn an eine historisch interessierte breite Öffentlichkeit.

368 S., Frz Br. mit zahlr. Fotos, € 29,90, ISBN 978-3-86099-691-1

Initiative 9. November
Erinnerung braucht Zukunft
Der Ort der zerstörten Synagoge
an der Friedberger Anlage in Frankfurt am Main

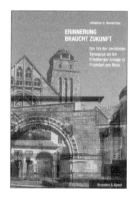

Die Adresse Friedberger Anlage 5-6 steht für die Vielfalt jüdischen Lebens in Frankfurt am Main und auch für dessen Zerstörung. Seit Jahrzehnten wird die zukünftige Gestaltung und Nutzung dieses besonderen Frankfurter Ortes intensiv diskutiert.

268 S., Frz. Br., € 19,90, ISBN 978-3-86099-627-0

Joachim Carlos Martini
Musik als Form geistigen Widerstandes
Jüdische Musikerinnen und Musiker 1933-1945
Das Beispiel Frankfurt am Main

Eine reich illustrierte Dokumentation der Verfolgung, aber auch des Widerstandes jüdischer Musikerinnen und Musiker unter der Naziherrschaft.

Band 1: Texte, Bilder, Dokumente; ISBN 978-3-86099-620-1, 312 S., geb., € 29,90; Band 2: Quellen; ISBN 978-3-86099-621-8, 494 S., geb., € 29,90; ISBN 978-3-86099-622-5 (Bd. 1 u. 2 zusammen) € 54,90

Bitte fordern Sie auch unser Gesamtverzeichnis an: Brandes & Apsel Verlag
Scheidswaldstr. 22 • 60385 Frankfurt/M. • info@brandes-apsel.de • www.brandes-apsel-verlag.de